品质革命

PINZHI GEMING

佛山民营经济40年

何又华　林焕辉　叶洁纯　主编

南方日报出版社
NANFANG DAILY PRESS
·广州·

图书在版编目（CIP）数据

品质革命：佛山民营经济40年 / 何又华，林焕辉，叶洁纯主编. — 广州：南方日报出版社，2018.12
ISBN 978-7-5491-1964-6

Ⅰ. ①品… Ⅱ. ①何… ②林… ③叶… Ⅲ. ①民营经济—经济发展—佛山—1978–2018 Ⅳ. ① F127.653

中国版本图书馆 CIP 数据核字（2018）第 291399 号

PINZHI GEMING:FOSHAN MINYING JINGJI SISHI NIAN

品质革命：佛山民营经济40年　　何又华　林焕辉　叶洁纯　主编

出版发行：南方日报出版社
地　　址：广州市广州大道中289号
出 版 人：周山丹
责任编辑：刘志一　付惠平
责任技编：王　兰
责任校对：裴晓倩
设计装帧：易　界
经　　销：全国新华书店
印　　刷：广州市岭美彩印有限公司
开　　本：889mm × 1194mm　1/16
印　　张：19.75
字　　数：340千字
版　　次：2018年12月第1版
印　　次：2018年12月第1次印刷
定　　价：58.00元

投稿热线：（020）87360640　　读者热线：（020）87363865
发现印装质量问题，影响阅读，请与承印厂联系调换。

本书编委会

总 策 划：朱　伟

副总策划：李政华　谭　萍

策　　划：李　德　叶德林　周其仁

主　　编：何又华　林焕辉　叶洁纯

主　　创：陈立坚　龙建刚　张惠强　黄　跃　路　乾
尚双鹤　袁纪琦　吴欣宁　罗湛贤　李慧君
孙景锋　李　欣　蒋晓敏　王芃琹　蓝志凌
林东云　林洛峰　梁楚欣　华声宇　黄逸豪
熊　程　李文科　杨　建　黄敏施

出　　品：佛山市工商业联合会（总商会）　南方日报佛山新闻部

前言

佛山：一座以品质成就地位的城市

一

佛山是一座被关注和追问的城市。

在亚布力中国企业家论坛2018夏季高峰会上，“佛山样本”成为大会的中心议题，引发全国关注。

佛山在东方亮，在西方也亮。包括《金融时报》《经济学人》在内的西方主流媒体都说：佛山是中国改革研究样本。中外学者有一个共识：懂佛山就懂中国。

环顾中国，佛山经济实力在338个地级以上城市中位居第16位，按照世界银行的高收入标准，佛山早已迈入全球高收入城市行列。对标世界，2017年佛山的经济总量相当于1700亿美元，相当于科威特、匈牙利；人均地区生产总值2万美元，比肩欧洲中等发达国家葡萄牙、捷克和希腊。

从学界到政界、从中国到外国，人们关注佛山的最大理由在于：佛山不是特区、不是省会城市、不是计划单列市、不是港口城市，为何成了一座了不起的城市？

二

伟大始于制造。

在中国经济版图上，佛山之所以成为一个不可忽视的存在，强大的制造业厥功至伟。在2017年推出的“中国工业百强区”排行榜上，佛山五区全部上榜，在全国城市中独一无二，其中顺德、南海高居全国第三、第五位。

城市面积不大的佛山有很多世界之最：陶瓷产量世界第一、电风扇产量世界第一、微波炉产量世界第一、冰箱产量世界第一、空调产量世界第一、铝型材产量世界第一、消毒碗柜产量世界第一、热水器产量世界第一、酱油产量世界第一……

民间流行的三句话道出了佛山制造的江湖地位：有家就有佛山家电、有建筑工地就有佛山建材、有厨房就有佛山酱油。

佛山制造走到今天，得益于中国市场的巨大和贸易全球化，但市场所以选择佛山，不是佛山制造门类多、产量大，而是佛山制造的历史一直有一条清晰的主线，那就是对品质的追求。如果不是这样，人们凭什么买“佛山制造”？

品质成就命运，这是佛山的城市密码。

三

《西游记》里有一个精彩的细节：孙悟空钻进牛魔王的肚子里大喊：“我拿广锅把你这妖怪煮成杂碎！”这个能把妖怪煮成杂碎的“广锅”就是地地道道的佛山制造。

知道“广锅”厉害的不是孙大圣，而是吴承恩。这位明朝作家是江苏淮安人，能把“广锅”写进小说，那是因为生活在京杭大运河边上的吴承恩，无数次看到满载广锅的货船源源北上的盛况，那时的佛山铁锅是品质最高的中国制造之一。

大英博物馆收藏有一册清代佛山铸造铁锅的组画，分别以十个场景呈现出佛山铁锅的制作工序。英国人把这组画珍藏在大英博物馆里，不是出于作品的艺术性，而是因为那时的佛山铁锅是一个世界性品牌。

佛山之冶遍天下。高品质的佛山铁锅让全国各地趋之如鹜，也让众多海外客商纷至沓来买买买。郑和下西洋把佛山铁锅带到了东南亚，出国谋生的华侨把广锅带到了欧美国家。那时的日本人对佛山铁锅的追捧，超过今天中国人对日本马桶的迷信。佛山铁锅供不应求，雍正九年（1731年），朝廷颁布“限购令”——铁锅禁止出洋。

必须追问的是：不产铁的佛山何以成为中国的一个铸造中心，生产出天下闻名的“广锅”？

四

应该铭记石湾升起的那一把火。佛山制造蜚声天下的品质是从南风古灶熊熊的火光中启程的。

“石湾陶，景德瓷”构成了中国陶瓷的精髓，这个格局至今还没有打破，或者说这样的历史得到了很好的传承。

“石湾瓦，甲天下”，陶瓷是佛山制造品质被认可和接纳的第一个标志；“南国陶都”是佛山获得的第一个全国性城市荣誉。我们无法想象，如果没有石湾陶瓷，佛山知名度、美誉度的打造需要付出多少时光？

历史有窑冶一体之说，大凡窑火旺盛的地方，铸造业也会发达。南风古灶的“窑变”，不仅烧出了佛山陶瓷的惊艳和传奇，也塑造了一座城市的特性。

石湾窑是民窑而不是官窑，石湾陶瓷以民间日用品为主，它的市场定位是满足一般老百姓的日常需求。今天的佛山之所以呈现以民营经济为主、以实体经济为主、以家居产业为主的城市经济结构，源头就在这里，“模具”就在石湾。

五

“汾江船满客匆匆，若个西来若个东。”这是一幅怎样的佛山“清明上河图”？作为明清时期最主要的民生日用品生产基地，佛山输出的精美广货极大地满足国内及海外的多样性产品需求，吸引了十八省商人和四海来谋生的手工业者，“走广”成为时尚和潮流。

史书记载：1830 年，佛山镇的人口接近 60 万，商贾云集、百业竞秀、百货充盈。那时的佛山，被西方人称为“中国的伯明翰”。

学者有更大的发现。

中国社会科学院首批学部委员杨义说：佛山既不是政治中心，也不是军事重镇，它的崛起打破了“郡县城市”的旧模式，开启了中国传统工商城市发展的新路径。它以“工商城市”的模式，丰富了中国城市学的内涵。

从汉代的洛阳到唐代的长安，从北宋的开封到南宋的杭州，中国长期由单一中心城市一统天下。明清时期，随着一批工商业城镇的崛起，这个的格局被彻底打破。

著名岭南历史文化学者罗一星认为，从公元 1600 年到 1900 年整整三百年间，佛山同时扮演了三个著名的中心城市角色：一是以手工制造业发达与汉口、景德、朱仙并称“天下四大镇”；二是以商业和物流业的鼎盛与苏州、汉口、京师共享“天下四大聚”的美誉；三是和广州错位发展，形成以手工制造业为支柱的岭南中心城市，世人谓之“广佛”。

品质决定地位。佛山就是一个铁证。

六

潮起潮落，大浪淘沙。一个值得思考的现象是，曾经与佛山一起扮演“四大名镇”“四大聚”的城市后来都不同程度地蜕变了，河南的朱仙镇甚至被雨打风吹去。唯有佛山初心不改、秉性不变。

明清时期的佛山以冶铁、陶瓷、纺织、中医药四大行业为主干，发展出300多个上下游关联产业，4000多个手工作坊。这样的集聚，让佛山成为享誉全国、闻名海外的制造业名镇。改革开放之后，佛山很快形成了受全国瞩目的“一镇一品”专业镇现象。北滘家电、陈村花卉、乐从家具、盐步内衣、张槎针织、南庄陶瓷、大沥铝型材……在佛山大地上，41个专业镇熠熠生辉，构成了光芒耀眼的佛山经济版图。佛山专业镇的数量和影响可谓独步全国、声名远扬。

今天的佛山是全球闻名的制造业基地，在家电、家具、建材等行业，拥有一大批全国和全球知名品牌，多达十几类产品的产量位居全国第一和世界产量第一。佛山制造的威名，既是数量的奇迹，也是质量的胜利。如果不是这样，联塑集团生产的塑料管材凭什么市场占有率全国第一？全球440米以上十大超高建筑中，凭什么有5栋玻璃幕墙选用坚美铝型材？笑傲全球的意大利陶瓷企业为什么愿意为佛山的蒙娜丽莎贴牌？

七

有比较就有发现。

在全国经济前20强城市中，经济总量位居第16位、工业规模位居第六位的佛山有两个第一：制造业比重最高、民营经济贡献率最大。这是佛山的特色，也是佛山最坚挺的脊梁。

纵向比较，改革开放40年，佛山的经济总量天翻地覆，成就巨大。横向比较，佛山也让人荡气回肠。

上海是中国经济第一城，是国家重点打造的国际航运中心、金融中心，但让佛山人惊喜的是：“魔都”上海与“草根”佛山的距离不是拉大，而是在缩小。

1978年的佛山，地区生产总值仅有13亿元，相当于同期上海的4.8%，也就是说要20个佛山才能顶得上一个上海。走过40年，佛山经济总量逼近万亿大关，是当今上海的32%。也就是说，佛山在40年时间里，把自己和上海的距离缩短了6.6倍。

这是何等壮丽的征程！

推动佛山一路浩荡、一路辉煌的神奇力量究竟来自哪里？

八

忠义乡是佛山的旧名。这里的沃野良田本来应该成为佛山最动情的集体记忆，但奇怪的是，乾隆年间成书的《佛山忠义乡志》却这样记载：“乡人多富饶，但其人率无田业。”那时候佛山的民间资本都投到哪里去了呢？

历史学者考证发现，佛山人通过手工业致富后，更愿意把利润投入到资本积累和扩大化再生产上，没有发现一例把全部资本转买田地的案例。这就说明，早在几百年前的农耕时代，佛山人就确立了一个认知——做工好过种田，这样的理念深刻地影响和支配着佛山人的行为选择。

佛山人知道，要靠手工业吃饭，手上的活不好，是不可能活下去的。征战江湖，质量是最好的武器。对品质的崇尚浸透在佛山人的骨头和血液里。当今佛山企业家圈子里，谈论最多的是谁家的技术更好，谁家出的活更漂亮。品质不好的企业家一定会被同行笑话。

扎根实业、扎根本土、不熟不做，这是佛山企业家代代传承的“钉子精神”。佛山人对制造业、对实体经济的钟爱与坚守穿越千百年。佛山经济在任何时候都没有“脱实向虚”，就在于佛山企业家群体任何时候都没有动摇“实业为本”的信念，即便日子过得再苦，他们也咬紧牙关，坚守制造业，心甘情愿赚慢钱、辛苦钱……

九

有人说：国与国、地区与地区之间，10 年比的是经济，50 年比的是制度，100 年比的是文化。

所谓文化，最简单的定义就是人类生存和繁衍的模式。对一个社会的成功起决定作用的是文化，而不是其他。

坚野、识做、搞掂是顺德人的“可怕”；敢为人先、精益求精、追求卓越，这是佛山的城市性格。这样的工匠精神是佛山最宝贵的精神资源，也是佛山最强大的文化力量。

文化是一种气质，也是一种气场。它时刻在塑造佛山的作为和走向。

200 年前，佛山改写了中国的城市格局；100 年前，佛山涌现了陈启沅、简氏兄弟、卫省轩、薛广森等一批中国近代工业的重要先驱；改革开放之后，佛山又诞生了何享健、杨国强、梁庆德、钟信才、庞康等一个个在全国闻名遐迩的产业巨子。

咬定青山不放松的氛围，既是佛山的底气，也是佛山的自信。这是一座为传统骄傲的城市，尽管这座城市的主政者来来去去，但佛山历届党委、政府的声音始终如一：

——没有落后的产业，只有落后的技术，传统产业完全可以通过转型升级获得新生；

——有市场需求，适合人民群众生活需求的产品是不会过时的，决不能轻易简单地将传统产业丢弃；

——既要引进培育战略性新兴产业，也要非常注重传统产业就地转型升级。

企业和政府形成共振，让佛山的脚步铿锵有力。

十

21 世纪是质量的世纪，质量将成为占有市场最有效的武器，成为社会发展的强大驱动力。这是世界著名质量管理专家约瑟夫·朱兰的断言。

打造“中国制造业最高品质”。这是佛山最新的城市宣告。

从南国陶都、南国丝都、广东银行到家电王国、品牌之都，佛山的历史就是一条惊心动魄的品质之旅。

在解决“有没有”之后，中国制造面临“好不好”的挑战和难题。大国崛起，民族复兴，很大程度上取决于中国制造品质的飞跃和涅槃。打造“中国制造业最高品质”，也就意味着佛山将挺在前列，为中国制造业攻坚克难，打开一条通道。

这又是一场深刻的革命，它会比以往的品质之旅更为艰难。

凡是过去，皆为序章。时间已经开始，有为就会有位。佛山，希望你像过去那样搞定！

（本文作者为资深媒体人、时事评论员龙建刚）

目录

○前言

○佛山观察

○佛山实践

○佛山样本

○佛山报告

○佛山倡议

佛山观察

FOSHAN GUANCHA

佛山制造的“品质革命”

我把我的体会跟大家报告一下。一共有四点：

第一，为什么要搞品质革命？这个形势你说复杂很复杂，说简单就是一个全球“三明治”。全球格局发生了重要的变化，中国今天在全球竞争中的位置，上面是人均GDP几万美元的国家，虽然（这些国家）也面临不少困难，增长速度跟中国没法比，但是它的创新能力仍然强大；而往下，一些东南亚和非洲国家在走当年中国的道路，它们具有成本优势。

这个局面要怎么对付呢？改革开放40年，我们实现了高速增长，但是成本也上来了，社会发展了，人工成本就上来了。全世界现在的成本降下来了再升上去是不可抗拒的，所以叫做“成本的诅咒”。很多企业家管理企业都有这样一个经历。一个公司开始的时候成本可以往下降，降到最优点以后就会往上升，你要招更多的人、你要有更多的地，这些事情会抬升成本。

成本怎么对付？一个办法，全世界的商学院、业界、商业领袖成天交流成本控制，如果这样你能比别的对手降得快一点，如果成本掉头向上，你比你的对手上得慢一点，这是一个主要的对付成本下降的办法，常规的办法。还有一个办法，我移动成本线。我同样的员工、土地和厂房，我做不同的东西。我同样的人工成本做不同的东西，成本就会不一样。经济学的术语是把成本线不断往下面推，连成一个直线就是一个长期的、向下的、收缩的成本曲线。这当然是经济学

周其仁在 2018 佛山企业大会上发表主题演讲

的图形，高度抽象，但是包含着对中国的经济往前走的启发。

全球的格局变化其实就是比较优势的变化。我们原来的优势因为新的追赶者很多，我们的成本优势是不明显的，独到性优势还不足，所以这个坎怎么能越过去，是中国经济面临的一场大考，这是一场躲不开的大考。2017 年我出了一本书《突围集》，也是到各地调查，要寻找“突围”。当时讲到一个是改革突围，因为改革是可以降成本，特别是可以降低体制成本。第二是创新突围，同样的成本做不同的东西，你做更好的产品，做更好、更优的产品。熊彼特讲到如果没有创新，经济很平庸，人口增加、经济总量增加，人均水平没有显著提高。这个不叫现代经济增长，现代经济是人均水平持续提高。怎么做到呢？就要突破这个循环，引进多方面的创新类型。

其中一个类型不完全是造新产品，是同样的产品品质提高，它也是创新，那就是提升现有产品质量。我们从全国来看，地区之间也有创新，佛山也在做创新，也有一些企业做得很好，但是从全国的比较优势来看，佛山有可能是把东西造得更好一点。我们能不能在我们雄厚的制造业基础上，把东西做得好一点，将来有一个声音，“好东西到佛山来造”，你新的东西要给人用也要批量制造，你的量产到哪里去产呢？所以这个品质提上日程，我觉得这次佛山市政府提出的这一个制造业品质革命，抓到了问题所在。

这个事情到底有没有困难呢？它是有困难的。第一，贫困不利于品质，长期的贫穷会养成穷对付的习惯，什么东西差不多就行了。这次《南方日报》的报道里边有一篇，讲一家车灯公司雪莱特，它的关键词就是要跟差不多作斗争。

你问为什么差不多？首先我们的需要、消费就差不多，消费就不讲究，穷的时候、不必要的需求满足不了的时候，不是不想讲究。但是很有意思，快速致富以后很多差不多的习惯就保留下来，特别会保留在供给侧这个侧，因为我们很多工作习惯、操作习惯、思路对工作的要求是来自于贫穷，这个事情是很大的挑战。快速增长以后，需求反映出来了，消费者先行，这个东西过去满意，现在不满意了，要求更高的品质。但是供给侧会滞后，供给侧的这个标准会常常落后于需求侧的这个变化。一个是快变，一个是慢变，这是第一个困难。

第二个困难，我们悠久的文明绝大部分时间是农业文明。我们有什么历史包袱呢？我们的农产品还有很多的精品、贡品，但是等到我们工业品的时候，我们这个精品历史传统非常地薄弱。你去看全世界，这个精品到底哪里来的？首先是服务那里的富裕阶层。你看世界各国，为什么买奢侈品你要到法国？那里出过大皇帝，好的一面是使人类产生了很多对精品的需求，等到人们富裕以后就会普遍享受这个东西。路易斯包当年都是给路易斯宫廷供货，不精益求精拿不进去。我们中国历史上有大皇帝，但是我们的大皇帝没有赶上工业革命。所以我们制造业领域的精品没有深厚的传统，这是我们很大的一个问题。

当然，刚才讲到有广锅，但是我不知道广锅有没有很大品牌的，看起来广锅是比较普通的牌子。当然如果没有批量生产那就是相对稀缺，但是是不是精益求精的产品？所以我的感受是，历史上有大皇帝的时候没有工业革命，没有工业制造品，因此我们的工业制造就没有优良传统。所以我们从历史上要找到精品的起源有难度。

第三个困难，我们的市场非常大，这是全球羡慕的一个条件。我 2008 年研究三聚氰氨教训得出来，为什么会发生三聚氰氨？我们这个市场太大，前方订单雪片式飞，你响应不响应？你不响应，对手响应。所以不少公司把量、把市场占有率放到非常前头的位置。我的总结，大市场有一种稀释品质的虹吸能力，你要抵抗不住，要压不住步伐 ，你的品质能力跟不上，很多好公司都被这个大市场稀释成不太好的东西。我想到有一句话，孙悟空一根汗毛拔下来一吹，一千个一模一样的。我们中国这个 14 亿的市场真的是有魔力，它会为你的供给、组织、品控提出更多的要求，这是我们要进行品质革命的困难。

全世界精品出自于小国家。小市场就是这么大，做一个东西你不好好做，站不住脚。小地方做，站住脚了，慢慢往外打，打出全球好牌子。现在很多精品要讲品质，不是大　所以品质革命不是我们想要不想要的问题，形势所迫，不得不对这个东西做响应。如果我们不断发明颠覆创新的能力不足，成本又很薄，我们剩下的路就是义无反顾地把品质提升。

观念占先　一开始就把事情做对

这一场革命首先在哪里发生？首先在观念里面发生。

为了介绍有关的品质观念，我给大家介绍一位美国的质量专家。他叫克劳斯比，他是学医的，当年20世纪初找工作不容易，他到了一家工厂当质量检测员。从事质量检查工作他发现很没有意思，因为医学里最重要的概念是预防。中国有一句话，上医治未病，有了病再治是下医，上等的医生是告诉你如何不得病。他从事质量检查工作，他说我的工作整天就在查事情，出了问题才变成质量检查，为什么不能预防呢？他这个理念跟老总谈，老总不听，不听他就离开了公司。离开公司他就用预防的这个理念，找另一家公司，全世界No.1的军工公司。军工是恐惧推动的一种需求，品质不好会死人，国家可能就亡了。克劳斯比的这个理念马丁公司感兴趣，聘他进去管质量，管出一套办法，最后总结这一套办法，成为美国久享声誉的质量专家。他的书已经有中译版，题目就是《质量免费》，这个题目就有意思，有三个命题四个原理，我不是这个领域的专家，我只能讲我阅读提炼的东西。

第一条，他定义清楚什么叫质量。质量不是好、不是高档、不是奢华、不是怪、不是时髦、不是时尚，质量就是符合要求。这个平常的一句话成为质量学里头的重大命题，再次说明观念的革命非常重要。第二条，叫一开始把事情做对。如果你发现质量有问题，你帮我查，查完之后一开始就要把事情做对。做到什么对？零缺陷。然后才得出他的这个标题，如果你照这样做，质量不花钱，质量出了问题才花钱。

2018 年 7—8 月，周其仁在佛山开展了“品质革命”专题调研

我首先讲一讲什么是质量符合要求。我发现制造业就是这样一句话。你看，制造业和传统产业不同，传统产业是靠天的，过去的地里长什么、长多大，这个粮食好吃不好吃听天的。

制造业是什么？从南风古灶第一天开始就先有一个要求，这个要求可能从生活里面提炼出来，但是会在匠人、老板、企业家、消费者脑袋里面提炼出来抽象的 12345，然后工艺、流程、技术、操作动作、操纵规范符合要求，我做的东西符合要求，其实制造业第一天开始就内生了这个概念。制造和原来的采集、跟原来靠天吃饭的农业区别就在这个地方，所以制造业一开始就要讲质量，做的东西要符合要求。但是很遗憾，我们制造业也是从传统来的，我们那个靠天、靠环境、要求不严格的传统思维习惯一直跟着我们走到今天，所以可以有不严格的要求，可以马马虎虎，这些都带到我们的制造业里面来。克劳斯比不一样，他就是不依不饶地回到制造业的源头，符合要求，质量就是符合要求。你只要把要求定义出来，然后锻炼一个能力，从设计、流程、产品、技术工艺最后都符合要求，就是质量，这是质量的定义。然后他回答问题，怎么才能符合要求？一开始就把事情做对。质量检查发现了问题光返修不够，要找到为什么会出现这个问题，然后去改进，最后实现零缺陷，只有这样做质量是不花钱，质量出了问题才花钱。

我想用海天的例子来说明。一粒黄豆怎么做成酱油，几千年的历史，这是我们祖先了不起的发明。但是对不起，这个酱、这个豆子在酿造的过程当中跟什么结合、结合到什么程度，不完全可控，没有清楚的要求，全部在一代一代师傅的脑子里、舌头上，尝一尝行就行，不行就不行。海天真正厉害不是用机械把它的规模做大，是把这个传统又靠人又靠天的产业性质改变了。一瓶酱油变成199道工序，494个质量检查点，每一道工序都有一个配方，每一个新的动作一有错就提出来，不合格不允许再带到下一步去，好的酱油是这样产生的。当然我们今天的这个质量水平，我请教黄文彪副总裁，我们到海天去，拿日本对标还有距离，为什么？因为我们是有这个纯菌菌种，要晒太阳光，但是其他东西不能随便进去，跟传统的晒酱不一样，但是我们的菌种的水平还不够高。日本现在是有一群符合要求的菌种，可以让这个酱油的味道达到更高的要求。我们还有距离，虽然我们的量远远超过它。

这个例子就说明了克劳斯比的那个概念，质量就是符合要求。这个是最好的极鲜酱，卖了10亿以上的产品，也是单品爆款。现代制造业怎么符合标准，看起来就是两个能力，第一你做的事情要符合标准，标准有清楚的定义，第二要求是很大的，因为我们是一个转型经济，克劳斯比的年代要求稳定，我们要区分这个要求的层次。首先要守住下限，任何一家佛山的厂制造的东西不能危害消费者、不能危害社会，这是下限。那么哪些东西可能危害社会？那么多添加的、那么多工艺、那么多新材料，要有一种标准，但是起码都要达到国家标准，这个国家标准是下限。我们还要跟竞争对手拼高低，你达到的标准我不能达不到，那么，品牌战略的要求就更高了。

别以为好像我们是为了社会、为了别人做好事，我们也是为了自己。我们企业耗费的成本是15%到20%，都耗费在什么地方？测试、检验、变更设计、售后保障、售后服务、退货、报废，所有这些活动，如果一开始就把事情做对，这些成本就消失了，这真的是一个观念革命。如果我们正确处理质量问题，首先就给你企业当下的经营节约成本。你走进好公司可以看到，每个环节、每个流程、每个动作都要进行认真的打磨。我到德国去看，有专门的专家帮你企业做整合，你这个工位需要20个吗？能不能减少，需要走130米吗？能不能30米就把这个加工过程走完？加到一起可以省下多少资源。如果有正确的质量意识指导，采取恰当措施，本身就可以把经营的成本降下来，同时换取较高的收益。

什么叫品质？质量是从我们制造商角度去看，品质是让大家能够感受到。你做得再好大家没有感受，这顶多叫质量。而我们生产者生产的东西是要让别人使用的，“品”字是三个口，客户之口、用户之口、公众之口，我们的产品经不经得起说、经不经得起吐槽。互联网是推进品质革命的利器，广告说的都是最好的词，讲得都很好听，人用了以后什么反应？这里头有客户、有用户，这两个词差别很大。我们佛山制造很多不是直接对终端客户，是中间产品，这就像我用这个麦克风虽然并不知道零部件谁生产，我不直接跟你买零部件，但是对零部件的生产商来说我就是你的用户。这个麦克风好用不好用，零配件是起到关键作用的。所以品质不一定是以我为主来定义产品、提出要求，一定要以用户为中心。我们给人家造东西，要从人家那里获得收入，我们需要研究他需要什么。克劳斯比功成名就以后，他就创办了学院，传播他的这一套质量控制理念。中国也有克劳斯比学院，已经跟中国的企业做质量咨询和质量提升的服务，这个服务佛山的企业界要考虑。

战法集锦 佛山制造“品质革命”的十大“战法”

更重要的是我们到底怎么做。我们这次调研最大的收获，是在佛山这片土地上看到很多在原有基础上提升质量的一些有效的办法。请大家看《南方日报》的集子，34 篇的企业样本，记者们真是非常地能干。我只能讲我感受深的一些东西，希望引起大家的兴趣。

（一）善用减法

美的的故事不需要在佛山多讲，这是鼎鼎大名的一家品牌公司，但是美的的经验里面有哪些是我们离美的还有很远距离的企业要学的呢？美的非常重要的一个就是先做“减法”。公司不知不觉发展为多品类，64 个减到 32 个，减掉一半，剩下的据方洪波董事长说还要再减。这个非常不容易，为什么说品质和革命有关？牵涉到公司内部的组织、相对地位、地盘，但是你要不减，你怎么能够聚焦起来去做精品、做好东西？你要聚焦，你一定先减。所以美的我们最欣赏的就是全国退掉了 7000 亩地，地退掉，钱拿回来做研发，研发的口子收窄，打造最有比较优势的竞争品。美的的经验就要为功能做“减法”、为体验做“加法”。

小米也非常欣赏美的，两家之间也有深度合作。小米短短几年就已经是世界性品牌。这是怎么来的？是雷军运气好？跟他的聚焦能力有关。他们讨论产品怎么讨论？几十张大纸，把产品的问题列在上面，打磨一个产品有2380个问题，一项一项讨论。光这个产品讨论就很长时间，到底为什么造、为什么集合这些功能、为什么提出这些要求。我们普通地观察，很多企业上项目、上产品比较轻松，没有深思熟虑。一上去以后就鸡肋，做又做不出名堂，不做可惜，陷入进退两难的困境。小米的经验是一个产品不断打磨，小米一个小组可以用几天几夜讨论产品。

我介绍它的第一个产品，手环。手环产品是从国外来的，来的时候大概是1500元左右，小米打算要造，开始就讨论这个产品怎么定义，里面有多少功能，有人说要好看，又能看时间，又能报气象，又能收短信，讨论来讨论去，最后就出来一个很有名的小米的打法，叫80% ×80%。大产品着眼于80%的用户，80%的用户当中80%的功能需要。有很多的功能也很重要，比如我在手环上看个温度，但是很少人有这个需求。一集中以后，最后就3个功能，计步、闹钟和监测睡眠质量，这3项功能集中进去，然后精心打造，这一款手环2年卖2000万支，活活把一个小众产品变成一个行销品，华米很快就上市了。这个产品意识跟美的的打法是一致的，就是减，舍得减，不需要那么多。单品爆款的这个思想要好好地学习。第一条就是要善用减法。同时头脑里有革命，敢用减法。过去有一句话，“少就是多”，某种程度上少就是好，少而精。

（二）越过对手，直面用户真痛点

两位江西人来到佛山创业，一个小小的封口机，市面上很多，你到义乌9.9元就可以买到。底下一个像订书机一样的贵一点，20元。问题在哪里？它的痛点是什么？通过加热把塑料袋口封上，这个加热时间不好控制，时间短封不上，时间长把塑料熔化。然后这个口很容易让手指头进去又被烫一下。然后他们针对这个问题，开发了产品。核心技术是开发了一体的加热，也不是太高的科技，变成了一次成型加热。热电就加热，然后又可以封口，又可以开口，就这么小的一个产品集聚了11项专利。客户给他们的微信发过来很多的感谢词，我就问你这个东西最后怎么走出来的？他也是小米的打法。画一大张表，哪些东西是消费者期望得到但还得不到的，一项一项列出来，用户有什么痛点，用户买了你这个产品有什么痛点、商家有什么痛点。

这个经验也是非常普遍的。我们商场竞争都非常在意对手，但是有的时候由于在意对手，忽视了用户。很多事情对手不做我也不做。我们跟对手争什么？是争用户的喜欢，为什么不直接花时间去研究用户？我们很多公司的质量管理、质量提升是跟着对手在走，所以你看义乌卖的封口机都差不多，都有同样的毛病，因为对手没改正毛病，我也没改，大家就在同一个洼地里挣扎。针对用户的痛点改善产品，这是好经验。

（三）以简驭繁，以“傻”搏精

我讲一下格兰仕这家公司。这家企业有什么东西值得肯定？技术开发科的一个科长介绍，动作不要太复杂，动作容易操作，傻瓜型的，不要让反过去插也能够插进去。

国产的无人机我用过好几个，插头好的公司就只有一个插法才能插进去，别的插不进去。它在生产流程里头就把这个插错的问题解决掉，我们概括为以简驭繁、以“傻”搏精。

（四）奉“最挑剔客户”为上宾

下面这个故事也非常好，是一个中小压铸企业怎么提升竞争力、怎么提升品质。其中有一条非常有意思，他们做零部件都是给大厂商做的，大厂商现在的竞争力压力和技术革命提升得很快。对容忍率即所谓 PPM 的要求，从 5000PPM 到了 200PPM，更严了。还有一家汽车公司 PPM 要求 30，目标是 0。同时一旦品质出问题，质量出问题才花钱。如果你的成本造成人家停产停显，索赔标准每分钟 500 美元。它就注意到了这个全球的动向，你不提上来不行。怎么提上来？他的做法就是找超级公司合作，尽可能打进去，最后奔驰公司是它的客户、国内华为是它的客户。这种好的客户对东西的要求就很高，刚开始很难过，但是这个坎过了以后，整个公司的水平就提上去了。

这种经验在佛山的优秀企业也是蛮多的。当年潘宁创办科龙时，就有品质的基因。2014 年容声进攻对家电要求最严格的海外市场。在当地，所有卖场公开这个产品品质，任何品牌在这个大店里卖的返修率、投诉商店都会公开，老排不到前头你这个产品就会退出了。国内的标准要求和日本的标准要求有差距，派工程师住在日本参加培训，从而发现为什么别人的要求我们满足不了，然后回国来改国内的流程、工艺和操作。容声冰箱本来就是挺不错的冰箱，提升了水平以后，4

年在日本的销售额涨了18倍。嘉腾也是挑好公司作为客户。嘉腾为华为仓库做自动搬运的机器人，几年下来，为华为解决了几千个问题。

（五）勇打硬仗，敢攀高峰

精铟海工是2017年正式打进市场的新锐民营企业，我们问这个老总，这里也没有海，你是怎么做到的？他说我们所有的零部件加工在这个周围的地方分布，所以这就是佛山的竞争力。采取什么战略？不是OEM，是供应链的办法，都从佛山周边企业采购零部件，然后组装。

组装当中，这一百多家不同的公司来的不同东西以后怎么变成合格的海洋平台？他最后是下了血本，就修一个测试平台，在这个平台上测试这个海洋平台合格不合格。那个参数不光是一般的物理参数，因为我们的海洋真是要命，海上风力发电我们是丹麦引进的，但是丹麦的海非常平静，我们的沿海非常有意思，一年光台风就好几十个，所以我们对这个产品的品质要求在海洋上升100多米，然后海水腐蚀，他们就练这个东西，打这种项目，敢于打这种高品质的东西，投资一个实验平台，所有东西实验完成，比客户要求的还高一档，然后才卖到客户那里去。

有一个公司买他的平台，要在海洋测试上升100多米，并且他们的人要站在上面。从来没有这样测试过，一旦发生倾倒就发生人员伤亡，董事长亲自到平台上用6个小时就做完了。达到这个质量标准以后，你以后的市场就好做很多。

坚美铝材在国内300米以上的标志性建筑中，每3座就有1座选择他们的型材，全球10座超高著名建筑中，5座选择他们的型材。真的是要过五关斩六将。另外还有一家凤铝，香港、珠海、深圳很多大桥的材料就是使用他们的铝材。品牌的含义就是让别人认可你，这个不简单，厉害。

（六）升维降维，化难为易

我去很多公司，我老是问这个事情，你们最厉害卖到过哪里？有的说你就要碰高点，碰了高点下面的事情就一马平川，很好走。

这个故事也很精彩。中国人跑到日本去买电饭煲，非常的贵。我们佛山的一家企业叫纯米公司，首先把日本这个人挖过来，日本发明了压力锅的工程师挖过来，做品质总监和总工，组成一个纯米团队，这个团队基本从摩托罗拉手机来的，真才实料做感动人心的产品，结构件之间缝隙多大？0.3至0.1，它做到0.1

毫米，做不到的话实验5000次。一般来说这个胆300次就不行了，好的2000次，它做到5000次。它在中国做的电饭煲送到日本去卖。日本一个电视台用纯米电饭煲和日本最好的电饭煲做盲测，请消费者尝这个米饭，10个人里头6个人认可了纯米的电饭煲，它的价格是1000元人民币，对手的价格是3000、4000元以上。

这个故事就叫升维降维，化难为易。0.1毫米对于很多人来说做不到，可是对于做手机的人来说算什么？有的时候你降维到一个产品当中去，这个产品质量就很容易做到精致、做到精美。

（七）“让价不让质”

这个故事也很有意思，蒙娜丽莎在市场上面对杀价竞争，你怎么应对？这是我请教蒙娜丽莎领导层的一个问题。蒙娜丽莎萧华董事长当时的一句话让我印象很深，“我们就是让价不让质”。当然，价也不能随便让。

我说你怎么可以做到让价不让质？第一，永远追求独到性，你有独到性就有议价权、定价权。你跟别人的东西一样，他价格低对你就有威胁，但是你跟他的东西不一样，他价格低就未必有威胁。第二，与好客户为伍。第三，远离杀价竞争，如果碰到杀价流行的地方就离开，不要迷恋这种市场。第四，要坚信品质溢价。就靠认真做研发，提升品质。

小米说今天的市场叫作四个字，非贵即差，很多东西比欧美还贵，剩下的东西便宜但很差。怎么在这样的一个市场情况下杀出一条路，这里面要有战略去落实。让价不让质也是我们保卫品牌的一个路线。

（八）耐用耐看

这个椅子大家都很熟悉，这是1992年联邦家私开发的一个木制沙发。明朝的家居启发，加上了现代的人体工程学，成型这样一个产品。放在什么地方？我们问这个产品为什么一直热销到今天？杜泽桦董事长给我们介绍，说我们设计的时候，这个设计理念就是不追求时髦，但是追求耐看、耐用。我是高度评价这个理念。

你想想，我们今天的环境问题跟很多东西有关，其中跟我们一个乱扔东西有关。我们开发这么多的东西，用了扔，倒过来都会形成环境压迫我们消费者的问题。怎么解决这个问题？怎么在里头找到耐看、耐用、耐得起时间的蹂躏的产品。这里还有一个例子，潘宁时代的容声冰箱，有的家庭用到今天，34年了还在家里用着。当然我也不提倡这种生活方式。如果我收入增长不是那么快，不是在这个时代当中最幸运的阶层，一个冰箱用了三四十年还在用，对我们家的生活质量影响挺大的，我就等于涨了很多工资，否则一代一代地换，但我一个用三四十年。

当年发明青霉素的公司是一个小公司，这个产品冒了巨大风险一次成名，一次卖到很长时间。1936 年日本一个科学家医学博士发明的，东方人的肠胃不好，消化不好，就发明这个菌。这个产品到今天没有改变过，就这一款这个样子一直卖到今天。从 1936 年做到今天，行销天下。还有可口可乐，就一个配方，一直卖到今天。

还有 1980 年的一个歌剧《猫》，演了 20 年，在美国时代广场演了 7000 多场，境外演了 9000 多场，就一个剧本。我们的产品设计当中这是非常重要的，我们同时还要往耐用、耐看去提升我们的品质。你如果老换新的东西，那个品控挑战就大了。当然可遇不可求，美国的派克钢笔、德国的锅用几代人，这样的一些故事我们也希望在未来有中国产品的一席之地。

（九）重视设备，更重视人

海天里面，大部分的照片都是公司的工匠，技改的、维修的技工，另外一家机器人公司，嘉腾公司，我就问了一个问题，现在不断在提机器代人，那人的培训还重要吗？工匠还重要吗？《南方日报》的报道当中有嘉腾的故事，嘉腾的特点就是在公司里头打造工匠计划，投资 1000 万元培训人。为什么？董事长说得很好，所谓质量，无非就是人、机、料、法、环。但是这里头人是第一位的。

他们老跟德国对标，对来对去对来一个概念，你要多用熟练工。我们的发展中市场急急忙忙起来的市场经济，这个指标就是要害，我们没有熟练工。公司和工人的相互联系之间都偏短，德国对标的公司平均工龄 20 多年，所以董事长就说我们设 1000 万元的基金，只要你在我公司里连续任职 3 年，2 万到 5 万元的奖励。他的目标是先用 3 年时间形成 300 名 3 年工龄的熟练工。这个事情要引起在座各位老总和整个产业界的高度重视。为什么？我们重视设备，再贵的设备我们也可以做，但是相对于人来做，要达到嘉腾董事长的这个认知水平我们不少公司还真没有。

嘉腾董事长的观点是重设备更要重人，什么道理？要把这个道理讲清楚。现在都在说机器替代人，甚至恐慌，说人快没用了。德国宝马的生产车间，号称无人工厂，它是能用机器的用机器，留下的很多环节特别是复杂环节是人和机器的合作，它的机器人不是说完全跟人隔开的机器人，现在我们看到的都是机器人在操作人不能靠近，它的机器人是协同机器人，几十公斤的零部件拿手就可以拎上去了，加一个机器人，加一点力量，就把人处理不确定信息的能力和机器的力量结合到一起。我看不可能有机器完全替代人，只是人的功能开始改变。在工厂里边工人更像“医生”，发现哪里不正常、出问题、出状况，更像领导者，怎么能够进一步改善。

我们在格兰仕碰到一个工人很受感动，我们要为他点赞。他由工人组成一个机器开发的小组，全部是第一线的工人，研究怎么能够自动化，怎么能够引进更多的机器把人解放出来。何国健，一个农民工，就是在第一线工作，然后变成了机器开发小组的组长，他同时晚上还要上夜课，上大学课程，读专业课程，白天领一个小组在他们熟悉的工艺流程当中怎么样加进恰当的机器，很多自动化机器都是自己研发。从经济学角度看，机器替代人只有一个条件，就是比你便宜，人更贵了机器才有可能进来，这是经济学原理。

开汽车的怎么把马车夫替代掉？司机替代马车夫是汽车慢慢增长，年轻人就不需要赶马车了，老的赶马车生意逐步少，就开始转行了。我告诉你，今天的马车夫一定比我们开车的要贵很多，这是经济学原理。换句话说，如果人没有更好的工作，没有能够发挥人才能更好的工作和更高的收入，机器是替代不了人的，如果它比你贵又怎么把你替代？德国最厉害的就是对人的训练。德国人不能说他很聪明，但是严谨。为什么严谨？训练过来的。怎么训练？很早开始训练。我们现在很大的问题就是接触一个事情的时间太短，要足够长才能养成习惯，养成品质的思维。德国产品的背后有一套东西在支撑着。

伊之密是做非常大的压铸机的，老总跟我们介绍说他们这个行当过去叫“黑手业”，干完活手都是黑的。今天招厉害的人进来要面向世界挑战，这个照片最大的2000吨、3500吨、4600吨，都是学历很高的、受训练多年的人才能从事这种研发，怎么样让人家来？他也请了全球最顶尖的注塑机专家，怎么到公司来上班？不是因为薪水，薪水一年发一次，而工作环境是天天的，工作环境不达标怎么吸引优秀的人？你看伊之密多美，非常讲究，最后把对面的市政用地投资冠名，修成伊之密的体育运动公园，公益性的活动，同时也让本公司的员工工作业余很容易就可以在好的场地从事体育活动。这些东西都是着眼于人，以人为本的品质战略。

（十）首创联盟标准

最后一个经验，这不光是企业，而是我们的政府。我们佛山有很多创造，其中一个创造了联盟标准。什么叫要求？如果这个要求有约束力，它就是标准。你让他马上定一个什么样的标准能够把一群企业带上，我们佛山科研单位、企业、政府合力，制定了这样一个全国首创的体系，到 2018 年 6 月底已经有 94 个标准联盟，制定了 218 项的联盟标准。标准联盟，很多公司一起来做这个标准，大家一起执行，承诺以后就有约束力，承诺以后做不到你就没有达标，这样一个办法就让很多企业一个集群一个集群地满足更高的标准。这个打法叫首创联盟标准，这个对于佛山的品质提升有很大的帮助。

品质高地 建设品质高地，我们只有雄心壮志吗

最后再讲一讲，参观这么多的企业以后，我们佛山真的是非常有基础的一个地方。第一，工业占地区生产总值的比重达 60% 多，全国类似的城市都要远远低于我们佛山。虽然有的城市比例也很高，但是总量不好。第二，驰名商标，我们在品牌方面已经有很大的提升。另外我们还有很大的余地，因为我们也请教了质监局的专家和领导，因为我们从指标来看，我们叫广东领先，某种程度上我们在提升品质方面还有机会、还有空间。

下一步我们提出来的目标，能不能在我们佛山建成一个品质高地。什么叫品质高地？很多高品质的地方只是一个小国家，这是瑞士，国土面积就 4. 1 万平方公里，比我们一个哈尔滨市还要小。人均地区生产总值已经到了 8. 1 万美元了，它的人工成本极高，但是你看看，世界竞争力排名第一位，有一批全球的好公司，共同的经验就是先在小市场站住脚，做出好产品，然后标准不降低，把这个标准打到全球去。还有物价非常高，就业率非常好，人工工资高，失业率 2. 3%。8 万多美元、2. 3% 的失业率说明什么？说明我们对付这个成本的诅咒有各种办法，你有好品质，你有好品牌，你同样可以立于世界不败之地。就这样一个国家精工制造曾经遇到过危机，日本的石英表、香港电子表一出来把它冲击，最后它重新把这个仗打回去，现在全世界最好的表前十名当中六七个都是瑞士的公司。

全球最大的船运公司马丁公司是丹麦的公司。我们去温氏集团，种猪哪里来的？丹麦来的。这么小的一个国家一年养猪900万，环境美如诗画。

不一定最新的东西都在佛山这里发明，但我们是一个品质高地，什么是品质高地？不是你的亮点很美好，不是你的上限可以够到多高，是你的底线要跟国内、国际其他地区有一个显著的不同。如果有了这块高地，我们整个佛山人民、佛山产业、佛山企业都可以从中受益。

这个事情怎么做，我们一路上讨教，很多企业家给我们的一个词，就是体系。第一是品质覆盖。不能一个环节一个环节抓、一件事情一件事情抓，品质这个东西是一个体系，要有极强的覆盖率。我们说好公司有，但是好公司的覆盖率怎么样。我们去访问的一家公司，收购一家就把它的品质覆盖到一家，收购一家带起一家，这个能力大大增加。一个好公司带10家，10家再带10家，几年以后我们就会成片。

第二就是标准体系。我们在联盟标准的基础上，国家标准体系有一个地区标准，将来有没有可能产生“佛标”？佛山的产品都是好产品、好东西。第三要奖惩执行。第四要品质服务。第五个非常重要的就是人才培训。人才培训有难点，谁投资和谁受益不一致，因为员工可以流动，你投资，他长了本事走了。我们有几家培训做得很好的，像涂料公司开大学的，美的也是开大学的，你花很大的资源培训他走了怎么办？很多老总说走了就走了，因为他流动来流动去，他把这个地区的整个制造业的工人、工匠、工艺整体水平提高了，你这个区域整体提高有很多外部性的东西过来。

最后一条是氛围。《南方日报》是广东省委的机关报，有很大的影响力，所以这个舆论把什么信息散发出来非常重要。还有我们那么多企业家的联谊会、协会、同学会，聚在一起的时候到底把什么信息流畅、什么提高一点，形成一个社会性、地域性的氛围，大家为什么事情鼓掌、对什么事情鄙视。这个东西形成了，是我们佛山的一大福利。

库卡的老总来到中国演讲的时候，他讲了一句话：中国有什么？中国有雄心壮志。我们就只有雄心壮志吗？我们要做成中国制造的品质高地，除了雄心壮志，我们还有没有更多可以落地的东西，把这个问题变成现实？这个问题留给在座各位，谢谢！

（本文系北京大学教授、著名经济学家周其仁在“品质革命·创新力量——2018佛山企业大会”上的演讲实录）

中国制造的品质突围

——来自佛山的实践和启示

当前，我国经济发展面临全球贸易格局调整、各项要素成本不断抬升以及后起国家快速追赶的多重压力，“以低成本走量”的传统方式亟需加快调整，以品质革命适应新的形势。为对冲中美经贸摩擦和体制成本增加带来的影响，我们需要把有限的资源和力量汇聚起来，投向那些有利于增加有效供给和补齐发展短板的重点领域。扩大有效投资，绝不是单方面加大政府和国有企业的投资，更应当关注和积极调动民营企业的力量。对于民营制造业较为发达的东部沿海城市来讲，充分挖掘品质革命蕴藏的有效投资机会，提高投资的精准性、带动性和穿透力，既是破解当前困局的可行之举，更是瞄准未来变局苦练内功的必然要求。

以公开的统计数据看，广东省佛山市第二产业增加值占全市生产总值比重近六成（2017 年为 58.4%），规模以上工业总产值在全国大中城市中排名第 6 位；民营经济增加值超过六成（2017 年为 63.5%）。众所周知，中国的城市体系具有典型的行政等级特征，直辖市、计划单列市、副省级城市及省会城市等城市在获取土地、资金、特殊政策等关键资源方面具有天然优势，而大量类似佛山这样的地级市则明显处于弱势位置。本文试图回答，面对同样的转型升级压力和较弱的关键资源获取能力，诸如佛山这类以民营经济为主的制造业城市如何实现“品质突围”；有什么重要的经验可供全国参考借鉴；制造业的下一步发展重点在哪里。

中国制造整体水平评估：以佛山为样本

近年来，由于经济下行和国民经济“脱实向虚”，人们对制造业整体水平开始出现截然对立的观点，乐观者认为，中国的制造业竞争力已跃升全球前列，门类齐全且相对独立完整的制造体系已经建成；另一种观点则指出，中国的制造业当前还存在很多深层次问题，特别是与世界顶尖水平相比，品质方面还有很大差距，必须正视差距、谦虚谨慎、埋头苦干。通过对佛山民营制造情况的调查，我们认为，总的来看，我国制造业多个领域普遍做到了“多和快”，赶工水平一流，正在往“更好”的方向前进。

（一）从“会做且能基本达标”的阶段，逐步向“做好做优、增强品牌服务并对标顶尖市场”的阶段转换

品质的基础门槛，首先是要做出基本可用的产品。与计划经济时代发展起来的工业城市不同，以佛山为代表的沿海制造业城市大多经历了从引进外资、贴牌生产到自主品牌生产的过程。在这个过程中，一代又一代企业家、管理人员和一线工人逐步掌握了现代企业管理和运营知识，从零起步，引进、消化、吸收和创新，直至杀入全球市场。在家电、家居、建材等市场开放较早、竞争较为激烈的行业，佛山不少企业已进入全球“无人区”，甚至形成了某种程度的市场垄断。也正是在这些领域，佛山的一些优秀龙头企业开始在做好和做优产品上下功夫。下一步，这批企业将要迎来比过去更难打的品牌之战和标准之战，逐步夺取目前仍掌握在他国手中的顶端产品市场定价权。

（二）从“快速量产交付，但品质不稳定”的阶段，逐步向“批量优质且稳定”的阶段转换

中国古代社会，美轮美奂的上佳精品往往只为皇室贡品，少之又少，现代社会需要优质产品的批量快速交付。近年来，佛山的家电、家具和建材等行业，在不断提升市场占有率的同时，批量化生产、快速交付和产品迭代创新能力也得到了稳步提升。实地走访企业可以看到，佛山本地企业顺应中国统一大市场和全球贸易融合趋势，在采购外国高端设备、引进先进生产技术和工艺流程等方面下足了功夫，不少企业已用上全球最领先水平的生产设备，自动化程度也已经相当高；有的企业还从生产“产品”向生产“设备”转型，进攻“工业母机”领域，

为众多本地企业提供上游服务。少数走在市场前沿的优秀企业已经解决了批量产品的一致性和稳定性问题，目前正处于整个生产体系解决一致性和稳定性的过渡阶段。

（三）优质企业的分布状态从点上零星向产业链成体系的扩展，形成超过百家细分行业的龙头企业

佛山在40年发展中形成了较为完备的现代工业体系，主要行业的本地配套率达到90%以上。在佛山的制造大军中，既能找到生产几千吨大块头、大家伙的装备企业，也有数以万计的小零部件甚至特殊行业产品的生产企业。精铟海工是一家生产海洋工程装备专业配套设备的企业，在并不临海的佛山落地，一个重要原因是这里的配套加工能力齐备，企业可以专注于研发、组装、检测和调试，极大地提升了生产效率。此外，在智能机器人、精密模具、特种气体研制等领域，佛山已经涌现出过百家细分领域的龙头企业和全国“隐形冠军”，形成了丰富多样的制造生态体系。

（四）“用户思维”和“价值思维”开始萌芽和传播，敢于通过严苛的市场竞争和挑剔的客户需求倒逼自身提升品质

从生产工艺流程入手改善产品质量，是一种较为典型的“供给端思维”，而产品最终要走向市场、到达用户手中，对用户需求是否敏感，很大程度上决定了企业的生存状态。我们走访的多家企业已经对用户思维有了新认识。比如，大部分企业不约而同地认识到了品质从研发环节就开始了，提出产品立项决定生命周期质量；往前一点的企业则提出要把消费者需求和自身资源能力相结合，把孕育品质的起点从研发升级为企划；更超前的企业则提出要从用户的角度形成产品的概念和边界，把“厂牌”做成真正的“用户品牌”。再比如，有的企业专挑标准和要求最高的市场“练手”，成功打入了对产品极为挑剔的国际市场。文灿压铸一开始就定位于服务奥迪、大众等一流企业，按照对方的要求一点点改进和完善，最后成功吸引特斯拉主动上门订货。嘉腾机器人在三年时间内，为华为解决了几千个技术难题，提供了大量有关智能物流的解决方案，并以此为起点迅速攻入行业内高端领域。2016年，嘉腾机器人的两款产品还成功摘得全球工业设计界的奥斯卡奖——红点奖。

阻碍品质提升的五大关键因素

从佛山的情况看，中国制造业虽然已经取得了一定的成绩，但要继续提升品质，迈步世界一流，必须在破除品质提升的障碍上多方着力。

（一）大市场其实是把“双刃剑”

中国有14亿人口的大市场，加上近些年积极参与、主动融入经济全球化，生产要素流动便利化程度不断提升，中国制造在全球的市场占有率以极快的速度增长。在这样的背景下，但凡有需求的新产品一出现，订单便如雪片般飞来，紧接着就是厂家将所有精力聚焦在扩大市场份额，销售部门压过了生产部门，生产部门压倒了品质部门，品质短板就被忽视了。随着先行者获利信息的扩散，越来越多跟随者进入市场，企业逐步走进竞争杀价的漩涡，活生生把市场“做死”了。大市场是让德国、日本等制造业强国极为羡慕的优势，但也容易让生存于其中的企业养成“追量替代提质”和“差不多”的心态，最终压低了企业的天花板。如何在较大的波动市场中，将传统工艺做大，且还能保持高品质，已经成为佛山乃至全国制造业的严峻挑战。

（二）产业大军的整体素质仍有极大提升空间

总体观察，佛山已有不少企业开始重视产业工人培训，并把相关内容延伸到供应链的各个环节，一些企业也办起了自己的技术学院或内部大学。但与生产设备的大幅改进相比，员工的整体素质仍然处于较低水平，这也是中国制造业普遍存在的问题，具体表现及原因如下：一是分布参差不齐，优秀的熟练技术工人整体缺少，特别是熟练产业工人大军的技能不整齐，严重影响到生产品质。二是技术工人的稳定性差，工人平均工龄相较于德国工人平均20多年来说太低。老板培训的人才，很容易被其他企业挖角，因此不愿意追投，进而无法保证制造品质。三是在培养熟练工人和买入高端设备之间，很多老板更倾向于后者，甚至将二者对立起来，以为机器设备可以完全替代技术工人，殊不知设备越是高端，越需要高水平的工人去操作。四是城市户籍门槛依然偏高，公共资源的供给既存在总量不足也存在结构错配，出现了“能享受的不需要，紧迫需要的享受不了”的情况，家庭和亲情对促进人心稳定的社会功能尚未完全发挥。

（三）甩不开功成名就和对手的牵绊，生产体系对潜在需求变化的响应不够灵敏

近年来，国内大中城市居民的收入水平快速提升，大量农村居民也不断进入互联网世界，他们对更好的产品和服务需求越来越大，但国内厂家对这一信号的感知速度较慢，海外购物井喷的态势和拼多多等平台的火爆均印证了这一供求失衡的局面。尽管佛山不少企业已经意识到这个问题，但总体上看，不少企业还是没能坚持“技术服务于人的生活习惯”这个根本点，为新而新、求多求全的现象仍然存在。他们或者是浅尝辄止，稍微拼一下就觉得自己很不错了，因而停下了前进的步伐；或者是不了解市场最优水平，只要觉得自己比以前好很多，就很容易满足了；或者是依然专注于现有档次产品的市场占有率，陷入与同行盲目较劲的误区，偏离了直面用户的本质；或者是在工业 4.0 和物联网面前产生了“数据恐慌”，总担心别人搞了自己没搞就“死”了，不顾实际经营状况投巨资上系统、搞数据，中看不中用。

（四）品质评价“信噪比”较高，好品质难以形成好品牌，削弱了市场主体争取品质溢价的积极性

规范产品质量的一个重要手段是制定有约束力的、严格的标准体系，给品质的溢价部分确权。然而，我国的国家标准和行业标准常常是只管产品质量的“下限”，“上限”仅存于口碑之间，品质的标准制定远远跟不上市场变化，甚至刚制定出来就已经落后市场。市场对企业产品质量的看法和评价缺乏公开、系统和可比的反馈，产品不良率、返修率、客户净推荐率、电商差评率等非常有价值的品质信息，则长期属于企业内部的商业秘密，第三方极难获取。缺乏标准体系的有效倒逼，品质无从界定，高品质的价值难以显现。

（五）服务于品质革命的生产性服务业尚处起步阶段

根据生产程序区分，可以将影响产品品质的关键要素分为生产前的设计、生产中的工艺和生产后的检测和测量。万和新电气一位有着 20 多年从业经验的工程师认为，我国制造业总体上较为重视产品设计和零部件的制造能力，但严重忽视了工艺和检测环节的重要性。从研发投入的角度看，中国企业将 80% 以上的研发经费投入于设计等前端环节，而以西门子为代表的国际一流制造企业，则是将 80% 以上的研发费用投入到工艺和检测等中后端环节，以此带动品质提升。忽视

了计量和检测，就发现不了品质的真正差距，也不利于从原理层面彻底提升品质。这也引发企业对预防性的品质投入不足，制约了权威的第三方服务市场发育，品质提升成了无头苍蝇。

品质革命的佛山经验和启发

基于现状和短板，面对世界一流品质的愿景，佛山掀起了一场品质革命的探索，其经验概括起来，就是“以人的品质为根本突破口，苦练内功，把方方面面的力量聚起来，以制造业品质革命为武器应对当前危机、谋划未来战场，勇夺品质制高点”。作为企业家，要坚守基本的良知底线，时刻保持开放进取的心态，坚信好品质必然有溢价，克服诱惑、专注聚焦，保持踏踏实实的做事风格；作为市场开拓者，要坚持拥抱对品质有追求的客户，坚持让价可以、但绝不让质，勇敢杀进对品质高度严苛的市场；作为品质部门负责人和研发工程师，要坚持直面用户的真正痛点，敢于去碰难度系数更高的原理性难题，追求经得起时间考验的“耐用”和“耐看”；作为生产制造环节的管理者和一线工人，要坚决摒弃“差不多”、对差质劣质“零容忍”，把确保出手的产品稳定可靠作为自己的天职；作为行业联盟和商会，要引导大家自我约束、自我倒逼，逐步改变“快就是好”“新就是好”的理念，克服不必要的恐慌和焦虑，抱团实行更严格的品质标准，坚决抛弃“杀价竞争”的害群之马，推行品质过硬才是真的好；作为政府部门，要调动一切有助于提升品质的积极因素，树立好市场监管的公信力，鼓励、支持、引导、保护企业家精神，打造熟练技术工人培训新高地，加快释放品质革命的红利。

（一）要让思想先过品质关

在中国当前的经济条件下，抵御诱惑并持之以恒地坚守品质，需要莫大的勇气和定力，这需要在思想上和认识上先过品质关。文灿压铸的管理团队提出，“思想过关是第一步。最重要的过关是最高的管理层、决策者的思想过关。否则，什么都没用。”蒙娜丽莎的老总认为，“质量红线动了，就没底线了。要跟好的企业捆绑，不跟坏企业做生意，甚至要故意躲开一些生意”，总之就是“让价可以，但绝不让质”。东方麦田提出“如果企业决策者的思维里没有精品意识、品牌意识、分工意识、产业整合意识，后面的工作都不可能做好”。西方有一句谚语，“难做的事容易做成”，企业要提升产品品质，就得专注聚焦、力出一孔，不因盲目追求品类的“齐全和新颖”，稀释了有限的注意力管理力；要勇于对标国际一流同行，见贤思齐、找准差距，让最挑剔的客户和最严苛的市场来规范自己的产品。

（二）要以“用户思维”而不是“生产思维”抓品质、打市场

“生产思维”或者说“厂家思维”是商品短缺记忆和大市场带来的影响，发达国家早年的制造业也经历过这样的阶段。但在市场逐渐成熟的情形下，随着人们的收入提升和购物经验增多，用户的个性化、精准化和体验式诉求明显增多，用户的消费行为进入探索区，生产者和消费者一起界定产品形态及品质的状况将日益普遍。这时候，必须从“用户思维”的角度，紧紧盯住市场需求的变化，保持对任何潜在需求爆发点的想象力和敏感性。通过产品企划、优质设计等手段，从研究用户使用习惯和消费体验出发，结合新的美学、技术服务重新改造整个制造业流程，在卖产品的同时卖服务、卖体验、卖感觉。要善于抢占制高点，先抓住高端客户，借助高端客户对产品的信任，顺势铸就高品质产品的口碑、引爆点和传导力，最终引领市场走向。

（三）为高效的量产能力注入优良的品质基因，从“多和快”转向“好和省”

世界制造强国德国认为，高效的量产交付能力正是中国制造令人称奇的优点。下一步，在发扬这种禀赋的基础上，精减不被市场认可的品类、性能和结构，优化调整过剩的低端产能，把有限的管理能力、注意力和财力集中向更好、更优质的产品种类，探索把小批量精品进一步升级为大批量精品，减少工业垃圾、节省资源。从容是品质的一个来源，要结合市场调整，把速度适当降下来，让大家有时间做出好的品质。美的集团提出“先做减法，后做加法”的战法，是品质突围战中的宝贵经验。2011 年以来，美的减厂房、减生产线，去库存，把多年来发展形成的 64 类产品减少至 32 类，减掉一半，并结合市场反馈进一步再压再减；在全国退掉 7000 亩地，把钱用来做体验和品质的加法，以提升内部员工口碑、供应商口碑，提升产品性能和用户产品使用愉悦感。

（四）要把人放在比机器设备更重要的位置

一种观点认为，机器设备比人好用、比人省事，既然机器能解决问题，人就不那么重要了。这种看法是不对的。首先，“人机交互”才是正确的大方向。花

再多的钱、买再好的设备，最终还是要人来操作，机器设备在生产过程中出了问题也需要人来诊断。没有人，机器的正常运转和效能发挥会大打折扣。从实践中看，即使是德国的制造工厂，也离不开人。其次，人的稳定和素质是品质的根本。高性能的机器设备，不是普通工人可以操作的，机器设备的操作需求必须与人的能力相匹配。当前，全国适龄劳动人口比例持续减少，人的素质与数量的相对价格正在起变化，留住人并投资人的收益会越来越高。佛山的不少企业已经开始非常重视劳动力的素质问题。譬如，嘉腾机器人提出了自己的工匠计划，在5年内花1000万元培养300个技术工人。工人在试用期之后只要在公司呆满3年，就可获得3万—5万元奖励。佛山市政府也以实际行动表达了对人的关注和重视，自2015年以来，全市通过大幅降低户籍门槛并完善非户籍人口公共服务，实现户籍人口净增长30万人，常住人口净增长22万人。

（五）把工匠先生和科学先生同时请进来

从仿制到跟随，改革开放以来中国大多数制造企业走过了这样的成长道路。今天，许多企业已经可以一边做市场拓展，一边提升品质标准，而不是亦步亦趋地跟在领先者之后。佛山的经验表明，科学精神和工匠精神两者不可或缺。首先是要用具体问题具体分析的办法，在做每一件具体事情的过程中，把工匠精神发扬光大，做到精益求精和一丝不苟，降低犯错误的概率，把产品品质尽可能做到极致。其次，加快融入科学精神，解决有关品质的原理性难题，追求品质的可重复、可预测、可预期。通过科学手段把工匠精神中的经验尽可能标准化和信息化；对发现的品质问题有量地精确把握；要找到做精的基础原理，保证可复制可重复；通过科学手段获取新的解决方案，增强技术和产品在不同领域的延用性，在传统业务之外开辟新的市场，达到“降维突击”和“升维奇袭”的效果。

（六）要更加积极地与拥抱未来、开放进取的力量结盟

在企业管理层面，有的进步可能需要通过代际更替来完成和实现。老一辈民营企业创始人是在短缺大环境中成长起来的，在面对“守”和“进”的关系上，关注“守”多一些；在面对新和旧的关系上，受以往成功经验的牵绊，关注旧办法的时候多一些；在面对量和质的关系上，关注量的时候多一些。作为企业核心发动机的企业家，要把行动策略的重点放在对高品质有信仰的人身上，放在具有全球眼光的团队上，放在更愿意接受未来挑战的队伍上。政府部门也要顺势引

导、勇于变革，把原来封闭的、保守的工作方式革除掉，坚定不移地创造体制环境，鼓励企业迈开脚步、走出国门，稳扎稳打地走向不同消费市场和不同地域，集聚力量打进更严苛的消费市场。

（七）告别“小而全”，奔向“开放供应链”

什么产品都要自己做才敢放心地使用，其实还是低水平的生产体系。首先，品质不仅蕴藏在传统工艺中，还存在于外来人和外来技术当中，需要特别注重开放并消化吸收外来因素。比如，佛山市中德合作中心将德国人的严谨和中国人的肯干结合起来；美的集团与外国公司共同投资机器人；万和电气与德国公司合股做企业；伊之密与日本、德国共同研发注塑机。其次，要在全球寻找解决方案。东方麦田为保持专业优势，极其注重搜集和整理全球顶尖品牌的技术信息，形成了自有品牌技术信息库，每三个月更新一次，所有技术信息均可通过矩阵图可视化表达，实现了把零散知识变成系统知识，打造专业服务的“杀手锏”。

（八）要构建更有公信力和更加严格的标准体系，树立好品质的英雄观

为什么没有日本人到中国来买电饭煲？不是信不过中国公司，而是信不过中国的市场监管。为解决这个问题，佛山市在全国首创了联盟标准，在专业镇、产业集群大力推行联盟标准工作，解决战略性新兴产业普遍存在的标准滞后于产业发展问题。具体做法是，由政府有关部门牵头，联合优秀龙头企业、科研单位一起，推动产业集群制定和实施严于国家标准、行业标准和地方标准的高端联盟标准。通过标准联盟把产业集群和为产业链配套的配件供应企业联合起来，规范发展，促进产业的整体品质水平提高和产业结构升级。目前，佛山全市建立标准联盟组织 94 个，发布实施联盟标准 209 项，推动全市企事业单位主导或参与制修国际、国家、行业或地方标准 1705 项，位居广东省前列。联盟标准的制定实施，让高品质产品成为好企业之间的共识，也让市场需求有了清晰可辨的筛选途径，是一道自下而上构建起来的“品质门槛”。

充分挖掘品质革命蕴含的有效投资机会

在当前贸易战风险不断加大并呈现出持久性、长期性特征的背景下，怎么在做好自己事情的前提下进一步突围解困？佛山经验显示，品质革命背后蕴含着巨

大的有效投资机会，通过品质获得溢价，也能在贸易战中获得更大的弹性和回旋空间。如果能够瞄准品质阵地，集中各类优势资源，补齐美学、设计、检测等产业短板，推动好货下乡，实施精品出海，打造成体系产业大军，提升政府服务质量和公信力并加上持之以恒的市场拓展和深化，中国经济抵御风险和持续稳步增长的能力完全可以再上一个新台阶。

（一）聚拢有限的管理力注意力，努力补齐产业短板

到全国各地制造企业参观，会发现很多产品的设计依然很“土”，功能繁复花哨不实用，工艺和检测水平明显落后，大量核心零部件和生产设备仍然需要从欧洲、美国和日本等发达国家进口，这意味着中国制造业还有被“卡脖子”的地方。对此，全国上下要有一股不服输的劲儿，敢冲、敢较劲儿，要跟最好的比一比。在单边主义势力明显抬头的背景下，我们更需要在制造产品的设计、工艺、功能以及关键零部件和核心生产设备方面多下功夫。要结合用户思维，把一致性、稳定性和可靠性的差距补齐，探索一些高品质的非标准、柔性生产和混合流水线，用极简主义美学好好提升产品品质。有人认为这违背了比较优势原理，我们认为，品质革命恰恰是按照动态比较优势的原理采取的正确策略，尽最大努力提升维度，形成潜在的高品质量产能力，把主动权完全掌握在自己手里。

（二）开拓国内消费金字塔底部市场，推动好货下乡

配合乡村振兴战略的实施和打赢精准脱贫攻坚战，让有品质的产品进入乡村市场。一是加快推动好货下乡，让穷乡僻壤的老乡也能用上好产品。据观察，乡村超市、小卖部货架被大量价低质劣小杂牌占领，收入低的人购买后往往因为质量问题还得额外再花钱，易遭受“二次伤害”。让有品质的制造品下乡，对于改善村民的生活品质、减少开支实质上是有帮助的。二是以工业的经验改造农业。离开补贴，中国的农业大多亏钱，已经成了国民经济中的短板。认真学习发达国家经验，把制造业品质革命的优秀理念、生产工艺以及服务模式引入现代农业，用制造业品质革命的成果再造现代农业。比如在农产品的保鲜、包装、物流和冷链等领域，大有高品质制造业的用武之地，前景十分广阔。

（三）大胆走向国际市场，实行精品出海

随着中美经贸摩擦的形势变化，美国对中国产品的进口关税将大幅提高，如何应对？我们的答案是，用品质作为争夺市场的有力工具，努力把品质提升到即使加了税还有优势的高度。大量本土企业应当勇于走向国际市场，选择开设跨国公司的方式，以不跟美国打贸易战的国家、“一带一路”沿线国家以及大量发展中国家为支点，研究当地的市场习惯、风土人情，吃透需求并探索本土化方案，逐步拓展中国优质产品的国际市场。这样，一方面可以把好货下乡的经验在国际市场特别是广大发展中国家延用推广；另一方面，也有助于中国企业避免与高关税壁垒硬碰硬遭受损失。

（四）把少数个别优秀产业工人升级为成体系的高素质产业大军

要形成一种局面，让佛山这样的制造业城市培训和工作过的工人成为国际市场的热门人选，做产业工人是一份荣耀。一是探索把培训标准强制化，推行执证上岗。通过企业联盟、地方立法、认证和奖励等多种方式提高产业工人培训质量。二是把员工培训整体前移，与职业学校开展深度合作，扩大企业与产业大军接触面，延长接触期和磨合期。三是依托行业联盟做培训，由行业内优秀企业发起，对通用型技能进行统一规范和严格培训。以优秀企业为杠杆，带动上下游企业提升品质。四是鼓励企业内部办培训，譬如支持引导企业设立工匠培训计划，试用期满按照在岗期限长短予以不同程度的奖励。五是花一笔钱，大力改善产业工人的生产环境、生活环境和社会环境，稳住人心，加快积累人力资本。六是改变不断赶工的状态，化解工人的焦虑紧张情绪，让工人以从容的心态做好品质。

（五）提升政府服务质量，为品质革命备好备足制度环境

一是提升市场监管质量。打通需求评价通道，公开信息，树立公信力，大幅清理噪音，释放含金量高、可统一比较的品质信号，譬如定期发布红黑榜、客户净推荐值和市场早返率。二是把人力投资作为一个组成纳入地方财政预算，比如把技术工人培训支出作为财政开支的一个重要内容固定下来，全面建立起服务于企业的职业培训制度，引导企业与职业学校尽早对接。三是进一步敞开城市大门，降低落户门槛，优化公共服务资源配置结构，稳定产业大军队伍，吸引更多熟练技术工人、工程师和年轻人才。四是提供全球性技术图谱和

专利搜寻服务网络，便于中小企业搜索、排序技术信息，快速找到技术解决方案。五是从家族传承、历史文化等角度挖掘品质革命的文化基因，并加大舆论宣传引导。

（本文原载于《中国改革》2018 年第 6 期，作者系张惠强，国家发改委城市和小城镇改革发展中心副研究员；黄跃，国开金融有限责任公司股权二部资深副总经理）

佛山实践

FOSHAN SHIJIAN

佛山制造业迈向高质量发展调研报告

当前，我国经济由高速增长阶段转向高质量发展阶段，正处在转变发展方式、优化经济结构、转换增长动力的攻关期。党的十九大报告提出，必须坚持质量第一、效益优先，以供给侧结构性改革为主线，推动经济发展质量变革、效率变革、动力变革。2018 年全国两会上，政府工作报告发出动员令，提出要“全面开展质量提升行动，推进与国际先进水平对标达标，弘扬工匠精神，来一场中国制造的品质革命”，明确了中国制造业的发展目标与路径。

在中国改革开放进入 40 周年之际，世界竞争格局正在发生变化。目前，全球竞争呈现“三明治”的格局，往上是拥有较强知识和技术积累的发达国家，这些国家仍然位居全球竞争的顶端；往下是印度、越南等一批发展中国家，由于开放比中国晚，成本优势比我们还显著。中国夹在全球“三明治”的中间位置，成本优势渐失，独到性优势却尚不显著。竞争格局决定中国经济突围的方向，其中的重要方向便是鼓励创新，培育中国经济的独到性优势。作为创新的重要内容，提升产品品质，“来一场中国制造的品质革命”，以更高的品质实现高质量发展，正在成为新时代中国制造业升级的最强音。

作为中国制造业大市、民营经济大市和中国制造业转型升级综合改革示范城市，佛山是观察中国制造业品质升级的重要样本。佛山自古有“南国丝都”“南国陶都”“南国铁都”的美称，从明清到现在的数百年间，发达的制造业一直是支撑佛山经济的强劲动力。改革开放以来，佛山依靠本土经济、民营经济、实体经济实现内生型增长，陶瓷、微波炉、空调、小家电等“佛山制造”畅销全球。2017 年，佛山实现地区生产总值 9550 亿元、规模以上工业总产值 2.24 万亿元，分别位居全国大中城市第 16 位和第 6 位。制造业规模处在全国前列的佛山，加快发起品质革命，其路径和经验具有一定的普遍意义和参考价值。

在这样的背景下，根据佛山市政府的工作安排，著名经济学家周其仁与佛山市工商联（总商会）、南方日报调研组共同组建专题调研团队，2018 年 7—8 月深入佛山市 34 家企业展开调研，并与多个市相关部门围绕“品质革命”进行面对面座谈。从海天味业到石湾酒厂，从美的集团到海信容声，此次调研的 34 个企业样本既包括转型升级的传统制造业企业，也包括向高端跃升的高端制造业企业。基于调研的情况，形成了《佛山制造业迈向高质量发展调研报告》，力求通过解码佛山制造业的品质基因，提炼佛山制造迈向佛山质造的样本经验，为加快打造中国制造业最高品质提供参考。

一、佛山制造业迈向高质量发展的样本分析

本次调研选取的 34 家企业样本分布于佛山五区，其中，禅城 3 家、南海 13 家、顺德 13 家、高明 2 家、三水 3 家。（图 1）

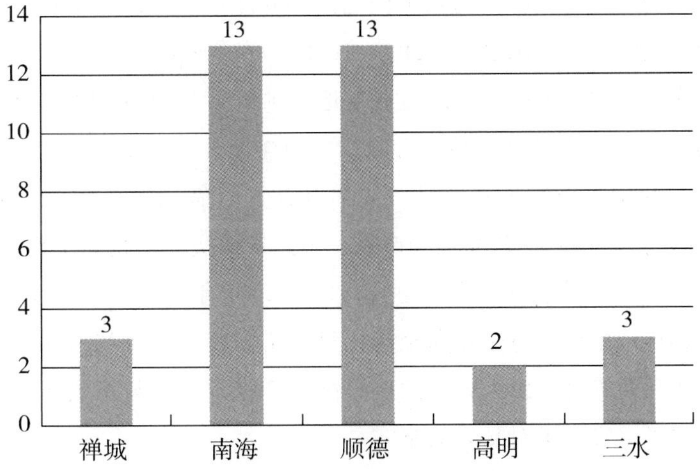

图 1　样本企业区域分布情况

34 家企业涵盖了家电、建材、家具、装备制造、食品、电子信息等十大行业，较为全面地代表了佛山制造的发展生态。（图 2）

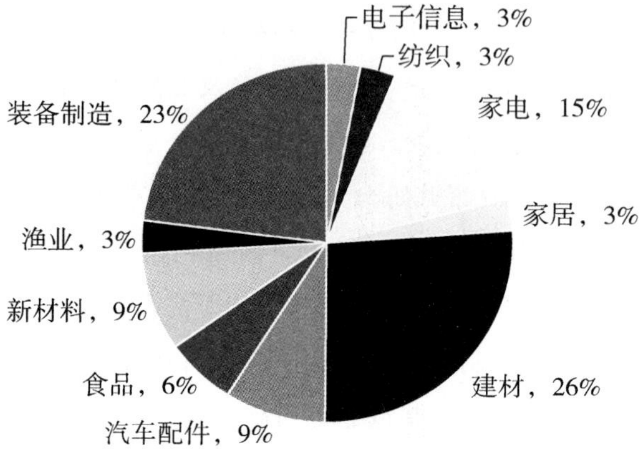

图 2　样本企业行业分布情况

其中，建材企业占比 26%，样本企业包括坚美铝业、凤铝、蒙娜丽莎等国内知名企业。以铝型材为例，近年来，仅佛山南海区就集聚了近 140 家上规模的民用铝型材企业，产销总量占全国建筑类铝型材产值的 30%，且依托转型升级已取得不菲成绩。例如，凤铝铝材已运用在了包括港珠澳大桥、高铁专列等在内的轨道交通、航空航天、海洋工程、电子电器、机械装备、建筑、装饰等领域。此外，蒙娜丽莎首创的陶瓷薄板已应用到全国超过 100 座高层建筑幕墙中，并且，蒙娜丽莎还主导制定陶瓷薄板国家标准和参与制定陶瓷薄板国际标准。

同样，作为国内最大的家电制造业基地，佛山 2015 年家电产值占全国家电行业总产值的 15%，家电领域的转型升级成果同样显著。以美的集团为例，从 2011 年的战略变革开始，美的集团通过“先做减法，后做加法”的供给侧结构性改革，主动“瘦身”，削减低效品类和产能，聚焦资源实施“精品工程”，构建起可靠性管理体系，实现了量与质的双提升。并于 2017 年完成对德国库卡的收购后，正式宣布将逐步从中国家电企业向全球化科技集团转变。万和依托成立技术质量管理中心强化品质管理，发力智能制造提高生产稳定性，与德国博世集团合作对标世界先进水平，实现了对品质的坚守。

此外，本次调研样本涵盖了 17 家佛山大城工匠获奖者所在企业，以及 13 家国家、省级、市级（政府）质量奖获得企业。（图 3）

图3　样本企业的奖项分布情况

在这些企业中，既有致力于转型升级的传统企业，也有高精尖的高端制造企业。以海天酱油为例，该企业为中国最大的专业调味品生产企业，源于清乾隆年间的佛山酱园，至今已有300年的历史，是商务部公布的首批“中华老字号”企业之一。目前，海天已建成了全球面积最大的玻璃晒池群和多条世界领先的全自动包装生产线，市值达1800多亿元，为A股食品饮料行业中市值最高的企业。

科达洁能则依靠其技术的升级和产品质量的可靠稳定性，从一家手工作坊发展壮大成为陶瓷机械行业的中国第一、世界第二。目前，在几乎所有世界重要的建筑陶瓷产区都能看到科达洁能生产的装备。在国内建材行业科达洁能的市场份额达到70%以上，良好的性能还让科达的高端液压泵应用到港珠澳大桥、上海洋山港大桥等国家重大工程的桩基项目上。

二、佛山制造业迈向高质量发展的样本意义

品质革命是建设现代化强国征程中的重要战役，也是中国人民美好生活向往中的应有之义。在经济高质量发展的过程中，作为制造业大市的佛山从供给侧发力，通过创新思路，提升产品品质，以更高的服务品质供给释放市场活力，在制造业品质提升上做出了一系列有益的探索。

在当前国内外经济形势下，佛山制造业迈向高质量发展的实践具有更加典型的样本意义。

（一）夯实佛山制造业的中国地位

制造业兴则佛山兴，制造业强则佛山强。佛山从古至今都以制造业发达著称。唐宋年间，佛山的手工业、商业已十分繁荣，陶瓷、纺织、铸造、医药四大行业鼎盛南国。清末，佛山得风气之先，成为我国近代民族工业的发源地之一，诞生了中国第一家新式缫丝厂和第一家火柴厂。

佛山始终坚守实体经济，坚守制造业。目前，佛山已形成了机械装备、陶瓷建材、纺织服装、家用电器、金属制品等优势产业集群。2017 年，佛山实现地区生产总值 9550 亿元，在全国大中城市中排第 16 位；工业总产值 2. 4 万亿元，排名全国第 6。（图 4）三次产业增加值占比为 1. 5 ∶ 58. 4 ∶ 40. 1，制造业主导地位明显。现有超千亿元企业 2 家、超百亿元企业 18 家。美的跻身福布斯“世界企业 500 强”。

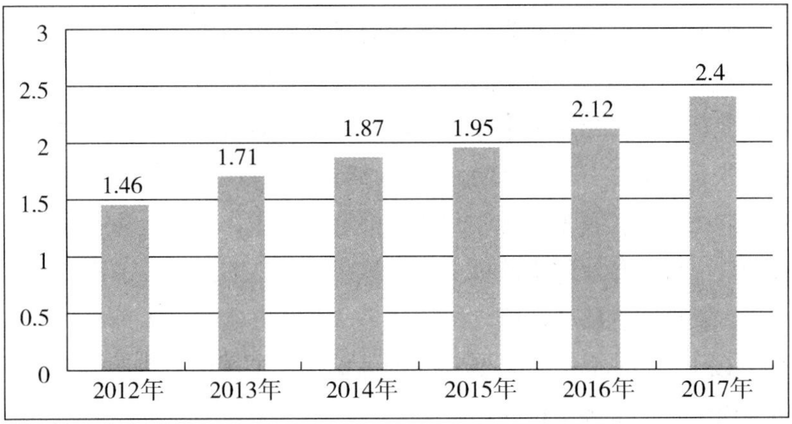

（数据来源：佛山市统计局）

图 4　2012—2017 年佛山市工业总产值（万亿元）

佛山产业根基深厚，制造业 31 个行业分类应有尽有，特别是家电、家具、陶瓷、纺织、建材等产业，上下游配套体系完备，这是佛山走“世界科技 + 佛山智造 + 全球市场”创新发展之路的底气所在。佛山民营经济充满活力，民营市场主体 51. 25 万户，占全市市场主体总数的 82. 94%，民营经济增加值 6067. 02 亿元，占全市生产总值的比重约 60%。（图 5）佛山还拥有美的、格兰仕、海天、新明珠、坚美、健力宝、万和等知名品牌和商标。

作为中国制造业大市的佛山在品质革命方面的探索和实践，十分具有典型意义。周其仁分析指出，推动“品质革命”，佛山非常有基础。佛山的工业占全市生产总值的 58. 4%，全国类似城市这一比例远低于佛山。而在驰名商标数量上，佛山近年来也有较大提升。在某种程度上，佛山在提升品质方面还有机会、还有空间。

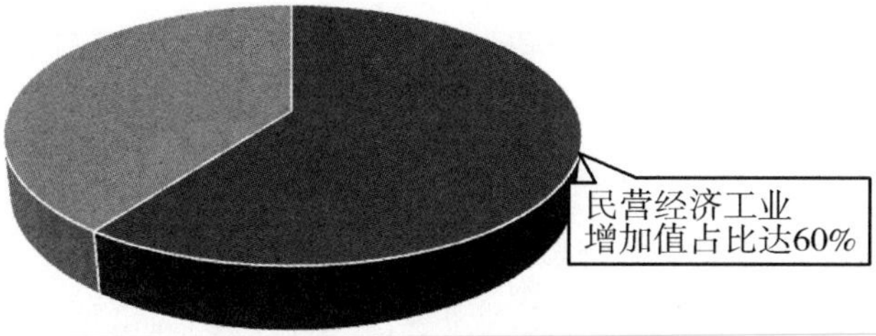

图5　2017年佛山市民营经济工业增加值占比

（二）应对“大而精”的中国挑战

早在2010年，我国制造业总产值在世界制造业总产值中就占比19.8%，超过美国的19.4%成为世界第一制造业大国。可以预见，中国制造未来将在世界舞台上占据更重要的地位。但是，我国制造业在做大规模之后，面临着转型升级、做强做精的历史任务。

从目前来看，中国制造业“大而不强”的情况仍然比较突出。主要表现为核心技术缺乏，绝大部分高端技术仍然主要依靠从国外进口；产品附加值不高，利润低下；劳动生产率较低。世界产业分工中的技术研发、标准制定以及品牌运营、营销流通环节都在发达国家，我国制造业加工企业仍存在用工多、附加值少，耗能、耗电、耗材多，受市场波动冲击大等问题。中国制造业从“大而不强”迈向“大而精”，急需一场“品质革命”，全面提升产品的质量、服务的质量，注重品牌建设，提高品质层次，使高品质成为新时代中国制造的标签。

佛山制造业是中国制造业的缩影，制造业“大而不强”是佛山从制造业大市迈向制造业强市面临的首要问题。2018年7月举行的中共佛山市委十二届六次全会分析指出，佛山制造业规模较大，但大而不强，传统产业比重偏高，先进制造业、高技术制造业增加值分别仅占规上工业增加值的46.6%、8.1%，人工智能、电子信息、航空航天、生物医药、新材料新能源等战略性新兴产业支撑不足。面对高质量发展的新要求，佛山制造所承担的任务艰巨、责任重大。

（三）直面“三明治”式的全球形势

当前，全球竞争格局呈现“三明治”的结构。往上，发达经济体尽管增速慢，但是拥有创新优势，具备独到性的新技术、新产品、新产业引领潮流。往下，越南、印度等一批发展中国家成为新兴市场经济体，由于开放比中国晚，成本优势更为显著。中国被夹在全球“三明治”中间，独到性优势尚不显著，成本优势却面临挑战。

全球竞争的“三明治”结构，带来了制造业的“双重挤压”。一方面是高端外流，美国等发达国家纷纷出台制造业振兴计划，美国提出重返制造业，德国推出了德国工业4.0战略，英国颁布英国工业2050战略，日本实施产业振兴战略。另一方面是中低端分流，一些新兴国家依靠资源、劳动力等比较优势，大力发展加工制造业，以更低的劳动力成本承接劳动密集型产业的转移。

面对全球竞争格局的新变化和制造业发展的新趋势，如何平衡劳动力和资源，提高核心竞争力，向品质、品牌、服务等方面发展是中国制造业转型升级的关键。而作为制造业大市和民营经济大市的佛山，国内外“双重挤压”的问题更为凸显，佛山制造业自身也存在产业层次水平不高、生产成本上升等挑战。在困难与机遇并存的情况下，佛山制造亟待寻找“双重挤压”形势下向上突围的新路径。

（四）新命题下的佛山行动

在制造业转型升级的新命题下，佛山在过去几年坚定不移地推进供给侧结构性改革，大力实施“以质取胜、技术标准、品牌带动”三大战略，不断提升制造业供给体系的质量和效益。

一是强化创新驱动，全面提升品质。创新是引领企业品质飞跃的第一动力。佛山坚持以智能制造为主攻方向，推动制造业转型升级的步伐，深入实施创新驱动发展战略，全力打造面向全球国家制造业创新中心，加快形成“世界科技+佛山智造+全球市场”的创新发展模式。数据显示，2017年，佛山优势传统工业增长11.1%，先进制造业增长9.8%，高技术制造业增长16.3%。制造业的转型升级带动了产品质量和企业品牌的提升。

二是大力弘扬工匠精神和企业家精神，推动高质量发展。工匠精神和企业家精神是照亮佛山现代工业文明之路的“双子灯塔”。近几年，佛山大力弘扬企业家精神、工匠精神和劳模精神，深化供给侧结构性改革，先后两次高规格授予各行业优秀人士“佛山·大城工匠”称号。佛山正在高水平规划、高标准建设“三龙湾”高端创新集聚区、佛山军民融合创新示范区、珠三角新干线机场空港经济区等重大创新平台，将依托这一系列重大创新平台建设，推动各行业、各领域的工匠集群式培育、成长，推动工匠集群在“一环创新圈”落地生根。

三是对标国际，主动参与全球竞争。佛山制造主动对标世界先进水平，积极挺向全球价值链的高端。其中，佛山针对性开展产品质量比对研究和提升行动，选取重点民生产品实施质量比对研究提升工程，深入分析产品质量整体状况，比较研究国内外相关产品的技术和标准差异，摸清产品质量安全隐患，找准质量提升路径。

四是标杆引领，发挥企业的示范带动作用。当前，佛山正加快实施“以质取胜、技术标准、品牌带动”三大战略。佛山出台了《佛山市工业产品质量提升三年行动计划》，提出要大力挖掘和重点培育细分行业“隐形冠军”，借鉴德国制造的经验，在全市打造一批传统制造业转型升级的标杆。到2019年底，全市培育细分行业龙头企业数量达到350家以上。推动大中企业设立首席质量官，拥有质量安全一票否决权，每年推动60家以上大中型企业参加首席质量官网络培训。引导支持企业推广先进质量管理理念和现代质量管理方法，推广卓越绩效、精益生产、六西格玛等先进质量管理模式。

三、佛山制造业企业推进“品质革命”的样本经验

品质革命是一场全方位的制造业质量升级的革命。党的十九大报告提出，必须坚持质量第一、效益优先，以供给侧结构性改革为主线，推动经济发展质量变革、效率变革、动力变革。质量变革最重要的是制造业的品质革命，这是中国迈进质量时代，建设质量强国的重要革命，也是赢得国际竞争力，缓解国际贸易摩擦的长期战略。

在“品质革命”的持续进行中，坚守实业的佛山企业在品质制度、品质创新、品质研究等多个方面都作出了有益的尝试与实践。

（一）以组织创新为基础，构建内部品控体系

在经济全球化的今天，“持续创新与领导变革”成为企业家的精神本质，组织领导者所追求的有序的、稳定的、长期的发展战略正在遭遇多变的技术、价值观、消费行为、政策的变化等多种力量的阻击，组织内部的品质控制体系正受到来自市场、供应商、物流等各类环节的影响。置身如此复杂的品质控制环境，企

业内部品质控制体系的完善与科学显得更为重要。在机遇与挑战并存的时代，企业必须不断进行以品质控制为主导的组织变革，使自身更加成熟和完善。近年来，在佛山企业追求品质的道路上，新的组织模式正在出现。追求品质，不仅带来了产品的改变，也带来企业组织模式的改革。

以汽车高端零配件生产为主业的东箭集团正是一例。东箭集团是典型的“离散型”制造企业，具有多品类、小批量的生产特点，对东箭的组织结构提出了很高要求。2014 年之前，东箭采用的是传统职能式组织结构，即将整个品控职能交由一个部门，对所有项目产品做统一检查，这就使得品控部门与生产部门相对独立，品质检查工作职能停留在产品出厂环节。这样的体系无法适应产品品类愈发繁多的品控需求。2014 年后，东箭进行事业部改制，为每个事业部单独配备一个品质部，品控工作更加细化。2016 年，东箭再次进行组织变革，将品控环节继续下放到单个项目中，由此，品质部的职能能够覆盖产品策划、供应商管理、来料的控制、成品控制、客户服务、可靠性测试等全流程，增强了质量控制的可追溯性。此外，东箭按德国汽车审核要求进行生产，单个项目质量、成本、交期都纳入考核，对员工实行激励与淘汰机制。目前，东箭拥有超 1.5 万款汽车配件产品，且年均能推出 1800 多款新产品，在汽车装饰配件领域，市场占有率位居全国第一。

另一些企业则将组织创新与提升员工参与能动性进行紧密结合。为了发挥员工参与精益制造的能动性，溢达纺织搭建起多层次提建议与员工培训的双平台。2002 年，溢达建立起了精益运营体系及评价标准。最初是每周固定举行精益现场接待日，等待员工前来提交合理化改善建议，并现场回应采纳与否。从 2017 年开始，溢达纺织内部建立起精益制造提建议的 APP 平台，员工可 24 小时随时提出关于改善生产制造的建议。为提升员工参与度，溢达纺织设立了与此对应的奖励机制。2017 年，溢达纺织收到的合理化改善建议超过 2000 条，被采纳比例超 50%。凭着过硬的产品质量，这家定位高端市场的纺织企业，其男士梭织纯棉衬衫出口总量已连续 15 年位居国内第一。

与这些企业类似，坚美铝业通过全员参与、成立 QC 小组的形式，攻克一些技术、品质管理等难题。QC 小组通常依靠小团队集思广益，按照一定活动程序来解决工作现场、管理、文化等方面所发生的问题及课题，这种新型组织方式攻克了许多优质生产会遇到的难题。而华兴玻璃为适应子公司增多、品质控制环节难统一的状况，在 2016 年围绕总公司与子公司的质量管理，对整个品质的管理体系进行了变革，撤掉原质量总监办，成立了具有统筹和指挥功能的质量管理中心，确保分散在全国各地的工厂，都能建立统一的模式标准。蒙娜丽莎则设置了合理化建议提案奖励制度，以此调动全体员工参与提升企业质量、环保、节能、工艺等环节。

（二）以用户需求为目标，直面市场痛点攻坚克难

制造业以用户为中心，这是现代商业文明的基本逻辑，也是制造业活动的原点。产品是为了满足用户的需求而存在，因此找到用户需求痛点是一切产品的基础，找到痛点也是创新驱动、提升品质的基础。近年来，佛山企业以用户需求为目标，针对用户的痛点改善产品，在产品开发、外观设计、产品包装、市场营销等方面加强创新，提高产品附加值、提升制造业供给质量。

自 2013 年成立以来，纯米电子科技有限公司在家电行业的“红海”中闯出一条新路，打造产品升级换代的“新国货”。在今天的消费者心中，对于一款高品质产品，安全、耐用是基础，同时要有好的用户体验。为优化产品的使用体验，纯米对电饭煲的外观设计与使用功能做“减法”，采用简单的一键操作设计。而针对年轻一代消费群体对米饭口味的多样化需求，纯米也给出了一套解决方案，将电饭煲与手机端 APP 连接，实现智能口感控制。纯米通过对京东、一号店等电商销量 TOP100 的大米数据统计，以及北上广等城市主要超市所售袋装品类大米的实际测试和数据录入，目前已拥有约 1417 吨大米的温度曲线，可定制 3000 余种烹饪方案。

佛山市宏石激光技术有限公司的主打产品为光纤激光切割设备，主要用于厨具、灯饰、汽车零配件、航空航天零部件等的加工。宏石激光将其生产的产品称为“工业快消品”，即工业领域使用周期短、更新换代快的产品，该公司抓住传统产业技术升级的风口，不断找到新的应用场景，通过满足用户的新需求赢得全国市场。为保证产品的竞争优势，宏石激光通过快速迭代来赋予产品不可替代的价值，拉开与其他企业的距离。据介绍，目前企业一年开发不少于 4 款全新产品，每一款产品开发从立项到成功不超过半年。

（三）以研发设计为源头，做好品质管理“顶层设计”

质量管理是企业日常经营中的重要活动，而研发管理体系的构建则是企业质量管理活动中的重要环节，甚至是品控环节的“源头”。有数据表明，产品的生

命周期成本（TOC）中，有50%—80%用于产品发行之后的初期维护和更新，因此如果在开发的过程中就能够及早地发现产品中的质量缺陷并加以纠正，而不是仅仅依靠测试甚至依赖客户在使用过程中来暴露问题，不仅可以极大地节省成本费用，也能树立并保持企业的品质口碑，并以此占据技术与市场的制高点。因此，越来越多佛山企业通过加强研发，不断增强企业的技术创新能力，做好品质管理的“顶层设计”，推动企业从单纯的规模增长向质量提升、效益驱动迈进。

一是让研发环节成为品质控制的最起点。品质设计观念认为，品质管理应该从产品的设计之初开始，在产品的生产之前，将一切可能出现的品质问题都给予充分地考虑，它将产品生产过程中可能出现的品质问题给予最大限度地预防。

格兰仕正是秉持这一理念开展品质控制工作。在格兰仕，研发人员认为产品的全生命周期质量一定是以设计为导向的，研发团队必须在研发设计以及早期实验中，做好材料、工艺、技术等多方面源头控制，以降低生产过程的不确定性。

二是以精品战略提升产品的创新力。在推动品质提升的过程中，佛山企业强化精品意识，将创新资源集中投入到优势产品的精准研发和精益制造上。

以美的集团为例，美的集团在家电业界以多品类、大规模著称，这也给产品品质稳定性和一致性带来挑战。为此，美的集团在突破产值千亿大关后，确立“产品领先、效率驱动、全球经营”战略变革，并进一步提出“精准企划、精湛研发、精心制造、精品品质、精致服务”五大精品战略，固化到各个事业部的整个流程体系。在发展模式上，美的明确减量提质，专注核心业务，改善产品结构，提升资产效率。在经营思路上，减少规模小或经营欠佳的品类，2011年—2016年，产品品类由64个减至32个，产品型号减少50%。同时，美的积极加大科研投入，美的2017年年报显示，近5年，美的集团累计投入研发200亿元。仅2017年投入就达到85亿元，占总营收的3.5%。研发人员占比从2011年的27%提升到2017年的67%，预计2018年将超过75%。良好技术品质带动产品市场占有率稳步增长，近6年来，美的集团营收从1000余亿元快速增长到2400余亿元，美的空调的市场占有率稳居行业第二，产量稳步提升。

三是以研发创新能力的提升推动品质升级。佛山企业通过高技术的工艺应用，进一步提升企业的产品品质，开拓了产品细分市场。

例如，铝塑管产量位居全球第一的日丰企业集团有限公司近年成功研制PP-R磁芯抗菌管，通过对管道内壁进行特殊工艺处理，管内壁粗糙度仅为普通PP-R管（三型聚丙烯管）内壁粗糙度的1/2，与陶瓷表面的粗糙度接近，可以有效减少水垢的积聚。

佛山市承安铜业有限公司是一家生产电路板关键材料“磷铜阳极”的企业。在国内，磷铜阳极产业领域内存在因低价竞争而造成“劣币驱逐良币”现象。承安铜业为坚守品质，选择通过以技术迭代和创造颠覆性工艺来占领技术与品质的制高点，并以此获取市场高度认可。在持续的研发创新中，承安铜业通过学习钢铁、铝型材等其他行业的技术经验，并推动技术团队与高校合作，首创了微晶设备处理后制成高端印刷板用低磷微晶磷铜阳极材料，由此革新了整个磷铜阳极材料性能。这一新的材料技术颠覆了原有的传统工艺，提升了铜材的质量性能，并优化生产的环保效益，同时也改变了国家标准、行业标准甚至军用标准。2011年，该技术获得发明专利授权，并经鉴定达到国际先进水平。目前，全球生产“磷铜阳极”的主体企业仅为10家左右，而承安铜业占据全球市场份额的三分之一。

（四）以全产业链为延伸，打造产业链上下游品控“闭环”

影响供应链质量的因素众多，即使是卓越的企业，仅仅依靠企业内部力量来控制产品质量是远远不够的。英国经济学家克里斯多夫提出，“今后世界不存在一个企业与另一个企业的竞争，存在的是一个供应链与另一个供应链的竞争”。其中，供应链竞争的重要因素之一就是质量竞争。尤其是当现代物流、现代互联网交易模式的兴起，供应链质量管理也开始向企业下游延伸，产业链整体品质控制的时代已经到来。在这样环境下，大多数企业对产业链上下游的依赖性日益增强，企业竞争优势不仅仅是简单的产品质量和过程质量，而是体现在整个产业链体系的质量控制上。由此，质量管理实践和理论研究的重点也从传统的以企业为中心转向整个产业链体系。

一是培育高品质供应商，开展产业链质量管理。以海洋工程装备配套专业设备研发生产为主业的广东精铟海洋工程股份有限公司，是一家以研发、检测为主体的企业。海洋工程产品对安全性有着极高的要求，因此，这家将生产制造过程外包的企业对供应商有着近乎苛刻的要求。目前，依托佛山南海强大的制造业，精铟海工原材料的生产和锻压以及产品的部件均为委外机加工。为提升供应链集成管理能力，精铟海工成立了专业的委外管理部门，对供应商实施“管理体系评价”，并进行品质意识教育、技术交接及人员合作。同时，精铟海工还设置了淘汰、处罚程序。这一模式不仅带动供应商整体制造水平提升，还带领一批金属企业进入高端市场，摆脱了中低端市场的“价格战”。

采取同样做法的还有广东雪莱特光电科技股份有限公司。作为国内HID汽车灯生产的首创者，该公司通过与供应商签订技术标准和长期质量保证协议进行来料管控，加强关键零部件供应商的顶点扶持等手段，严格管控零配件采购的质量。万和则对供应商进行分级管理，并定期对供应商进行培训和指导。

二是对标一流客户，实现共同成长。广东嘉腾机器人自动化有限公司是专注AGV机器人的设备公司，在与华为的合作过程中，由于华为对设备提出更高要求，倒逼该企业不断提升技术水平，累计为华为解决了数千个问题的同时，产品的品质也得到提升。作为华为一级供应商，广东盛路通信科技股份有限公司同样以华为作为品质的对标学习对象。盛路通信在合作过程中将华为的生产管理理念导入企业，例如在软件方面学习华为的控制系统，在产品方面将华为标准完全转化为自己的标准，严格落实到选材、包装、交货等程序。广东美涂士建材股份有限公司也通过与优质企业建立交易合作关系，在强强联合中实现品质的升级，由于优质企业采购的质量门槛较高、对产品品质的重视程度也更高，这也倒逼美涂士做好品质的自我升级。

三是将品质控制环节向产业链下游延伸，通过掌握物流等产业链下游核心技术和能力，整合产业链。佛山何氏水产是一家专业的鱼养殖企业，为降低活鱼空运成本，提升市场占有率，何氏水产在多年前开始攻克利用火车运输活鱼的冷链物流技术。目前，何氏水产通过技术改造，实现了活鱼高密度远程运输50个小时的目标，且成活率达到99%，成为行业内的最高纪录。正因掌握了这一冷链物流技术，何氏水产以物流支撑生产，整合了上下游产业链，销售市场遍布全国50多个城市，年销售额达20亿元。

（五）以高配、降维为手段，抢占品质升级的制高点

佛山一些企业大胆进行跨界创新，利用“高维思考”“降维打击”等手段，提升行业内的技术领先水平，以此保持行业技术与品质的领先地位。

一是对标高级别产业，提升生产工艺技术与标准。

近年来，以注塑机为主要产品的伊之密正在学习更高级别的汽车行业生产流程，用于机械装备的模组化、自动化生产，以降低传统机械装备生产过程的大批量不稳定性。伊之密通过“高维思考”，借助复杂工业的成熟经验攻克品质痛点。近年来，伊之密一直在努力学习汽车工业高度进化的运营模式，通过模块化产品

设计、模组化多级生产计划和整机总装流水线生产，进一步提升产品的质量标准，缩短产品交货期。为了能够对标汽车工业，实施品质高配战略，伊之密引入了一家专门为整车厂提供管理辅导培训的顾问公司，对生产流程进行改造。目前，这一改进已有初步成果，伊之密 200T 以下注塑机在采用模组叠加方式生产后，将实现流水线混线生产，接单后 7 天内交货，可满足 80% 的订单需求。

二是降维打击，将高等级产品标准落地运用至普通产品。

生产高品质家电的纯米科技正是一例。这家仅成立 5 年的家电企业，其所拥有的压力 IH 电饭煲品质与日本高端品牌平级。除了强大的研发团队与研发实力，纯米一直以 3C 产品工艺要求制造家电产品的苛刻准则，其创始团队大多出自摩托罗拉、华硕、IBM 等企业。将 3C 企业的品质管理办法引入家电行业，是纯米电饭煲实现高品质的重要手段。目前，纯米产品返修率低于业界平均水平一个数量级，在天猫商城电饭煲全品类中，米家压力 IH 电饭煲一直稳居 1000 元价格段的销量榜第一。

同样的还有精铟海工，由于在深海有着较强的技术品质，精铟海工将对品质要求更严苛的深海技术应用到了品质要求相对较低的浅海。目前，精铟海工将业务拓展至海上风电安装维护平台的建造、运营及服务，其自主研发设计的“KOE－01”设备，已在国电的龙源江苏大丰风场作业。

（六）以生产工艺简易化为突破口，破解技能人才群体特性的品控制约

没有一流的技工，就没有一流的产品。当前，我国技能人才劳动生产率水平偏低，制约着“中国制造”品质竞争力的提升，也与高质量发展的需求不匹配。对比德国与日本等制造业大国拥有高稳定性、高水平的技术工人队伍，中国拥有自己独特的制造生态：技能人才群体流动性高、技术水平整体偏低，导致大部分制造企业难以通过技能人才培训，保证生产流程的品质控制。据统计，在日本，整个产业工人队伍中高级技工占比 40%，德国达到 50%，而我国这一比例仅为 5% 左右。社会科学文献出版社发布的 2017 年人才蓝皮书《中国人才发展报告》显示，我国高级技工缺口高达上千万人，成为制造业转型升级的一大瓶颈。同时，中国的制造企业还面临着技能人才流失率高的问题，与德国、日本可长达“终身”的雇佣形成鲜明对比。

面对这些客观限制，一些佛山制造企业加强生产工艺、操作环节的简化设计，降低对工人熟练程度的依赖，以提升工艺的稳定性、易操作性甚至单一不可

逆性，成为产品生产品质控制的重要方法。

一是以研发设计的创新推动生产工艺简易化。部分佛山企业将生产工艺的设计前移到了研发设计环节，在进行产品创新时同步考虑生产工艺的简单化操作。以格兰仕为例，其研发部门从设计源头保证工人在生产装配产品时可进行“傻瓜式”操作，降低复杂工序引发的生产不确定性隐患。目前，格兰仕将大部分零部件装配流程设计成简单化操作，甚至是单一的操作方式。格兰仕认为，正如消费者喜欢一键到位的产品，工人也更愿意进行简易操作的生产工序，这对于提高大批量产品品质的稳定性大有裨益。目前，“傻瓜型”工艺在格兰仕整个生产流程中已占80%—90%的比重。同时，为配合这一生产流程，格兰仕还在内部推行了“通用化”标准，以此减少物料的细分种类，降低一线操作工人的记忆复杂程度。简易型操作、生产“通用化”标准的推广，给格兰仕自动化设备的研发与应用奠定了基础，当前，随着自动化设备的应用，格兰仕生产人员减少了70%。在微波炉制造本部，格兰仕拥有全球唯一一条自动化微波炉总装装配生产线，该生产线可实现12秒/台的生产节拍，日产量约为5000台，生产效率比传统生产效率提高38.89%，产品直通率超过99%。

二是以智能化改造保证产品源头的质量。自动化降低对人工的依赖，也是确保产品品质稳定性的重要手段。佛山海天调味食品股份有限公司是国内最早一批引入自动化的企业之一，先后建成了国内酱油压榨工序首条全自动化生产线、全自动封闭式圆盘制曲系统、全自动加热澄清系统等，目前一条罐装生产线每小时可以生产48000瓶酱油。而蒙娜丽莎每年约投1亿—2亿元用于技术改造，每年研发投入约占销售收入的3%—4%，自动化生产设备的投入提升了产品的稳定性。

三是以数据化驱动品质的改造升级。随着大数据、智能制造的发展，越来越多佛山企业通过大数据解决方案降低成本，提高生产效率，并通过迅速地解决问题和根据用户实际使用方式改良产品，最终提升产品质量。美的集团从产品研发开始便注重大规模收集海量数据，来确保产品质量。为了研究空调如何省电，如何吹出清凉舒适的风，美的集团家用空调创新中心的工程师跟踪全国12个城市，用连续3年的气象资料，分析了10万个气象参数，由此逐个突破技术难关。而佛山海天调味食品股份有限公司通过信息化软件把酱油的酿造工艺分拆为119道工序，每一道工序都有固定的配方进行锁定，实现对每一个工序的标准化控制。

（七）以全球品质为标杆，加快推动品质的追赶超越

改革开放40年的历程，是中国成为“世界工厂”的历程，也是中国企业深度参与世界经济一体化的历程。在“中国制造”向“中国智造”迈进的关键时期，要留住制造、坚守实体经济，就必须实现制造业转型与升级，提升生产与产品品质，要实现这个目标就需要中国企业在全面对外开放中掌握全球配置创新资源的能力。不少佛山企业通过对标国际同行业最先进水平和最高标准，向世界上最优秀的企业学习、靠近，形成自身的独到优势，获得更高的品牌溢价，推动企业向高端跃升。

一直将发展的战略视野对标国际的伊之密从主机制造商向工业整体解决方案提供商转变。为实现这一战略转型，伊之密引入行业内的“最强大脑”，在2016年聘请了全球注塑机行业顶尖专家 Dr. – Ing. Hans Wobbe 担任集团首席战略官（总工程师），推动企业的技术水平、成本控制能力、质量和稳定性方面看齐国际顶尖企业。2017年下半年，伊之密又深入到全球最前沿塑料加工技术研发的腹地——德国亚琛工业大学塑料加工研究院（IKV）设立研发中心，主要针对新工艺、新材料的开发应用。

而老牌家电企业容声冰箱，通过对标日本市场，倒逼了容声冰箱包括供应商在内的全流程优化。因自身已孕育大量全球知名家电企业，日本被誉为全球家电业中最苛刻的市场，其国内家电卖场定期公布月度产品不良率，对上架商品进行淘汰。为倒逼容声提升产品质量，2014年起，容声冰箱针对日本市场派驻了专门的信息搜集团队，并以季度为单位派驻工程师及供应商赴当地共同参与产品分析与改善工作。对标最严苛的市场，不仅提升了容声自身的品质控制能力，更是带动了整体供应链的品质提升。数据显示，容声冰箱在日本市场的销量于4年间增长了18倍。

对标全球品质标杆，建立研发、市场全球化网络已经成为许多佛山企业提升品质的重要手段。2016年，美的集团发起了多项海外资本合作项目，集结东芝、Clivet、库卡、高创等品牌协同作战，形成优势互补与资源整合，打破了行业全球技术互通壁垒。截至2017年，美的已在7个海外国家布局了9个研发中心。格兰仕等本土企业将技术研发触角向意大利、德国等欧洲国家延伸的过程中，提升了服务于全球市场的能力。文灿压铸在学习日本企业成本控制的同时，将工程师送到德国、日本等制造强国进行学习与见习，提高了制造工艺与水平，获得了北京奔驰以及特斯拉的信任。

（八）以人力更新为关键，处理好机器和人的关系

人才是我国经济社会发展的第一资源。21 世纪以来，制造业面临着全球产业结构调整带来的机遇和挑战。伴随着新一代信息技术的突破和扩散，传统发展理念、发展方式、发展模式都受到了颠覆性、革命性的影响。随着制造业的持续发展和技术变革，我国人才资源总量稳步增长，但人才结构、人才素质和人才培养体系须跟进改善。《中国制造 2025》强调要健全完善中国制造从研发、转化、生产到管理的人才培养体系，为推动中国制造业从大国向强国转变提供人才保障。在佛山，转型升级中的企业更为注重人力资源体系建设，以此作为企业技术与品质提升的关键手段。

在一个更容易下决心用机器替代人的时代，部分佛山代表企业谨慎处理机器和人的关系，重视设备更重视人才，更加注重产业大军的整体素质，把少数的、个别工人的优秀能力升格为整齐划一、普遍优秀的体系能力，推动佛山产业工人成为提升品质的最大支撑。

专注于大型机械设计和精密机械制造的中南机械，一直坚持“自己的人才要自己培养”，并建立起了较为完备的，由研发人才与技能人员共同组成的企业人才体系。在研发等高端人才上，中南机械强调引进、孵化与合作培养。2017 年 6 月，由中南机械牵头筹建的中峪智能机械智能装备孵化中心启动建设。该中心采用“企业产业化平台 + 高校创新团队 + 政府政策支持 + 持股孵化”的商业模式进行运营，以 3D 打印、机器人、自动化工厂、智能医疗装备、新材料为方向，依托中南机械在精密机械加工、数控装备整机制造及供应链服务方面的优势，将科研机构的科技成果转化为产品。成立的当月，该中心便迎来包括“千人计划”激光器专家王颖团队，GE 医疗集团原高管、有“齿轮王国的拓荒者”之称的华南理工大学陈扬枝教授等在内的 10 个科创团队正式进驻。中峪计划在 5 年内孵化出 100 家高新技术企业，推动 1 至 3 家企业在创业板上市。

在技能人才培养方面，中南机械坚持遴选与培养双结合的模式。2018 年，中南机械与南海技师学院合作，挑选一批毕业生进行培训，在 3 个月的针对性培训后，从中选出优秀人才送到北京直接参与研发项目。这种由研发人员和技术人员共同参与研发的活动在中南机械是常态，这样的协作不仅有利于产品的落地生产，也让技术人员获得了宝贵的学习和进步机会，能够吸引他们留在企业持续发展。佛山诚德新材料公司则选择与北京科技大学联合举办高级工程师研修班，2018 年更是由北京科技大学“定制”专门课程，邀请该学校教授定期到企业授

课。佛山诚德新材料通过提供更多学习机会以及奖励创新等举措推进技术创新，培育传承品质的优秀主体。

培养熟练的技能工人仍是制造企业首选。广东嘉腾机器人自动化有限公司在2018年决定斥资1000万元，打造嘉腾工匠计划，员工只要干满3年，便可按照不同的级别，获得2万—5万元的奖励，企业期望用3年时间培养出300名至少具有3年工作经验的熟练工。格兰仕在这方面已经取得一定成效。在格兰仕，工龄十年以上的一线工人占比不足20%，但这些工人绝大多数都已成为格兰仕一线的技术骨干。在格兰仕内部的机器研发团队中，团队成员全部出自工厂一线。2017年，格兰仕自己制造了80台自动化设备。

（九）以企业家精神为内核，“一把手”工程推行品质理念

一家企业做大做强，离不开工匠精神和企业家精神这两大支柱，以工匠精神保证质量、效用和信誉，以企业家精神经营壮大形成产业。无数企业发展的实践证明，高质量企业取决于企业家精神。企业家卓越的创新精神、将产品做到极致的劳模精神和工匠精神，才是“品质革命”的内核。调研组发现，佛山多家企业一致认为品质优先的理念必须自上而下推行。

在文灿压铸，“跨越思想障碍”被认为是企业不断提升品质的首要关口。在企业进步中，不浅尝辄止、不小富即安，不断对标全球最高品质提升企业内部实力，被认为是企业“最高管理层”必须要做到的事。在纯米科技，品质管理是企业董事长的“一把手工程”，研发品质与制造品质等相关信息都直接向董事长汇报。雪莱特董事长柴国生坚持认为，企业要做好品质，必须要从管理层做起，消灭“差不多”思想，才能引导员工精益求精。

传统行业同样如此。2002年，已成立15年的华兴玻璃终于拿到了第一张白酒企业的酒瓶订单。但由于生产图纸与设计图的细微差距，导致产品生产出来后出现了微小的“质量缺陷”。华兴玻璃创始人李深华拒绝了客户愿意接受瑕疵品的“好意”，将价值100多万元的玻璃瓶全部当废品处理。对质量的重视必须是自上而下，砸玻璃瓶就是希望员工也树立起对不良品零容忍的态度。目前，华兴玻璃在全国已拥有15家工厂，是国内日用玻璃市场占有率最高的企业，年产玻璃容器近300万吨，企业以超过15%的市场占有率被称为“亚洲日用玻璃大王”。并且，华兴的产品不良率仅为行业平均水平的一半，其产品斩获了雀巢、喜力等一批又一批以“挑剔”著称的客户。

（十）以联盟标准为约束，推动产业集群提质升级

对于企业来说，掌握标准就意味着掌握了话语权。佛山在全国首创制造业联盟标准，科研单位、企业、政府部门合力，制定面向产业的“佛山标准”。作为国家标准与行业标准的补充，联盟标准具有制定速度快、对市场需求响应及时、推广高效等优点，推动了佛山产业集群的体质升级。

在佛山市质监局的支持下，佛山陶瓷标准联盟成立并制定了《干压陶瓷砖联盟标准》。从品牌到品质，佛山陶瓷企业近年参与了大量的国家标准和行业标准的制定。2010年起，蒙娜丽莎依托自主创新，代表中国参与陶瓷薄板国际标准制定，成为该项世界标准的起草单位。

佛山市照明灯具协会、佛山市质量和标准化研究院、中国赛西（广州）实验室、佛山市国星光电股份有限公司、佛山市中昊光电科技有限公司、广东凯西欧照明有限公司、佛山电器照明股份有限公司等单位联合成立了标准研制小组，研究制定了室内照明LED筒灯标准，推动照明行业健康有序发展，引导企业转向高质量发展。

以品质决胜市场，三水饮料行业首试“饮品标准联盟”。百威英博（佛山）、健力宝、可口可乐（佛山）等14家成员单位率先在生产工艺用水上达成一致，执行部分指标严于国家标准10倍的“联盟标准”。三水饮品标准联盟以“联盟标准”为行动指南，在国家标准、地方标准未涉及之处填补空白，以提升产品质量，抢占品质市场制高点，探索出以先进“联盟标准”提升传统产业集群的新路径。

截至2018年6月底，佛山市已建立起94个标准联盟，制定实施218项联盟标准，联盟标准已在佛山家用电器、纺织服装、塑料制品、机械装备、家具、半导体照明等产业集群全面推广实施。

四、从佛山看中国制造进一步提升品质的共性挑战

当前，高质量发展成为当前中国经济发展的方向。然而，中国制造面临着诸多挑战，质量水平和市场形象还无法支撑中国经济的高质量发展，除了少数高精尖产品以外，多数产品质量水平依然不高、还普遍依赖低廉价格来赢得市场。佛山是全国重要的制造业生产基地，也是目前国家唯一的制造业转型升级综合改革试点城市。面对正在重塑的全球制造业格局，佛山逐渐成为各界观察中国制造业

转型升级的重要窗口。调研显示，在全面推进“品质革命”过程中，佛山及佛山企业面临着一些共性的瓶颈制约，在某种程度上，克服这些困难，就是寻找中国未来实体经济如何进一步提升品质的路径。

（一）低端之困：中小企业技术与品质趋同、偏低

2017 年我国研发经费投入总量为 17500 亿元，比上年增长 11.6%。研发经费投入强度为 2.12%，其中，企业研发经费为 13733 亿元，比上年增长 13.1%，连续两年实现两位数增长。但尽管中国企业已取得一定的成绩，中国企业在研发创新、转型升级上出现的结构性不平衡仍然存在，尤其是中小企业在技术与产品方面水平与品质偏低。从价值链环节看，我国中小企业大多集中于劳动密集型领域，相当多的一部分中小企业由于生产设备、技术水平等相对落后，自有品牌数量少、品牌附加值低，名优特新产品少、产品附加值低且同质化的问题十分突出。以出口数据为例，据 OECD 的估算，中国出口总值中国内增加值为 67.8%，而同时期的日本、美国等成熟的制造业发达国家分别达到了 85.3%、85%，以色列、印度也达到了 74.7%、75.9% 的高位。（图 6）出口产品国内增加值占比偏低折射出中国在全球价值链的“垂直分工”地位仍旧偏弱。从主要的出口交易对象看，中国的电气、电子设备除了大量出口至美国，有相当部分输送至日本、韩国等发达制造业国家。因此，这也从侧面反映出，企业所赚取的高新技术产品出口金额，更多集中在加工组装环节，而非核心技术研发与生产环节。

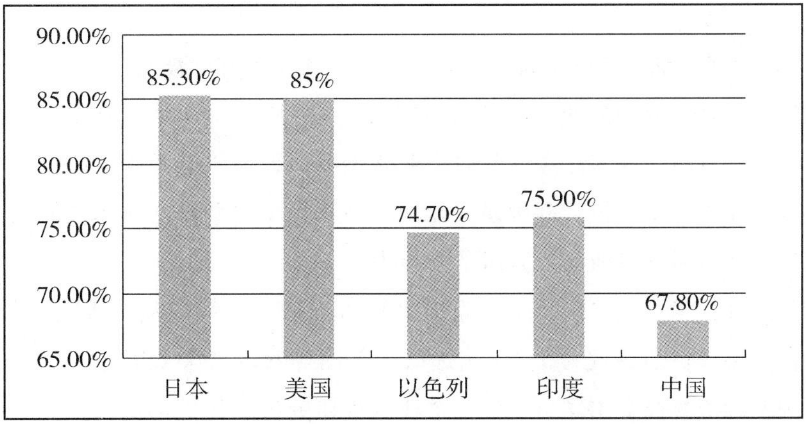

（数据来源：OECD）

图 6　2017 年部分国家出口产品国内增加值占比

此外，中小企业由于规模小、资金有限、生产集中度低、人才力量有限，也会导致企业经营粗放，企业发展缺乏动力和后劲，影响经济效益的提高。以佛山为例，2017 年，佛山市专利申请数量为 73948 件，同比增长 39.49%，同期美的集团专利申请数量为 16934 件，占比 22.9%，大企业科研“依赖症”明显。（图 7）类似的情况也发生在较为依赖华为与中兴的深圳市。根据专业机构估算，中国的中小企业风险资本技术效率不足 5%，远低于美国的 15% 左右，从侧面体现出中国中小企业在融资困难的背景下，中小企业研发效率偏低，全国研发效率主要来自大型企业的贡献。

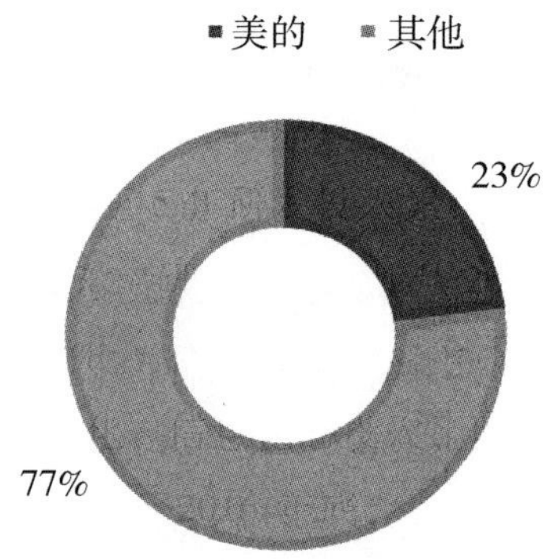

（数据来源：佛山市统计局、《美的2017年年报》）

图 7　2017 年佛山市专利申请数量分布

（二）创新之艰：科技创新体系的品质提升支撑力有待提高

当研发设计已成为品质控制的首要关口，“品质革命”将愈发依赖科技创新与研发能力。目前，我国已深入开展产业转型升级，但仍有不少核心产业的核心技术被外资品牌牢牢掌控，基础研发能力的整体偏弱以及核心技术的缺乏，削弱了科技创新能力对制造业品质升级的支撑力。

一是共性技术、颠覆性技术研发能力较弱。2017 年我国基础研究经费为 920 亿元，占研发经费的比重为 5.3%，远低于美国等发达国家 15% 左右的比例。并且，我国基础研究投资主体单一化，企业基础研究投资比例不高，不利于科技创新的活力与持续。从世界范围来看，许多发达国家基础研究的投资主体都十分多元化。以美国为例，据 *Science and Engineering Indicators 2016* 的统计，2013 年美国基础研究投入 804.6 亿美元。其中，企业投资占比 26.4%，联邦政府投资占比 47%，非盈利组织、大学的占比也达到了 2.9%、11.7%。相反，我国的基础研究主要依赖于政府的投入，有专家学者根据全国财政支出数据与基础研究经费统计数据测算出，我国基础研究经费中政府承担了 98% 的经费，企业资金仅占 2%，远低于美国的企业投资占比。

二是部分产品核心技术“空心化”，严重降低中国的产业发展及企业的抗风险能力。以“中兴芯片”事件为例。当前，我国在电脑和通用芯片领域每年的进口额在 2000 亿美元，且国内基本没有研制生产出可替代芯片产品。而在其他领域，如集成电路，中国拥有自主核心技术的产品不到 30%。珠三角作为我国重要的电子信息产业集群区，在芯片这类核心、基础层的科技领域，仍然存在着人才储备和培养少、技术基础较薄弱等问题。这类问题，同样存在于近年来快速发展的机器人产业、新能源汽车产业上。核心技术“空心化”，使得我国企业在国际贸易走势不明朗的情况下，生存环境极为脆弱，更乏力谈及“品质提升”问题。

以佛山为例，综合调研发现，在佛山本土企业中，从事自主研究和试验发展的 R&D 活动比较少、大量 R&D 活动不在佛山注册登记，自主创新能力不强。在佛山，高端创新集聚不足直接制约了佛山企业的核心技术转化率，2017 年，佛山 PCT 专利申请量仅为广州的 2/7、深圳的 1/42，承担广东省重大科技专项数量为广州的 2/7、深圳的 1/5。（图 8、图 9）

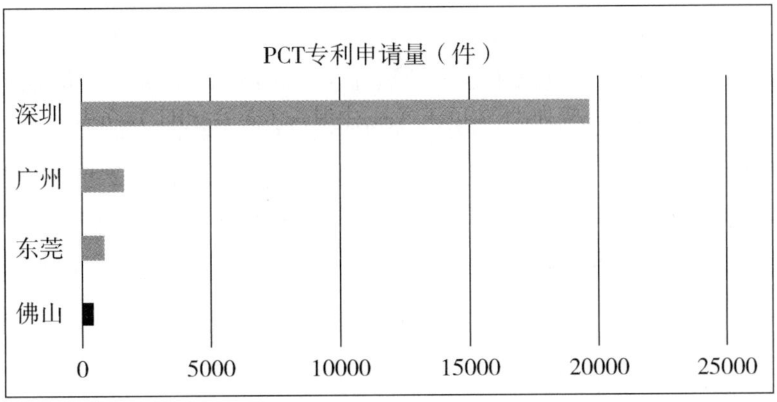

图 8　多城 PCT 专利申请量对比

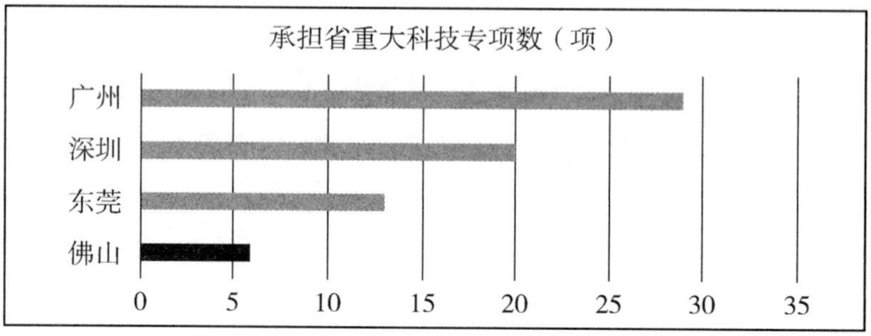

图9　多城承担省重大科技专项数量对比

（三）人才之渴：高层次人才与高技能人才“育”“留”两难

随着产业结构不断向高端延伸，制造业整体对人才的需求出现了明显的结构化改变，复合型技能人才与高端人才成为重点需求。但当前，人才供给的结构性短缺已成为制约企业进行“品质革命”最为突出的问题之一。

一是城市发展与服务制约高层次人才引进。高端人才，尤其是国际化人才往往对城市环境有着更高、更全面的要求，除了充足的事业发展平台和机会，子女教育、生活便利程度、生态环境以及相关的公共设施配套也是其考量的主要因素，企业引才已上升至城市高度。然而不少城市的形态与城市功能已滞后于现代产业发展和高端人才需求，与国内一些大城市相比仍有一定差距。因此，非核心城市与企业需要共同思考并创新高端人才的引育路径，破解区域能级障碍。

二是复合型技能人才供给不足。数据显示，2018 年与 2016 年同期相比，超八成深圳企业将增加用工人数。其中，电子信息行业招聘需求最大，新兴行业出现了如无人机飞控手、人工智能技术师等新岗位。在制造业大市佛山与东莞，高技能型人才需求量普遍提升。据佛山市人社部门摸底调查，2018 年 2 月，企业技能型人才需求量较大的职业及工种有：电气工程、机械工程师、计算机网络工程、外贸、质检、电工电器、结构工程师等。而在东莞收集的 11 万个东莞就业岗位信息中，技术类及管理类需求占比 27%。

三是技能型人才培育环境不佳。一方面，制造业人才培养投入总体不足，培训机构能力建设滞后，人才发展的体制机制障碍依然存在；另一方面，全社会对制造业人才的认识仍有偏差，重学历文凭、轻职业技能的观念还未从根本上得到扭转，企业职工和青年学生学习技能的积极性不高，制造业人才仍然面临发展渠道窄、待遇偏低等问题，人才成长发展的社会环境有待进一步改善。

四是人才管理体制机制还不成熟。在不少城市，人才资源开发与配置，主要由地方政府所出台的制度、政策以及工作行为所控制和决定，这种工作模式，在短期内能够起到较为明显的引才聚才效果，特别是能够为经济社会发展积累一定的基础性人才，但长期以来，由于不能充分发挥市场机制的配置作用，将导致人才类型与地方产业需求错配，人才配置效率低下等问题。

（四）品牌之阻：品牌建设落后于品质提升

改革开放40年来，中国制造业得益于改革开放政策和人口红利实现了巨大发展，国际代工（OEM）成为中国东南沿海制造业的主要发展模式。但长期以来，中国制造业主要处于全球分工链条的下游，不仅缺少自主创新与培育国内市场的进取心，也没有长远的品牌战略，在企业级市场或消费市场缺少深度耕耘。在国际市场上，中国自主品牌的缺失已经成为制约中国由制造大国迈向制造强国的瓶颈。

当前，在国际市场上中国制造品牌建设远远落后于发达国家。根据世界品牌实验室（World Brand Lab）独家编制的2017年度（第十四届）《世界品牌500强》，美国占据500强中的233席，稳居品牌大国第一。中国仅有37家，与中国的全球第二大经济体与全球最大的消费市场的地位不相匹配。并且上榜的大部分品牌企业来自国有集团，例如中国移动、中国石化、中国石油以及几大银行。制造型企业仅有联想、华为、长虹、青岛啤酒等7家。在调研中了解到，目前，在家电、家庭用漆等行业，中国企业的品质已与国际品牌几乎持平，但这些企业在品牌建设、品牌美誉度上与国际大品牌仍有差距，中国制造在欧美等一线市场难以与东道主品牌抗衡。

另一方面，民营企业缺乏长期且科学的品牌战略。以佛山为例，在调研中了解到，不少处于品牌追赶地位的企业，追赶战略仍然为模仿跟进，难以实现品牌建设的弯道超车，也就难以夺取市场主导权。这也侧面反映出佛山本土企业在已实现品质追赶后，其企业管理现代化水平与企业发展阶段不相匹配。此外，多数民营企业都面临了资金短缺的问题，创业启动资金难、资金周转难、发展融资难、宣传资金难，这些资金难点成为民营企业进行长期品牌建设的掣肘。

（五）需求之惑：“消费平级或降级”催生中低端市场供给

根据国家统计局发布的2018年7月经济运行情况，我国社会消费品零售总额累计增速屡创新低，1—7月已下降至9.3%。当前，与“消费升级”呼声同样高昂的是“消费降级”的舆论潮。消费升级及降级本质上均为消费结构的变化，而消费结构的变化又表现为消费大类变化及异质化产品消费结构变化。这些消费结构的变化将影响企业的供给结构。

全社会消费能力参差不齐，中低端需求催生中低端供给。国家统计局在2018年2月28日发布的《中华人民共和国2017年国民经济和社会发展统计公报》中显示，2017年，全国有近80%的家庭，人均月收入不超过3000元，其中，20%的家庭人均月收入低于500元。（表1）

表1　中国居民人均可支配收入分组

组别	占比	人均可支配收入（元）	
		年度	月度
高收入组	20%	64934	5411
中等偏上收入组	20%	34547	2879
中等收入组	20%	22495	1875
中等偏下收入组	20%	13843	1154
低收入组	20%	5958	497

（数据来源：中国统计局）

近年来，关于中国农村以及部分中小城镇假货充斥的舆论不断。2018年，“拼多多”引发的舆论狂潮也再次展现了中国消费市场的多样性：在全国主打“消费升级”、企业供给侧结构性改革的同时，“消费平级”与“消费降级”仍然因全社会居民收入水平的不均衡而同时存在。这些处于中低端的需求，也催生出了一批中低端的供给。因此，在一批企业积极推进供给侧结构性改革的过程中，必然还将有一部分企业维持在普通的生产水平，维持普通的产品品质。这是市场供需平衡的“自然结果”。

因此，最要警惕的不是中低端市场本身，而是中低端市场中的无序竞争乃至恶性竞争，如假冒伪劣产品的生产和销售。“劣币驱逐良币”的行为倘若存在，不仅将影响高端品牌、高品质企业的盈利空间，也将对产业集群良性发展和整个制造品牌产生负面影响。以佛山企业为例，调研组了解到，经东箭集团测算，每当东箭推出一款新品3个月后，市场上就会出现抄袭者。尽管这类现象“鞭策”着东箭保持着快速的设计与创新速度，但也直接反应了中低端市场无序且恶性竞争持续存在，必须给予纠正与制止。

（六）机制之弊：“品质优先”的体制机制尚未确立

实现“品质革命”，对企业来说就是对发展方式的再造，以更高的品质实现企业更高效益的发展；而对于政府而言，“品质革命”意味着要改革质量发展的体制机制。质量行为的追求来自于具有激励性的制度供给，一个公平竞争的市场环境，能够让企业优胜劣汰。“品质革命”同样也需要品质发展的环境，但目前我国尚未建立起“品质优先”的体制机制。

一是当前经济考核指标体系仍以总量评估为主，质量评估为辅。目前，现行的经济指标考核还停留在要素驱动经济发展阶段与投资驱动经济发展阶段，对企业实施的考核体系的核心仍然是总量，而非发展质量。国内其他地区，如浙江2018年初全面推行针对工业企业的“亩均论英雄”考核机制，以亩均税收、亩均增加值、全员劳动生产率、单位能耗增加值、单位排放增加值、R&D经费支出占主营业务收入之比6项指标为主，全面开展企业综合评价。但目前，大部分地区尚未在经济质量考核上有所突破，这既不利于推动资源向优质企业和产品集中，也不利于扶持优质企业成长。

二是知识产权保护工作还须进一步完善。近年来，各地各部门围绕倡导创新文化、加强知识产权保护等方面开展大量工作，我国知识产权保护社会满意度从2012年的63.69分，提高到2017年的76.69分，总体步入良好阶段。但知识产权保护工作还需要进一步完善。国家知识产权局发布的2017年知识产权保护社会满意度调查报告显示，95.87%的企业权利人认为，现阶段专利行政执法力度应当加强；80%的受访者认为专利群体侵权、重复侵权现象和执行难问题严重；40%的受访者表示遭遇过群体侵权、重复侵权；24.28%的受访者遭遇过执行难问题。以电商平台为例，2016年全年，阿里巴巴平台发现上万件假货，从中选出符合从5万元起刑点的4495余件案件线索。执法机关接收线索1184条，立案后公安机关能够进行刑事打击的只有469个。目前通过公开信息能够确认已经有刑事判决结果的仅33例，比例不足1%。

三是优质优价的价值取向和采购体系还须进一步培育。《中华人民共和国政府采购法》实施16年来，政府采购事业取得了长足的进步，取得了良好的经济和社会效益。但同时，仍存在一些典型难题，例如，“一切都合法，就是不合用”的程序导向，以及“唯价格论”造成的“劣币驱逐良币”现象。这些问题与高质量发展阶段的要求都不相适应。并且，当前的政府采购体系还未能充分考虑“综合社会效益”，即在推动节能环保、扶持民营与中小企业、自主创新等方面落实政策功能上，带来的社会效益还不显著。

五、对佛山制造“品质革命”率先破题的行动建议

品质反映发展水平、经济实力、开放程度、创新能力和综合实力。提高产品质量，塑造知名品牌，不仅是企业追求的目标，而且是一个城市、一个区域乃至一个国家追求的目标。在国内外市场需求升级步伐加快，一般产品严重过剩的竞争格局下，以品质取胜，成为高质量发展的关键。面对发展的新要求、新挑战，作为制造业大市的佛山，在前一阶段探索实践的基础上，有条件率先破题，加快“品质革命”的步伐，加快构建现代化经济体系，实现质量变革、效率变革、动力变革。

“品质革命”是一场全方位的制造业质量升级的革命。结合佛山企业品质提升实际需求，建议从七大方面对佛山制造“品质革命”率先破题，推动佛山制造加快走向精品质造，在品质革命之路上行稳致远。

（一）推出品质标杆行动计划，打造“质造”强市

为进一步树立品质标杆、引领制造业升级，建议推出品质标杆行动计划，作为推进佛山品质革命的重要抓手。通过打造一批佛山品质标杆企业，树立企业品质典范，形成标杆示范效应，引导佛山全市企业立足长远，克服短期诱惑，在思想上、认识上和态度上先过品质关，坚持让价可以但决不让质的基本立足点，使优良品质成为佛山制造的核心竞争力。

选择30家规模以上企业开展品质标杆示范行动，大力表彰品质标杆企业，出台相关扶持政策支持和鼓励品质强企的发展，支持企业着力提升品质，打造创造高质量、高品质的主力军。

选择100家中小企业开展品质标杆培育行动，鼓励和支持企业开展品质提升活动，强化培育企业的品质意识，引导企业加强产品的品质管控，通过应用先进质量管理理念和现代质量管理方法，形成自己独有优势，以产品品质的提高来有

效增强企业的竞争力。

面向全市推动品质标杆引领行动，引导优势企业积极发挥引领作用，通过制造业品质升级专题调研、品质标杆经验分享、交流座谈会、专家专题指导等多种方式，推广质量标杆管理，将质量管理的成功经验和先进方法向产业链两端延伸推广，带动中小企业实施技术改造升级和管理创新，增强整体质量竞争力，营造全社会重视质造、追求卓越的良好氛围。

（二）开展全球对标、品牌闯关行动，打造品牌强市

积极推动佛山企业对标国际同行业最先进水平和最高标准，向世界上最优秀的企业学习、靠近，形成自身的独到优势，获得最高的品牌溢价。

深入开展全球对标行动，紧盯国际国内先进水平，确立更高的发展定位和工作要求。对外，对标德国、日本、欧美制造品质，组织佛山企业学习考察发达国家在品质管理、品牌建设等领域的先进经验，拓展国际视野，提升发展水平，开展对重点国家和地区的制造品质策略研究，从国际品质标杆的对标中找出路、想办法，从而有计划、分步骤地学习借鉴国际品质标杆的先进经验，提高产品品质。对内，实施重点企业和产品的品质对标，优化生产工艺、更新生产设备、创新管理模式，改进市场销售战略，实现区域重点产品的品质提升。

深入推动品牌闯关行动，培育一批品质卓越的“佛山制造”品牌，形成若干具有国际影响力的知名品牌，将“佛山制造”打造成为“中国制造2025”的标杆。开展“佛山制造”品牌闯关大培训，为民营企业快速跨过“全球品牌关”提供指导和帮助，推进“佛山制造”品牌国际化，提升“佛山制造”全球品牌声誉和影响力。

（三）实施优势产业品质提升工程，做强质量竞争型产业

依托产业集群、特色产业基地等良好基础，实施优势产业品质提升工程，做强以技术、技能、知识等为要素的质量竞争型产业，推动机械装备、家用电器、陶瓷建材、金属材料加工及制品等佛山优势产业转型升级，实现集群化的品质提升。

加强规划统筹，围绕区域重点领域、重点产业发展需求精准发力，合理配置资源，树立品质第一的强烈意识、积极提高质量标准、推进落实制造业标准化等，推动佛山优势和特色产业的品牌产品产得出、卖得好、叫得响。通过政府的

积极引导，推动企业把孕育品质的起点从设计升级为企划，紧紧盯住市场变化，不断提升适应市场变化的各种能力，把严苛的市场条件、挑剔的客户需求和千变万化的外在环境作为改善产品和服务质量的不竭动力。

推动品牌升级，打造一批在国内具有市场竞争力的品牌产品和品牌企业。支持企业争创国际知名品牌、中国驰名商标、国家级质量标杆企业，在建设产品品牌、企业品牌、产业品牌基础上，重点加强区域品牌的建设，继而打造佛山的城市品牌，让“佛山品牌”成为高质量的名片。

推动优势产业加强自动化改造，通过产品升级、技术改造，提升生产品质。佛山要聚焦重点产品创新、工艺创新、品牌建设，引导企业以市场为导向实施更大范围、更高层次的大规模技术改造，通过采用先进的、适用的新技术、新工艺、新设备、新材料等，提高经济效益、产品质量，促进产品换代、节能降耗。

引导企业强化标准意识，严格按照或高于国内国际标准生产，同时鼓励佛山企业参与和主导标准制定。通过建立行业质量标准体系，通过优秀企业抱团成立联盟标准，着力提升产品和服务品质，率先建立中国制造的“佛山标准”。

（四）加快推动制造业产业链优化升级，强化对品质提升的支撑力

结合佛山制造业产业发展的实际，建议出台推动服务型制造发展专项行动，加快推动制造业产业链优化升级，加快服务型制造新模式和新业态培育，形成对佛山制造品质提升的有效支撑。

以智能化、数据化提升制造效能。把智能制造作为佛山制造品质提升的突破口和主攻方向，实施“互联网＋制造”，加快新一代信息技术与制造装备融合的集成创新和工程应用，通过信息化监管、检测、评价等方式倒逼产品品质提升。支持企业利用互联网采集并对接用户个性化需求，开展基于个性化产品的设计、生产、服务和商业模式创新。

以工业设计提升产品竞争力。周其仁在调研时指出，佛山企业生产产品的设计、审美要进一步加强，要融入自己的文化优势，并且善于化繁为简，让产品不仅耐用还要耐看，让好的产品一直传承下去、不被淘汰。建议佛山学习借鉴美国、日本、德国等工业设计强国经验，加快推动工业设计产业化发展，加强企业与工业设计机构对接，促进设计资源开放共享和工业设计成果转化，鼓励各类型制造企业与专业工业设计公司开展合作，通过注入创新创意设计，瞄准提高用户体验，提高产品技术附加值和竞争力。

以服务链条延伸拓展价值空间。围绕消费品需求，促进装备制造企业开展柔性化生产和个性化定制，发展故障诊断、维修保养、远程咨询等专业服务，生产更多有创意、品质优、受群众欢迎的产品。推动企业由生产型向生产服务型转变，成为提供整体解决方案和系统集成的供应商。重点支持装备制造企业整合产业链上下游生产与服务资源，实施产品全生命周期管理服务，提升产品服务价值。

（五）加快形成企业主导与政府引导的品质创新体系，建设制造业创新大市

坚持以企业为主体、市场为导向，充分发挥企业在创新管理、提质增效中的主体作用，推动形成企业主导与政府引导的品质创新体系，为建设制造业创新大市提供有力支撑。重点围绕以下三个方面展开：

一是实施企业家品质能力提升工程。企业家是创新要素的配置者，其能力决定了产品对品质需求的满足程度。组织企业家品质创新训练营，提升企业家质量创新要素配置能力和管理水平，尤其是加强新生代企业家培训，促进企业家树立质量创新意识、提升品质创新能力。

二是面向企业推广先进质量管理的方法和模式。通过政策引导促进企业导入品质创新体系，把推广先进质量管理方法和工具列为政府工作项目，设立专项经费，由相关主管部门、行业组织、科研机构等单位组成普及推广先进质量管理方法和工具应用工作领导小组，制定工作方针目标、普及教育推广计划，力争用5年时间将先进质量管理方法和工具推广到佛山广大制造企业。

三是开展企业品质提升关键技术攻坚行动。技术能力提升能有效地促进产品性能的改善，为品质提升提供重要保障。建议以对质量影响较大的关键技术和工序为突破口，提高质量创新的产出效率。政府进一步优化技术创新的激励政策，将政府的创新补贴从事前补贴转变为事后奖励，尤其是加大面向质量提升的关键技术研发的事后奖励，使技术研发能够直接服务于品质创新。

（六）打造品质导向型的人才服务体系，树立“制造业人才之都”品牌

人才是质量供给的创造者，其质量素养水平直接关乎城市质量供给水平。建议佛山打造品质导向型的人才服务体系，以更高水平的高技能人才队伍助推佛山品质革命，树立“制造业人才之都”品牌，让高技能人才成为品质革命的动力源泉。

强化人才服务体系建设，建议借鉴宁波、常州等城市的经验，实施“品质佛

山”制造业人才培育计划，重点推进高技能领军人才培育、技能就业促进、企业职工岗位技能提升、企业技能人才自主评价、技能人才培养载体建设、职业技能竞赛选才等工程。坚持人的核心地位，为技术研发人员、管理人员、产业工人等企业各类人群提供尽可能贴心、温暖的服务保障，为他们排忧解难，让他们能够专心工作、安心生活，在更友好从容的环境中实现更大的价值。

强化品质人才梯队建设，构筑适应发展新需求的品质人才梯队，立足品质的提升，培养一批对品质精益求精、对制造精雕细琢、对完美孜孜追求的技术骨干、大城工匠，培养一批品质创新的技术带头人，培养一批重视品质的企业家，打造制造业人才之都的城市品牌。结合佛山重点产业和重点工程项目，大力引进具有技术攻关、技术革新、发明创造等重大业绩成果的高端技能人才。

强化品质人才培训，争取打造技工人才培训示范区，建立对接产业发展需求，市场化、国际化、信息化的现代职业培训体系。组织开展高技能人才培训等活动，推动高技能人才实践经验及技术创新成果的传承和推广。推动龙头企业、行业协会、工商团体、职业技术学校牵头制定佛山各门类工种培训课程，构建佛山特色的技术人才培训体系，做好技术工人培训的公共服务。开展企业质量官培训，每年培训1000名企业质量官。依托职业院校、职业培训机构、大中型企业，推动开展高技能人才培训及认证。

（七）开展政府服务品质革命，全面优化高质量发展的营商环境

高质量的政务服务是推动品质革命的重要前提。建议开展政府服务品质革命，全方位提升政务服务品质，为企业进行品质革命创造良好的外部环境。

深化“放管服”改革，营造高品质发展环境。在深化行政审批制度改革、推进商事制度改革的基础上，进一步加大简政放权的力度，降低制度性交易成本，提高经济运行效率，释放企业活力，推动企业以工匠精神专注于产品品质的提升。

实现政府采购新作为，助力经济高质量发展。政府采购要深入落实放管服改革要求，引领市场配置资源的决定性作用。推动采购招投标过程，从强调专业评审向强调专业需求、精细化评价延展；推动采购结果评价，从注重节资反腐向注重经济性、效率性、有效性转变，同时进行深层次制度性改革，做好相关的制度性保障。完善招投标评审制度，将价格单一平分体系，完善修正为以产品、服务质量优先，价格次之的分段评价体系。

严守品质底线，做好重点产品的质量监督。紧紧围绕满足人民群众对美好生

活向往的迫切需要，积极履行政府的监管职能，强化市场监管，依托 2018 年 5 月挂牌的中国（佛山）知识产权保护中心，开展打击侵犯知识产权和制售假冒伪劣商品工作。加大产品质量安全风险监测和质量监督抽查力度，抓好重点产品质量监督，防止劣币驱逐良币，构建公平竞争的营商环境和消费环境。

加强公共服务支撑，加快建设面向企业的公共技术服务平台。夯实品质革命的发展基础，加强面向佛山区域的品质基础设施建设，依托佛山制造业集聚的优势，推进研发设计、物流服务、质量检验检测相关标准化公共平台建设，推进技术资源、信息资源、人才资源、设备设施向社会共享开放，助推企业全面提升品质。

佛山
FOSHAN YANGBEN
样本

美的："大而精"的"质造"之道

做好产品"加减法"，以精品工程破解多又好难题

新疆吐鲁番火焰山，中国最热的地方，夏季温度高达47.8℃，一台台美的空调被放在这里进行可靠性测试。

这些空调还要在我国最南端三沙市，接受常年暴晒、海水盐蚀。到了冬季，另一批美的空调又会被安置在我国最北角漠河，检测严寒下的性能指标。

在千里之外的佛山顺德，美的制冷设备有限公司在获取到这些极端环境下产品的运行数据后，从中发现提升品质的奥秘。

这是美的在品质变革上的缩影。近6年来，美的营收从1000多亿元快速增长到2400多亿元，多品类、大规模对一家巨头企业的品质管控是一大挑战。

从2011年的战略变革开始，美的通过"先做减法，后做加法"的供给侧结构性改革，主动"瘦身"，削减低效品类和产能，聚焦资源实施"精品工程"，构建起可靠性管理体系，结出了量与质双提升的硕果。

检测的"加法"

给空调来一场"马拉松"式的考验

在美的制冷设备有限公司顺德工厂的可靠性长运实验室，上千台空调正经历一场漫长而严酷的"马拉松"测试。

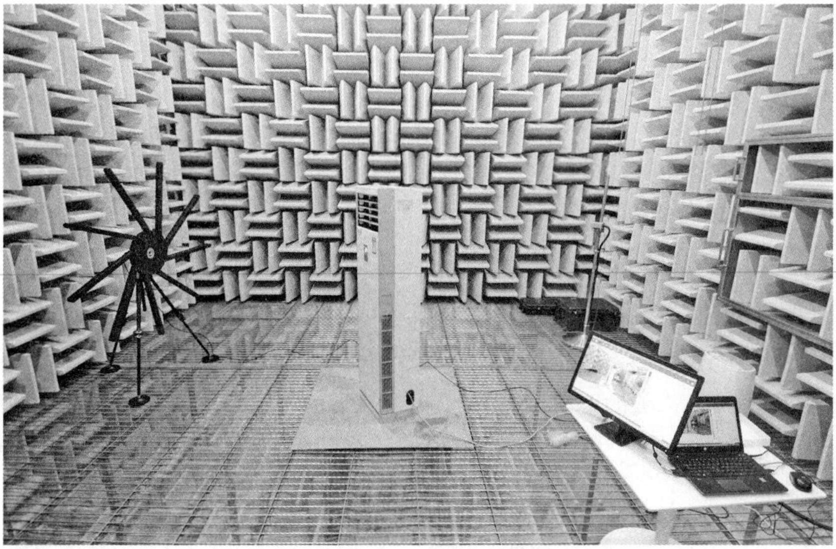

美的加快向全球化科技集团迈进

在炎炎夏日里，这里温度都在35℃以上，工人难觅踪影，空调却都“站”在整整齐齐的工作台上，不间断地运转。

“这里的空调要经历至少6个月以上的测试，单是测试车间每年的电费就上千万元。”美的家用空调事业部品质管理总监、首席产品经理晏飞说，系统会自动将每台机运转的温度、震动频率的数据记录下来，有故障会立即被发现，并与前端的研发工程师沟通解决品质缺陷。

从产品研发开始，美的十分注重大规模收集数据，来确保产品质量。

在家用空调创新中心，高级工程师李金波带领百名成员，跟踪了全国12个城市，用连续3年的气象资料，分析了10万个气象参数，做出“美的家用空调版十万个为什么”，由此逐个突破技术难关。

但对于空调这样的耐用品来说，单纯的实验室试验和数据的模拟显然还不足够。为此，一部分美的空调又会专门被送到黑龙江漠河、新疆火焰山等外部试验场地，接受最极端环境的考验。

美的集团副总裁兼产品与供应链总监向卫民说，在一系列技术和检测手段的保证下，美的空调的使用寿命一般在10年以上，而业内承诺是6年。

良好技术品质带动产品市场占有率稳步增长。近年来，美的空调市场占有率一直稳居行业第2。

产品的“减法”

砍下低效产能集中精力造精品

2011 年，刚刚突破了产值 1000 亿元大关的美的，面对如雪片般飞来的订单，主动“踩刹车”，确立了“产品领先、效率驱动、全球经营”战略变革。

美的集团产品与供应链品质管理负责人崔鸣介绍，美的质量变革的核心就是实施供给侧结构性改革，并形成了一套“先做减法，后做加法”的管理哲学。

在发展模式上，美的明确减量提质，专注核心业务，改善产品结构，提升资产效率。在经营思路上，减少规模小或经营欠佳的品类，2011—2016 年，产品品类由 64 个减至 32 个，产品型号减少 50%。同时，美的又积极加大科研投入，该公司 2017 年年报显示，近 5 年研发投入累计 200 亿元，仅 2017 年投入就达到 85 亿元，占总营收的 3.5%。研发人员占比从 2011 年的 27% 提升到 2017 年的 67%，预计 2018 年将超过 75%。

美的还加大对自动化、信息化的投入，收购德国机器人巨头库卡，全面提升自身智能制造的能力。截至 2016 年底，美的集团平均自动化率达 36%（行业平均为 15%），应用机器人超过 2000 台，制造效率每年提升 15% 以上。

经过一轮对整体骨干架构的调整后，精品工程则是美的实现质量变革的核心支点。

崔鸣介绍，精品工程在 2010 年由集团层面首次提出，当时明确的方向是外观精美、做工细致、性能卓越、稳定得当、物超所值；2012 年进一步深化，2014 年对方法论进行沉淀，并提出了“精准企划、精湛研发、精心制造、精品品质和精致服务”五大精品战略；2017 年，这套方法论已经固化到各个事业部的整个流程体系。

目标的升级

对标行业先进打造可靠性指引体系

崔鸣将消费者所看重的耐用度、维修度等指标称为可靠性管理，近年来，美的在可靠性体系的建设上不断迭代升级。

2011 年以前，美的还只是要求产品的性能指标超过国标，各项参数符合铭牌

美的在可靠性体系的建设上不断迭代升级

要求即可；2012—2014 年转型的关键期，美的在内部开展全方位与同业精品的对比，通过对比认识到与标杆的差距。“总共投入了4.5 亿元作整改，发现对比有差异的要马上把产品的指标提上去。”崔鸣说。

2015 年，除空调外，全集团的74 个品类都制定了相关的130 条基本性能的指标，新产品品质得到全面提升。

从 2017 年开始，美的在品质管控方面又多了一个“法宝”。这是美的与国内最早从事可靠性研究的权威机构——工业和信息化部电子第五研究所联合开发的一个可靠性方法论（TRS 系统）。其中，关于可靠性成熟度的“金字塔”评价体系，成为美的品质管理提升的重要指引。

“道阻且长，行则将至”——在 2017 年的集团年会上，美的集团董事长兼总裁方洪波曾以这八个字结束演讲，以此激励集团全体员工。质量提升永无止境，美的对质量的坚定与韧性，也为其他企业提供了借鉴。

■ 调研手记

突破精品上限守住质量底线

在中国人对品质的传统理解中，量与质，规模与精品，似乎是一对矛盾。

来自佛山的千亿制造巨头美的集团似乎在努力尝试打破这一成见。作为中国白色家电业品类最多的企业之一，在突破千亿规模之后，美的在积极追求“大而精”的发展态势上，做出了一系列探索。

事实上，“大”与“精”并非天然对立，关键在于企业投入资源的有效性。

“先做减法，后做加法，退一步是为了进两步”，这是美的供给侧结构性改革的重要经营思路，在品质管理上尤其得到充分的体现。减去了“看得见”的无效产能之后，自有资金、利润等经营效益得到大幅度提升，公司才得以腾出更多的资源和精力去投入“看不见”的领域，除了科研实力快速增长外，精品工程的实施在产品力的提升上显得尤为重要。近年来，美的实施“精准企划、精湛研发、精心制造、精品品质和精致服务”五大精品战略，大幅提升产品质量和用户满意度，建设和完善质量管控和保障体系。

既要不断突破精品的上限，也要坚守质量的底线。这就是美的“大而精”的“质造”之道。

海天味业：把老师傅的“舌头”变成数据

借力信息化勾勒酱油大数据“脸谱”，带动传统工艺品质飞跃

在佛山海天调味食品股份有限公司高明总部，数万个白色玻璃池一字排开，陈列在80万平方米的天然晒池之中。在晒池中的每一颗黄豆都将晒足3到9个月。这是延续数百年的广式酱油最传统的生产工艺。

晒池旁，“唰唰唰”的机器声中，一条罐装生产线每小时出炉48000瓶酱油。在这个洁净度超越一般药品工厂的全封闭车间，机器手按“菜单式”生产出的酱油将要经过494道质量检测关。这是不断被改造、堪称业内最先进的生产车间。

这正是海天行走于传承与创新之间的缩影。借力自动化、标准化与信息化把老师傅“舌头”变成数据，如今海天实现一年“打”出一个日本的酱油量，产能全球第一。

行销全球背后的好品质，让这家百年老字号频获资本市场的认可。四年前，海天上市当日从酱油厂变身造富厂，市值逼近500亿元。四年后，海天市值连翻4倍，一年再造一个“海天”，以1800多亿元坐上A股食品饮料市值“一哥”的交椅。

规模化的“困境”

机器人助力老字号突围

北回归线之上，佛山，每年有超过300多天的日照。这样的天然环境被称为

为实现规模化生产，海天成为国内最早一批引入自动化设备的企业

酿造酱油的天堂。

“与北方不同，广式酱油最大的特点是采用天然晒制。”海天味业副总裁黄文彪说。结合广东常年温度较高的特点，高盐稀态发酵与天然晒制的方式，被公认是更高级的酿造工艺，这让广式酱油的品质天然更具竞争力。

佛山正是其中的代表。很少有人知道，早在300年前，佛山产酱油已行销东南亚和欧美地区。

彼时，这些酱油正是产自于佛山的20多家酱园。其中规模最大的正是海天。但当时，受低门槛与老师傅主导的生产方式影响，酱油依然是地产地销为主。

从工艺来看，酱油最简单的生产方式就是把黄豆蒸熟后，放在露天，等待菌种掉落进行自然接种，之后和盐水一起放到缸内酿制十多天即可。

而即使是酱油厂，在口味上也只能依靠老师傅的经验来判别。低门槛让国内各地涌现大批酱油厂，而老师傅模式也让大多酱油厂很难做大。

然而早在20世纪90年代，海天创始人庞康率先提出了规模化的战略。这不仅意味着海天要打破老师傅的模式，大批量生产结合酱油长周期的生产模式，将对酱油如何保证质量稳定性提出了更高的要求。

“只有规模化，才能为企业品牌化实现稳定的产品供应。”黄文彪说。为了让传统工艺迈向规模化，这家百年老店也因此成为国内几乎最早一批引入自动化设备的企业。

早在20多年前，海天已投入3000多万元引入国外生产线。在此后，国内酱油压榨工序首条全自动化生产线、全自动封闭式圆盘制曲系统、全自动加热澄清系统……一个个工序逐步被机械手所取代。

自动化的助力下，海天年产能已达150多万吨。“自动化能够降低对人工的依赖，也是确保食品安全和品质稳定性的重要手段。”黄文彪说。

“菜单式”的生产

信息化锁定标准工艺

要让150万吨酱油保持同样的风味，光靠自动化还不行。

以原材料环节为例，过去，当企业采购一批黄豆回来，不同批次的蛋白质含量存在高低，面对这种情况，很可能因为人为因素，导致对细微差别把关不严的情况。但这种细到1%的含量差别在后端工艺中，就会造成品质稳定性不一的问题。

“信息化的引入，就是把柔性的管理变成刚性。”黄文彪说，为了避免这种情况，在海天，所有采购回来的黄豆首先进入的不是仓库而是检验库。

检验部作为独立单位，工作人员通过信息化软件，在检测指标上，把黄豆的蛋白质含量设定到了固定值并导入系统。只有质检合格的产品才会被转入仓库，之后随着产品进入生产环节，财务部门才会把货款发给供应商。

这种方式让这项传统的酿造工艺实现了“菜单式”的生产。目前，一瓶酱油的诞生在海天内部被分拆为119道工序，而每一道工序都有固定的配方进行锁定。而配方的形成，正是海天对于每一个工序的标准化成果。

“传统的酿造中，老师傅的舌头就是标准。”黄文彪说。为了实现工业化生产，海天需要把老师傅的“舌头”变成可以量化的数据。

这些数据正是海天开展标准化的过程。“标准化要从原材料开始，而且要全流程实现标准化。”黄文彪说，以黄豆的蒸煮程度来说，不同的软硬度，对于下个工序都会造成不同的结果。

所以对于每一个工序的标准不仅要求精准，还必须很有讲究。这样的标准化包括了工艺、配方和操作，实际上正是为每个步骤描绘大数据图像。

目前，在海天，从一颗黄豆到酱油的成品，每一个环节都能够实现数据的追溯。但黄文彪说，这还不够，“标准化是一个不断优化的过程，是没有尽头的。”

海天专注于对核心工艺的创新改良

改良式的“工人”

培育菌种中的“超级运动员”

在海天，同样没有尽头的，还有对于核心工艺的创新改良。

菌种的培育正是这样的例子。所谓菌种，黄文彪把它形容为一个微小的“工人”。这个“工人”通过发酵的方式，会把黄豆中的蛋白质变成有鲜味的东西。而且，同样一颗黄豆，能够转化出多少的蛋白质，完全取决于菌种的能力。

在传统酿造时代，这个“工人”的优劣完全是听天由命。最初，人们是收集天上“掉下来”的菌种，之后依靠老师傅来识别。实际上，老师傅也仅能通过肉眼判断，比如颜色看起来不好看的菌种，就把它挑出来，但到底质量如何也无法判断。

不仅如此，天气的好坏，会直接影响菌种的品质，这也导致同样工艺生产出来的酱油，口味上会存在巨大的差异。

在20世纪60年代，国内研发出了一批标准化的“工人”。培育出了纯种的发酵菌种，并推广到了全国。“从那时候起，中国酱油迎来质的变化。”黄文彪说。纯种菌种的出现，为国内酱油品质的提升奠定了重要的基础，而此后拉开每一家企业的品质差距的，则是对于这个“工人”的改良。

这种改良在黄文彪看来，首先是培育菌种的抗杂能力，也就是抵抗外部污染和杂物的能力。因为菌种本身是一个开放的体系，如果本身不够强，就会顶不住外界的影响，当杂品占了优势，菌种发酵出来的酱油品质就会下降。

在具备强的抗杂能力后，还要让这个“工人”变得“更强”。“这就像是培养一个菌种中的超级运动员。”黄文彪表示，这种培育菌种的过程非常长，就像育种一样，需要不断施加各种手段进行干预，干预以后看强化了什么特质，接着再一步步研发。

为了开展菌种的培育，海天专门建立了一个菌种研发中心，目前有数十位专业人员对各类菌种进行研究和培育。“我们试图加快培育‘超级运动员’的过程。”黄文彪说，这意味着，未来，企业可以生成更多的好菌种。

■ 调研手记

一瓶酱油的“变”与“不变”

如果说2014年海天上市当天，市值逼近500亿元，让人们惊叹资本市场的造富力，那么四年后，海天在市值上，实现一年新增一个“海天”，让人看到的是这家百年老字号蓬勃旺盛的生命力。

从工艺难度来说，海天主打的酱油可以说是简单的，也可以说是复杂的。

过去，即使是农村家庭，只要把黄豆蒸煮后晒制，加之盐水即可酿制而成，这是一项传承数千年的传统工艺。在现代，海天一年生产150万吨的酱油，酱油不仅是长周期的生产，且上下工序之间环环相扣，还要受到环境等多重因素的影响。

作为一家百年老店，海天则是把传承与创新做到了最优的配置。一直坚持最关键的天然晒制的方法，同时从配方、工艺再到操作，每一个环节都加大信息化、自动化、标准化的改造。

坚守传统酿制，创新改良工艺，这正是“酱油王”质取全球市场的密码。

新明珠：极致追求成就“中国砖王”

打造行业首个绿色智能制造示范基地，推动建陶产业智造升级

在长数百米的生产车间里，瓷砖顺着传送带缓缓向前流动，自动下砖机精确而高效地把瓷砖卸下来，旁边的自动叉车早已准备就绪，在激光导航的指引下把瓷砖运送到不远处的自动化立体仓储，整个过程几乎不需要人手。这里是新明珠集团禄步工厂，行业首个绿色智能制造示范基地的所在地。

高度智能化的禄步工厂创造了多个行业第一，包括第一家自主研发生产超大规格薄板；第一家使用余热制冷的250匹中央空调系统；第一家导入质量跟踪系统等，在这里，传统的陶瓷生产变得“高大上”。

自1998年转制以来，凭借着对先进技术和产品品质的不懈追求，这家昔日的乡镇企业在20年时间里逐步成长为建陶业航母，年产量达2亿平方米，年销售额近百亿元，创造了行业发展的一个个奇迹，也成就了“中国砖王”的盛名。

打造智能工厂

生产线从200人锐减至50人

在坐落于华夏陶瓷博览城的新明珠展厅，正中央一块超大规格瓷砖特别显眼，这是新明珠旗下冠珠品牌的MEGA ART系列产品，1.6米×3.2米是目前国内大板规格里面鲜有的大尺寸。在陶瓷行业，衡量一家企业技术水平一个很重要

新明珠投巨资建成行业首个绿色智能制造工厂

的指标是产品规格，规格越高对生产设备和生产工艺的要求也越高，MEGA ART 系列产品背后凝聚了新明珠 20 多年来对产品品质的极致追求。

距离南庄镇以西约 90 公里的距离，在新明珠位于肇庆禄步的绿色智能工厂里，藏着 MEGA ART 系列产品高品质的秘密。来自意大利重达 3 万吨的西斯特姆压机赋予了瓷砖产品更高的致密度，而这是提升瓷砖规格的关键。

2017 年 9 月，新明珠在意大利发布了"绿色科技，共享未来"国际化战略，与西斯特姆、意达加、陶丽西、史帝华夫等先进装备企业达成了战略合作，整合智能技术，投巨资建成了行业首个绿色智能制造工厂。

"技术人员在一个电脑屏幕里就可以监控整个生产流程，工人们可以穿着西装、打着领带在工厂上班；生产线人员从过去的 200 多人一条线减到只要 50 多人。智能制造使产品品质持续改善、工人工作负荷不断减轻，工厂生产效率成倍提升。"新明珠陶瓷集团董事长叶德林如此阐述智能工厂与传统工厂的区别。

对于智能工厂的投产，叶德林寄予厚望，他在挂牌仪式上说，"绿色智能工厂将推动中国建筑陶瓷的先进制造发展，引领陶瓷制造向清洁生产、绿色环保、人工智能、柔性化生产等方向迈进。"

完善质监体系

智能化控制“紧盯”产品质量

回顾新明珠的发展历程，与国际接轨一直是提升产品品质的重要内涵。早在20世纪90年代末，新明珠就提到要实施ISO9002国际质量管理体系。新明珠不仅成为了业内首家通过认证的企业，成功拿到了国际“通行证”，旗下的冠珠、萨米特、格莱斯3个陶瓷品牌随后也获得了“产品质量国家免检”证书，成为全国建陶行业第一批，也是获此殊荣最多的企业。

在新明珠禄步智能工厂，无人叉车在激光导航的指引下快速而高效地运作

新明珠并非没有遭遇过质量危机。集团党委副书记、副总裁陈先辉印象最深的是2003年，公司生产抛光砖用的防污蜡出现问题，造成部分产品出现磨痕，这在业内虽然算不上严重的质量问题，但新明珠依然咬咬牙，把价值数百万元的该批次产品全部召回。

随后十多年间，新明珠对于质量的管控越来越严，企业产品再也没有出现过类似问题。新明珠的品管部经理罗顺玲说，近年来随着信息技术的发展和应用，新明珠对于产品质量的智能化控制水平大幅提升。

如今，在禄步智能工厂，从配料到自动打包入库全部12个步骤，工人只需在控制室里轻按按钮，就可以完成整个生产过程的控制。整个车间感觉不到噪音和粉尘。智能工厂还在行业率先导入质量跟踪系统，在生产线上收集到的产品信息，能在第一时间监控到生产过程中的质量异常情况，及时反馈相关部门，使产品缺陷得到有效控制。“我们建立了比欧洲标准更为严格的内控标准，有一整套生产过程品质控制体系。”罗顺玲说。

新技术的应用和严格的品质管理让新明珠产品的优良率从92%提高到96%以上，多项质量指标领先同行。

吃掉“休克鱼”

输出企业管理 5 个月扭亏为盈

对于企业取得的成功，陈先辉认为还得益于企业在创始阶段就建规立章，形成一套完善的企业管理制度，并得到自上而下严格遵守，让企业的日常运作井然有序。正是依靠制度的力量保证了产品质量，赋予了新明珠生命力，并且这套制度还具有很强的可复制性。

高品质生产模式的快速复制，使得企业快速壮大。1998 年，受金融风暴的冲击，南庄很多陶瓷企业由于经营不善面临倒闭，叶德林敏锐地察觉到机会，采取了海尔张瑞敏的扩张方式——吃“休克鱼”，通过兼并这些面临倒闭的“休克鱼”，把新明珠的管理、技术和发展模式移植过去，让企业产品品质得到迅速提升。

以新明珠收购的第一家企业德昌陶瓷厂为例，2001 年 11 月新明珠成功兼并了德昌，更名为南海萨米特陶瓷有限公司。叶德林迅速从新明珠抽调了一批有经验的技术人员进入萨米特，复制新明珠的经营模式，引进意大利彼时最新的压机、大型辊道窑炉等设备，帮助新工厂从“输血”到自我“造血”。仅仅 5 个月后，萨米特就实现扭亏为盈，并入围佛山首届优秀民营企业评选。

随后几年，新明珠以每年收购 1 家工厂的速度迅速扩张。“每收购 1 家企业，我们就把核心管理人员带进去，把产品标准、管理制度与工作流程、考核制度复制过去。”陈先辉说，新明珠在短短几年时间里不断吃掉“休克鱼”，创造了企业发展的奇迹。

如今，新明珠正在迈向新的发展阶段，在追求产品品质的同时越发强调产品的文化内涵，从产品输出向文化输出迈进。

“新明珠的瓷砖产品品质已经不输于国外同行的高端产品，甚至在某些指标上更优。”陈先辉说，过硬的产品品质让新明珠在与国际同行的竞争中表现得更自信，“我们这几年把融入中国文化元素的原创产品带到意大利博洛尼亚参展，引起了热烈反响。”

■ 调研手记

创新就是高品质发展的源动力

20世纪90年代初，受市场需求的拉动，佛山的建陶行业迎来了一轮发展浪潮，大批陶瓷行业技术骨干从老国企中跳出来自立门户，成就了佛山建陶“诸侯争霸”的格局。在这一批科班出身的创业者中，此前没有陶瓷从业经验的原南庄水利所所长叶德林，凭着对技术和创新的狂热，成就了日后“中国砖王”的美誉。

叶德林对于技术的追求在建厂之初就表现得淋漓尽致。当年新创办的明珠厂，第二批引进的是意大利当时最新的生产线，每日可抛光2500平方米，在当时行业里属于高水平之列。但学技术出身的叶德林并没有满足于此，经过细心观察后，他大胆提出把抛光用的刀从1把增加到2把，不仅让产量翻倍，而且质量也得到了提高。

叶德林这种对技术和创新的极致追求始终贯穿于企业整个发展过程。从最初对抛光设备的改进，到如今打造行业首个绿色智能制造示范基地，新明珠对于技术的追求从未止步，不同的是，随着企业规模的扩张，新明珠对于创新资源的整合能力也不断增强。

随着创新能力的不断提升，新明珠正以实际行动引领中国建陶产业的转型升级，并用自身生动的实践证明：创新就是高品质的源动力。

海信容声：与最挑剔的客户“交朋友”

外借市场倒逼品质提升，内塑全员品质“红线”

走进海信容声冰箱顺德工厂，一台把手已经泛黄的绿色双门冰箱被陈列在展厅的入门处。“这是产自1984年的中国第一台双温区家用冰箱，34年过去，还有顾客的家里在使用同款产品。”海信容声（广东）冰箱有限公司副总经理叶国祥说。

他的身上，一件黑色体恤上印着2018俄罗斯世界杯的标志。容声所在的海信集团，正是刚刚落幕的世界杯官方赞助商之一，很少人知道，国际足联在筛选赞助商时，会在全球发放上万份问卷进行随机调查，只有包括产品质量受到认可的企业方可入围。

从34年前打造出一台至今仍可使用的冰箱，到34年后成为世界杯赞助商，容声冰箱一直在践行创立之初“容声容声，质量的保证”这句口号。

而追求高品质的背后，以攻克被家电业誉为“最苛刻”的日本市场为例，容声冰箱提升品质的“法宝”之一正是以苛刻市场为对标范本，通过向最挑剔的客户“取经”，驱动企业的品质提升。

这也促使容声走向更广阔的全球市场。数据显示，以海信自主品牌进行海外销售的比例已超过50%，其中日本市场更在近4年间销售增长了18倍。

容声冰箱一直在践行创立之初“容声容声，质量的保证”这句口号

找到对标范本

攻下全球家电界最苛刻市场

胡悦卫在2018年的7月又跑了一趟日本。作为海信容声（广东）冰箱有限公司顺德冰箱工厂品保部副部长的他，从2014年来，频繁奔赴日本家电卖场。

数据显示，容声冰箱在日本市场的销量，于近4年间增长了18倍。

早在4年前，这样的数据是叶国祥根本不敢想象的。

“日本被誉为全球家电业中最苛刻的市场。”叶国祥说，日本作为家电之都，本身孕育了大批全球知名家电企业如松下、东芝、日立等，可谓高手林立。这样的市场状况下，要打入并非易事。

但在容声冰箱看来，日本正是助力企业提升产品品质的最佳范本，从2014年开始，这家佛山企业开启了对于全球最苛刻市场的“攻坚战”。

针对日本市场，2014年，容声冰箱派驻了专门的团队在当地不断收集各种信息，其中针对每一季度的维修问题，公司还会专门派驻工程师到当地进行维修，通过这些研发人员判别问题的“根源”，在判别后导入到研发中进行改进，让品质提升回归到设计之初。

容声冰箱的品质提升成果，每月都有日本当地卖场的月报进行检验。胡悦卫说，日本当地的卖场，每个月都会以小黑板的方式，把所有产品的不良率进行排名，一旦一款产品出现3次上榜就会被撤离。

这份把所有品牌都纳入的不良率排名榜，会排到前100名。对各个品牌都造成了很大的压力，但却实实在在倒逼了企业去改善和提升品质。

“品质的提升就是靠一点一滴的积累。”叶国祥说，通过日本市场，倒逼了容声冰箱包括供应商在内的全流程优化，经过几年，公司在日本市场销量呈指数级上升。

构建倒逼机制

出现品质预警即挂“红牌”

在容声冰箱的品质提升之路上，除了主动对标高品质要求的市场，在公司内部，还会通过CRM系统以及每月集团质量例会的方式，倒逼内部员工重视品质。

每个月，在海信集团的质量例会上，公司会把旗下所有品类都纳入比较对象，点评各个产品的市场表现，并发布不同品类的NPS客户净推荐值和市场早返率两大指标。

所谓NPS客户净推荐值，是指消费者在购买了容声的产品后，是否会推荐给亲戚朋友购买。推荐与否往往就是考量一个产品口碑的重要指标。

值得注意的是，在发布客户净推荐值的同时，指标会具体分解出，推荐与不推荐的原因中，有哪些与研发、制造、销售、服务等不同环节相关的因素。而这些数据的发布，也促使容声了解到优化产品品质的关键环节所在。

在这样的带动下，近5年来，容声冰箱的客户净推荐值从30%多提升到60%多，也就是有超过六成曾经购买过容声冰箱的消费者，会选择推荐别人购买。

而另一个重要指标，也就是90天早返率的好与坏，则直接影响到员工的“饭碗”。

“一旦一款产品的早返率超标，公司内部就会对此发出预警。”叶国祥说，在发出预警后，如果到了次月，该产品还出现持续恶化，那么相关的负责人就必须进行分析，并汇报改善解决方案。

容声冰箱构建倒逼机制，驱动企业的品质提升

叶国祥说，容声冰箱正是通过这样的机制，倒逼内部重视品质，让品质永远只能呈现向好的趋势。

延展品质内涵

以本土化提升用户体验感

而品质的好与坏，当企业走向国外市场时，便开始出现了全新的定义。

以日本为例，在当初攻克当地市场时，每个季度容声冰箱都会派人到当地去检查、分析“有问题”的产品。通过性能的鉴定后，容声冰箱发现虽然一切性能都符合出厂标准和要求，但当地的客户却会说，“你这个冰箱不行，不够冷。”

这正是不同市场，对于“好品质”存在不同的标准。叶国祥表示，由于日本人一直习惯喝冰水，与中国人喜欢喝温水不同，一般的日本人，对于中高端冰箱都要求制冰功能，这也使得他们对于冰箱的制冷温区有了不同的要求。

为此，海信集团在研发中心内部专门设立了用户体验中心，定期派技术人员常驻美国、欧洲、亚太、中东非等地，了解不同国家客户的实际需求和消费习惯。

“你的产品好不好，不是你觉得好不好，而是用户体验好不好。”叶国祥说，研发中心的设计人员非常重要的一项工作就是了解当地人的生活习惯。

在吃透当地需求的情况下，不断提高产品品质，这样的成效已逐步显现。数据显示，容声冰箱以自主品牌进行海外销售的比例近年节节攀升，截至2018年7月已超过50%。

除了数量的攀升，容声冰箱所在的海信集团，其产品口碑也在提升。2018年俄罗斯世界杯上，海信集团正是官方赞助商之一。

把品质注入品牌的内涵中。好的口碑促使海信集团得以参与到俄罗斯世界杯中，而这样的全球赛事，也助力海信容声把好品质的故事，带到更远的市场中。

■ 调研手记

品质，全球市场的“通行证”

在国内家电发展史中，人们都熟知1985年海尔创始人张瑞敏砸冰箱的故事。但鲜少人知道，同一年，在南方，一家叫珠江冰箱厂的企业，一位叫潘宁的厂长，通过增设一道业内首创的检验工序后，面对检验工艺提升后发现的、几乎会被消费者所忽略的小瑕疵，潘宁不仅对现有产品进行了处理，还主动召回了1000台冰箱，造就业内首起“产品召回”案例。

潘宁所在的珠江冰箱厂正是后来赫赫有名的容声冰箱的前身。这家注重品质的乡镇企业，在20世纪80年代之初就把“容声容声，质量的保证”作为企业口号，在此后34年的发展中，容声冰箱从佛山出发，逐步走向全球各地，包括攻克最苛刻市场，凭借的同样是对于品质的“执念”。

这体现在，一方面容声冰箱主动对标“最苛刻”的市场，在包括韩国等著名家电企业折戟败北的日本市场，容声冰箱迎难而上，把它视为学习的最佳范本，倒逼企业整个供应链体系的优化，从而提升品质。

另一方面，容声冰箱在走向海外的过程中，走向了一个个的本土化。把提升用户体验感注入品质的内涵中，通过设立研究院的方式，研究当地的风土人情，解读分析出不同海外市场对于“好品质”的定义。

这正是在对标中倒逼企业提升品质，也让企业对品质的内涵得以有更深的理解。

蒙娜丽莎：拒绝价格战，赢得定价权

宁愿不赚钱也要坚守质量红线，持续创新抢滩市场新蓝海

在蒙娜丽莎集团股份有限公司生产车间内，从自动打包线上传来的一箱箱陶瓷薄板，经过机械臂的抓取，被整齐地码放成垛。

不远处，蒙娜丽莎用3.5毫米的陶瓷薄板建立了车间展览馆，以陶艺挂画和展板的形式，将蒙娜丽莎的研发成果、实践案例、经营理念和管理模式等在陶瓷薄板上清晰呈现。

从自动化生产线到一块块陶瓷薄板，这正是蒙娜丽莎以质取胜的缩影。20多年来，从埋头做标准，到请来院士专攻行业技术难题，再到一步步攻克行业环保、节能难题，蒙娜丽莎最终建成国内首条陶瓷薄板生产线，并拥有多项国际先进水平、国内领先水平的新产品、新技术。

“蒙娜丽莎多年来在产品质量上从不打折扣，宁愿少赚钱、不赚钱，也要坚守质量的红线。”蒙娜丽莎董事长萧华说。坚守品质红线，持续不断的创新投入，正是蒙娜丽莎制胜市场、抢滩市场新蓝海的重要法宝。

以质取胜

建成国内首条陶瓷薄板生产线

佛山是国内陶瓷产业集聚度最高的生产基地之一。地处南国陶都，越来越激

蒙娜丽莎建成行业首条陶瓷薄板生产线

烈的市场竞争，使得“价格战”成为业内一个绕不过去的话题。

“这要求我们不断创新。”在蒙娜丽莎集团董事张旗康看来，传统瓷砖领域是行业价格战火药味最浓的地方。

如何在激烈的价格战中独善其身？萧华给出的答案是：让价不让质。“血拼价格是不可持续的，企业要想办法避开价格战，通过持续的改良提升、研发创新实现新发展。”他说。

陶瓷薄板正是蒙娜丽莎以质取胜的一个案例。在2005年以前，对于许多企业而言，陶瓷板材是一个全新的产品。

2007年，蒙娜丽莎建成行业首条陶瓷薄板生产线，推出长1.8米、宽0.9米、厚0.5毫米的大规格陶瓷薄板并实现量产。传统工艺生产该规格产品需要20毫米的厚度，蒙娜丽莎将其压缩至5.5毫米甚至3.5毫米，仅用了18个月。

同时，蒙娜丽莎主导制定陶瓷薄板国家标准和参与制定陶瓷薄板国际标准，这在陶瓷薄板的研发和推广应用中起到了关键性作用。

2016年，蒙娜丽莎引进亚洲最大吨位的首台10000T压机，首创1200mm×2400mm×5.5mm超大规格干压陶瓷板，自主研发配方工艺和技术，从装备到技术工艺全部国产化。钱塘江畔130米高的杭州生物医药大厦是国内高层幕墙应用的第一个案例，所用的正是蒙娜丽莎的陶瓷薄板。如今，蒙娜丽莎的产品应用到全国超过100座高层建筑幕墙中。

在国内，成都、深圳等城市的多条地铁线，早已“穿”上蒙娜丽莎陶瓷壁画的“新衣”。凭借自主研发的陶瓷薄板和专利技术，蒙娜丽莎正加快敲开市场新蓝海的大门。

自主创新

绕开低端市场加强研发储备

蒙娜丽莎不仅在行业内掀起一股“薄板风”，还先后研制出雪花白、微晶石、陶瓷板、轻质板、全通体玻化瓷质砖等50多项具有国际先进水平或国内领先水平的新产品。

“选择价值创新、技术创新的战略是必由之路。”张旗康说，市场竞争是必然的，但竞争是有层级的。为此，蒙娜丽莎坚持和好企业“捆绑”，绕开低价竞争市场，凭借产品的独特性、创造性，通过价值创新拿下产品的定价权。

“我们是国内唯一一家可以生产罗马御石的企业，不仅可以做传统的抛光工艺，也能做类似花岗岩的‘火烧面’效果。”张旗康说，凭借扎实的技术优势，蒙娜丽莎拿到了国内首批三家渗透墨水生产罗马宝石资格的“入场券”。

针对传统瓷砖领域花色相差不大、同质化现象严重、容易存在低价竞争的问题，蒙娜丽莎与华南理工大学、武汉理工大学、咸阳陶瓷研究设计院等多所院校、研究所展开产学研合作，对陶瓷领域专业技术开展深层次的研究。

蒙娜丽莎每年约投1亿—2亿元用于技术改造，每年研发投入约占销售收入的3%—4%。

平台搭建为产品研发创新提供重要支撑。近年来，蒙娜丽莎先后建立国家企业技术中心、省市区三级院士工作站、博士后科研工作站等创新平台。

品牌建设是蒙娜丽莎瞄准的另一重要方向。2016年，蒙娜丽莎在意大利建生产基地，让拥有49年历史的意大利高端品牌企业为其贴牌生产，实现了从“我为意大利贴牌，到意大利为我贴牌”的转变，扩大了品牌影响力。

蒙娜丽莎自主研发的窑炉生产线可以 90 度直角“转弯”，实现生产空间最大化

内外兼修

1222 道关卡把控瓷砖品质

研发新产品、塑造品牌，只是支撑蒙娜丽莎品质构建的“冰山一角”。潜藏在“海底”的部分，是企业内部系统标准化体系的建立。

“每一块瓷砖、每一块薄板都需经历 1222 项内控标准的考验。”张旗康介绍，这 1222 项标准体系中，包括产品实现标准 378 项、基础保障标准 426 项、岗位标准 418 项。

1996 年，蒙娜丽莎便引入首席质量官制，其主要负责公司质量成本管理、考核、人才培养等。如今，为确保产品的稳定性，产品从原材料、砖坯，到施釉、抛光等生产过程的每个环节都设立产品质量监控体系，每个环节、每道工序须经过多重检测。

蒙娜丽莎还设有严格的环保治理企业内控标准，投入巨资进行节能减排、清洁生产技术改造。在工信部发布的 2017 年第一批绿色制造示范名单中，蒙娜丽莎入选绿色工厂，成为陶瓷行业首批入选的两家企业之一。

随着品控体系的逐步建立，蒙娜丽莎2015年获广东省政府质量奖、佛山市政府质量奖，2018年成为中国质量奖提名奖获奖企业。

■ 调研手记

以品质作为竞争武器

市场竞争无法避免，陶瓷行业也不例外。作为广东首家在A股成功上市的建筑陶瓷企业，蒙娜丽莎将品质作为竞争武器，抵御住了“价格战”带来的冲击。

多年来，在面对激烈的低价竞争时，蒙娜丽莎坚守品质红线，宁愿“让价也不让质”。为杜绝每一件不合格产品流向市场，蒙娜丽莎潜心投入研发，埋头做标准，引入国际先进管理模式，塑造严格的内部品质把控流程。

提升工艺技术、加大对环保的投入力度，是蒙娜丽莎保障产品品质的另一重要“打法”。依托引入的高度自动化设备，蒙娜丽莎的生产车间鲜见工人作业，难觅粉尘踪影；自主研发的窑炉生产线甚至可以90度直角“转弯”，实现生产空间最大化利用的同时，极大地提高了产品的稳定性。

正如张旗康所言：“一家企业能很早意识到品质对于自身发展的重要性，并在实践中逐步落实，并非易事。”

美涂士：掌控供应链上的质量竞争

内树质量标杆外设供应商培训网，构建品质生态圈

一位在涂料业拥有十多年经验的讲师，正在讲台上解释着涂料专卖店装饰、管理技巧。台下坐着听课的，是清一色经销商出身的负责人。她们大多协助自己的丈夫打理着涂料专卖店的日常运营管理事务。她们也是美涂士大学的常客。

这正是美涂士大学的日常。美涂士大学并不是一所真正的大学，而是佛山涂料龙头企业美涂士外部培训载体的总称。在这所“大学”里，经销商、供应商、零售商等可以选择差异化而又有针对性的课程。

“未来竞争是供应链体系的竞争，而不是单一企业的竞争。处于体系中的供应商、制造商、分销商、零售商等各个环节的品质，都会影响我们涂料产品与服务的品质。”美涂士行政副总裁郑洪涛说。

在品牌集中度不高的涂料行业，应对竞争并不轻松。美涂士用自己搭建的品质生态圈，握住了最佳竞争砝码。

打造品质武器

五道关卡严控品质

“涂料就是给物体穿的衣服。美涂士生产的涂料主要是两大类，供木材用涂料和建筑用涂料。这两个领域在国内都是全面开放竞争的，因此竞争也较为激

美涂士通过严格的生产标准和品控环节确保输出优质产品

烈。企业产品必须有应对竞争的核心武器，这个武器就是品质。”美涂士总工程师陈江平说。

所有的涂料基本由4类原料组成：树脂、溶剂、填料，助剂。其中，树脂和助剂生产的技术含量较高，也是容易区分出产品品质的部分。为了生产性能多样的助剂，美涂士建立了5道质量控制关卡。“第一个就是配方质量的控制，这需要对配方组成以后遇的到各种极端的情况进行检查。”陈江平说。

对每一个品类的配方质量，美涂士都会进行内部外部的比对。“每个品类起码有5个人同时检测比较；此外我们还会委托外部机构检测，将其与企业内部结果比对。要保证大批量生产的产品质量，这是必须下的功夫。”美涂士质管部部长谢寅峰说。

配方只是第一道关卡。谢寅峰说，除了配方，材料质量也十分关键。选用材料要优中选优，同时兼顾成本和价格的问题。接下来就是制造质量、工艺质量、人员质量。这5道关卡串成一个体系，并且被纳入可追溯的质量检测机制。

在企业庞大的品控网中，受到管控的不仅有涂料，还有涂料罐等供应商提供的配套产品。谢寅峰曾靠检测技术发现了美涂士采购的涂料罐存在一定的生锈风险。在将自己泡在检测室10多天后，谢寅峰领着团队开发出了6套确保涂料罐不生锈的工艺方法，又经过多方比对选出最优方案，实现行业内首创。美涂士将这项技术向供应商推广，协助其完善涂料包装桶的生产工艺，进一步消灭影响涂料品质稳定的因素。而这样一种新工艺惠及的，是整个涂料行业。

占领大客户高地

“强强联合”中的品质升级奥秘

观察整个涂料行业会发现，企业“以质取胜”的战略面临着复杂的环境。“目前涂料行业的品牌集中度较低，没有占据绝对市场份额优势的企业。但总体来说，整个涂料行业领导品牌还是以外资品牌为主。”美涂士选择的路线是坚持和优质企业建立交易合作关系，追求“强强联合”的效应，占领涂料市场地产大客户战略高地。

目前美涂士已经为全国一万多个项目提供了产品服务。在全国百强的房地产商里面，美涂士和接近50%的企业有合作。美涂士的年度战略合作伙伴名单包括世界酒店连锁品牌希尔顿酒店，全国最大的建筑集团中国建筑等企业。

这条路线的核心在于，无论是大型跨国企业还是国内龙头企业，好企业采购的质量门槛较高、对产品品质的重视程度也更高，这无疑将倒逼美涂士做好品质的自我升级。

“好的漆，涂上不会掉。我们会和客户签合同，保证产品的质量稳定期和售后，也希望推动客户把这种品质理念传递给消费者。”陈江平说。

与此同时，针对不断升级的终端消费市场需求，美涂士自觉加强环保、健康等功能性产品的开发，以技术附加值更高的新产品迭代，形成企业差异化竞争的品质筹码。

保温一体板就是一个典型。“这种材料用在大厦外墙，采用了一种超强的纳米技术，可以耐脏，还可以有效保温。如果外墙覆上了这款材料，室内的温度会处于一个恒温的状态。”美涂士相关负责人说。

办在企业的“大学”

每年培训供应商上万人次

2018年6月，美涂士的一个艺术漆特训营开班，艺术漆领域的经销商、运营

美涂士大学为供应商、经销商提供系统培训

商等均可免费参加课程。不同主题的类似培训每个月都会定期举行。在美涂士，负责主办这类培训课程的机构有个响亮的名字——美涂士大学。

这座办在企业的“大学”，是专门为营销体系所建，为供应商和经销商提供全方位的智力服务。

“未来竞争是供应链体系的竞争，而不是单一企业的竞争。我们建立的美涂士大学，会对供应商、经销商进行系统培训。”郑洪涛说。

在郑洪涛看来，品质是一个生态体系，需要靠身处整个供应链体系中的制造企业、供应商、经销商共同构建。美涂士大学承载着优化企业整个外部供应品质的重任，也因此形成了一套培训教学的“独门战术”。

美涂士大学的培训面向多种对象设置细分课程，包括导购技巧、店面陈列的一些技巧，以及施工的技巧等。同样面对经销商，培训内容也会进一步细化。

为了树立培训的专业化，美涂士大学的讲师均是专职负责培训，不兼任其他职务。这十多个讲师均积累了至少10年的涂料行业经验，往往需要兼具理论和实践的知识储备。从事教课1—2年后，老师还要到市场去锻炼，吸收新的知识，再回到课堂教学。

与外部培训体系相对应的，是美涂士严格的内部考评培训机制。内部员工所有的晋升、调薪均与培训、考核、认证相挂钩。新人通常要经历公司级、部门级和岗位的3级培训，考试不合格，未来无法上岗。

内外部培训提升人的能力，美涂士为产品品质构造了一张全面的保护层。

■ 调研手记

品质的竞争也是供应链的较量

众所周知，品质是环环相扣的。很多企业都懂得这个道理，因此从原料源头一直到生产检测，都负责任地设置了严格的关卡，确保高质量产品的生产滴水不漏。但却少见企业像美涂士这样亲力亲为将整个供应链环节都纳入自身培训体系的探索。

一件产品的质量牵涉产业上下游多个企业。不少企业并不直接面向消费者，却与终端消费市场有着不可回避的联系。举个例子，消费者买了一件家具，结果家具漆掉了，买家第一反应是找家具商，家具商进而再找油漆商。这意味着，涂料产品面世后，其质量需经受下游客户、中间的施工商、终端消费者的多重考验。

在同一个供应体系中，上下游企业的关系越来越紧密，你中有我、我中有你。这也是为何很多企业都倡导和供应商共同进步，联合开发产品、攻关技术难题，并对供应商进行严格考核。

但是仅仅如此还不够。美涂士的经验告诉我们，打造真正强有力的供应链，还有很多可以挖掘。除了介入供应商工艺研发和质量把控，企业可以从知识技能源头对其进行培训，构筑严密系统的外部培训网，一块砖一块砖地垒好产业上中下游的质量堡垒。而这样做的好处，不仅是撑起了企业的品质保护伞，更为整个行业塑造了生态化的品质保障样板。

雪莱特：消灭“差不多”

建立预防型品质管控体系，在员工中树立零缺陷理念

在佛山一环科技路出口不远处，广东雪莱特光电科技股份有限公司的 LOGO 格外醒目。每天，在这里生产的镇流器与汽车灯，很多都会被运送到江淮、奇瑞、华泰、吉利等整车制造车间。

从 1992 年创立至今，雪莱特已经走过了 20 多个年头，从一家小企业成长为汽车照明行业的龙头企业，雪莱特发展的轨迹离不开拒绝“差不多”的品质之道。

雪莱特董事长柴国生曾表示，企业要做好品质，必须要从管理层做起，消灭“差不多”思想，如果管理层都觉得“差不多就行”，那员工肯定也不会精益求精。

为了消灭“差不多”，雪莱特制定了一套从零部件到成品的全流程质量管控体系，并凭借员工培训与自动化改造等多种手段，通过严控产品质量与研发创新，从而赢得市场。

如今，雪莱特已经成为国内最大的 HID 汽车灯生产制造基地之一，是国内 HID 汽车灯生产的首创者，也是国内唯一一家有能力与汽车厂整车配套对接的生产厂家。

雪莱特通过严控产品质量与研发创新赢得市场

以品质撬动市场

HID 汽车灯年销售约 1 亿元

在雪莱特的灯具生产车间里面，一台全自动装投机正在高速运转，HID 疝气灯包含的氙气、金属卤化物，还有抽真空等程序，都通过这个全自动化设备完成，所需的气体甚至需要精确到零点几毫克。

“汽车灯的使用寿命是 3000 个小时，按照每天开灯两个小时计算，车灯很少更换。”雪莱特汽车照明事业部总经理刘火根说，因为车灯有放大聚焦功能，所以对产品要求非常高。

在 2017 年淘宝一份汽车照明年度销售报告中，HID 疝气灯类目年度 TOP 品牌榜上排名第一的是雪莱特，占总销量的 26.6%。而在汽车灯泡类目年度 TOP 品牌榜上，雪莱特也排在第 2 位。

作为国内最大的 HID 汽车灯生产制造基地之一，雪莱特是国内 HID 汽车灯生产的首创者，也是国内唯一一家有能力与汽车厂进行整车配套对接的生产厂家，生产的镇流器与汽车灯的质量均已达到世界先进水平，并与江淮、奇瑞、华泰、吉利等汽车厂进行整车配套合作，每年销售约 1 亿元。

取得这样的成绩并不容易。“雪莱特最早从1999年开始研发HID疝气灯产品，真正推出市场是在2003年，从2005年开始进入整车供应体系。”刘火根说，当时产品推出市场后，有很多知名的国际品牌企业都发了律师函过来，但是最后雪莱特都一一驳回，因为针对该款产品，雪莱特一共申请了40多项发明专利。

从供应商到内部生产

打造预防型品质管控体系

如果说技术创新是雪莱特追求产品品质的基础与前提，那么，打造一套预防型品质管控体系，在企业内部推行零缺陷管理模式则是保证产品生产品质的重要一环。而“零缺陷”的追求包括从对供应商的管理到研发、决策、执行、服务、生产、供应等多个方面。

严格管控零配件采购的质量，是追求产品高质量的第一步。雪莱特的零配件由两个一线品牌供应商进行供货。在采购物料前，雪莱特会与供应商签订技术标准和长期质量保证协议进行来料管控，并根据国标要求制定抽样计划，进行全检、抽检或破坏性试验。

不仅是事前监控，在生产过程中，雪莱特仍会对供应商进行监控。“我们会不定期派人到现场考察、监督，确保质量达标。”雪莱特副总裁王毅说，包括实时了解供应商的工厂是否有建立符合雪莱特标准的质量体系、生产设备是否进行保养等。

对于供应关键零部件的供应商，雪莱特更会提供定点扶持。其中包括派出质量工程师到供应商的生产一线进行协助，帮助供应商建立起符合要求的质量检验体系等。

除了对供应商进行管控外，雪莱特内部生产也有着严格的品控生产流程。具体从设计阶段开始评估，包括产品生产所需使用的原材料、线路是否需要经过EMC电磁兼容性测试、思考产品的潜在失效点等，从而提前对产品的出错率进行控制。

“为了能够对产品进行设计验证，雪莱特建立了通过国家级委员会（CNAS）认证的实验室。”王毅说，为了保证实验结果的公正性，实验室脱离事业部，作为企业内部的一个独立机构，为产品的测试提供较为公正的数据。

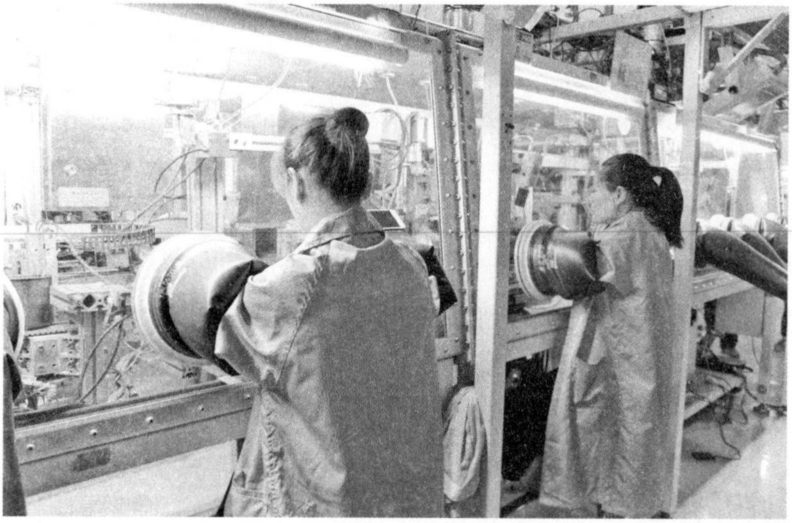

雪莱特以预防型的方式去管控整个生产流程

树立零缺陷理念

奖励提出精细化生产建议的员工

制度的订立让产品品质有了根本的保障，但最终仍然需要人去执行和落实。为此，雪莱特在培养和鼓励员工坚守品质方面，也下了一番苦功。

正如大部分制造业企业一样，雪莱特也遭遇了招工难的问题，这倒逼企业进行自动化改造升级，目前雪莱特的自动化率已经超过60%。为了提升精益生产水平，雪莱特还会围绕生产技能提升、品质管控、安全生产等组织技能大赛和主题班会，让员工在竞争中学习和成长。

“在这过程中，我们会特别向整个团队灌输零缺陷的理念，引导员工以零缺陷的态度去开展工作，而不是抱着‘差不多’的态度。”王毅说，一个产品需要30道工序，如果每个人都犯一个错误，那么良品率就会下降到89%，因此企业在整个生产流程中必须要以预防型的方式去管控。

更为重要的是，由于HID汽车灯大部分是直接供应到整车企业，万一产品出现问题，所影响到的不仅是产品本身，还需要将该批整车召回。“代价非常高昂，也是企业难以承受的。”刘火根说，鉴于此，企业更愿意花时间在生产过程中进行严格的质量把控，而不是后期出现问题再去解决。比如，HID 汽车灯在生产过程中的各项参数表格必须要保存至少两年，万一整车厂发现零件出现问题，必须要追溯到几年前的产品。

为了最大限度调动员工的积极性和对产品质量的重视，雪莱特在对员工的绩效考核中，30% 的工资会根据产品合格率而定，如果合格率下降，薪酬也会受影响。

同样是发挥员工的最大能动性，雪莱特鼓励员工提出精细化生产的合理建议，并根据该建议实施后能为企业节省成本或创造出价值的多少，给予员工奖励。

正是这种全员都把质量放在第一位的思想与行动，使雪莱特得以把品质作为企业打开市场的“敲门砖”，并以品质推动企业长远地发展。

■ 调研手记

“错不起”造就好品质

成立于 1992 年的雪莱特有不少光环，其中一个是南海区首家上市民营企业。经过 20 多年发展，雪莱特至今仍然是国内电光源领域最具代表性的上市企业之一。

回看雪莱特的创业之路，很难想象，最初全部资产只有几十万元的企业，是如何成长为国内最大的 HID 汽车灯生产制造基地之一的。

这背后，品质是企业征战市场的最大法宝。“雪莱特从建厂初期提出的经营理念就是坚持品质。”在雪莱特汽车照明事业部总经理刘火根看来，品质是企业的灵魂，没有品质就没有发展。

从雪莱特产品供应体系也可以看出，雪莱特“错不起”，如果一个细微的差错导致汽车发生召回事件，那么这样的结果是企业难以承受的。正是在这样严格的要求下，雪莱特对产品品质的要求近乎苛刻，而这也成了雪莱特产品最大的竞争力所在。

格兰仕："傻瓜型"工艺打造产品硬实力

从薄利多销到以质取胜，以全链条品控打响品质突围战

在格兰仕车间，工人以简洁的动作与快速的效率，完成元器件的装配。每个工位上，生产工艺、现场作业的每一项企业标准和操作准则，都以纸质文件的形式挂在墙上，为工人提供最明确的优质生产指引。

在全球微波炉市场，格兰仕凭借技术积累和对生产成本的把控，成为当之无愧的领军者。"目前格兰仕在微波炉领域已经驶入'无人区'。"格兰仕家电研究院负责人王守国说。

如何在"无人区"中找到进一步前进的方向？格兰仕对此命题的思考是，将"以质取胜"做到极致。2017 年，格兰仕在全球卖出 3000 万台微波炉。其全球市场主导力所依附的，是高品质赋予的生命力。而支撑起这股生命力的，则是每个环节"品质先行"造就的可靠品控网络。

无论是以"傻瓜式"安装降低人工操作失误、提升微波炉质量合格率，还是给每个供应商打分、严控原材料质量水平，高品质保障，考验的都是企业在生产、运营的方寸中所下的功夫。"以后的微波炉还可以更便利、更节能。追求品质永无尽头。"王守国说。

简单的一句话背后，却是这家微波炉龙头企业复杂而深刻的探索。

“傻瓜型”工艺在格兰仕整个生产流程中占80%—90%的比重

寻找品质源头

“傻瓜式”装配减少生产不确定隐患

在格兰仕展厅，各式各样的微波炉佐证着这家老牌微波炉企业积累已久的生产力。方形的、圆形的、传统的、智能的……而不管品类如何改变，所有微波炉具备的高品质标准不曾改变。

“我们一直秉持的理念是，品质从研发开始就决定了。”王守国说。

王守国始终记得，曾经一条铰链的研发设计如何左右了一批微波炉的量产。“微波炉的零部件中，控制门开关的铰链十分关键。”格兰仕立刻终止了产品的量产，更改设计方案，保证产品每个零件质量的绝对过关。“这种问题在设计研发时就潜伏了。”王守国由此感慨，“产品全生命周期内的高质量，一定是以设计为引导的。”

为了确保产品在大批量生产下的全生命周期品质，格兰仕巧妙施加研发对生产的影响，确立了新的生产准则。

机器唱主角，工人身影逐渐稀少。这是格兰仕多数车间的景象。即使在机器无法替代人力的工位上，工人快速而简洁地安装着开关等零部件，保持一流效率；在有的工位上，工人只需要两三个动作就可以完成一个零部件的安装。这番简单高效的生产场景背后却大有深意。

“我们从设计源头保证工人在生产装配产品时可进行‘傻瓜式’操作，以降低复杂工序引发的生产不确定性隐患。”格兰仕微波炉研发技术部结构开发科一科科长廖波说。

目前，格兰仕将大部分零部件装配流程设计成简单化操作，甚至是单一的操作方式。比如只有一个正确动作可以安装，其他动作装不上去，以此提升产品合格率、降低维修率。

“正如消费者喜欢一键到位的产品，工人也更擅长简易操作的生产工序，这对于提高大批量产品品质的稳定性大有裨益。”廖波说，目前“傻瓜型”工艺在格兰仕整个生产流程中已占80%—90%的比重。

工人自造机器

自动化升级破质量“一致性”难题

“傻瓜式”操作不仅降低了人为失误率，还大大提高了产品的通用化标准。这为当下火热推进的自动化生产奠定基础。正如廖波所说：“如果不把零件生产装配工序做得很简单、很标准，自动化设备派不上用场，所谓的自动化生产也无从谈起。”

正是得益于从设计源头简化生产操作的做法，格兰仕的自动化改造得以大举铺开，并在行业内走在前列。

“在冲压车间，以前做一个底板需要6个人，现在只需要1个人。随着更多自动化设备的投用，我们工厂的生产人员减少了70%。”廖波说。

这股自动化改造风潮带动的，是格兰仕工人和企业的双双转型。

在格兰仕工厂的一个房间中，多台自动化装配、检测机器等三五成堆地摆放着。这些自动化设备均由格兰仕一线工人自主研发生产。“我们有一个团队专门进行机器研发，团队成员没有一个是外聘的工程师，全部都是从工厂一线层层选拔出来。我们通过自主学习一步步掌握造机器的本领。”团队成员之一、在产线上干了16年的何国坚说。

目前格兰仕在微波炉领域已经驶入“无人区”

“格兰仕大致经历了3个发展阶段，从外购自动化设备学习使用阶段到改造瓶颈工序和工装技改阶段，再到独立研制自动化设备、完成自动化革新阶段。”同样从一线成长为机器研发员，荣获第二届佛山“大城工匠”荣誉的格兰仕集团车间主任熊智康说。

熊智康曾带领团队研发出行业领先的罩极电机和转盘电机自动化生产线。这一自动化设备曾被视为业内硬骨头。

由自动化设备带动的车间环境优化和生产标准化，进一步促进了微波炉元器件质量的突破提升，破解了批量生产质量参差不齐难题。目前格兰仕元器件一次性合格率从95%上升到99.5%以上，效率连续多年提升15%以上，成本也较进口下降50%以上。

品控全链条化

内外合力全流程把控品质

每个月，王龙霞都会跑遍珠三角乃至江浙沪的多个城市，亲自去各大供应商的工厂检验生产情况，她把这项工作称为“审厂”。

作为格兰仕品质把控的相关负责人，多年工作经验让王龙霞对审厂轻车熟路。她会建立多个审查检验维度，“包括来料、生产过程与环境，对不合格品的管控处理等。”每当走进一家工厂，王龙霞会习惯性地默默统计，有多少产品下线，合格的有多少，不良批次又有多少。

“每个检测项都有100多项指标，每一项都会评分，最后统计供应商分数看其表现。”王龙霞说，“我们和供应商的关系是你中有我，我中有你，共同决定产品品质。因此，构建一个供应商质量评价体系十分重要。”

供应商只是格兰仕整个品质把控链条的一环。王龙霞介绍，由于影响产品质量的因素众多，格兰仕建立了一个涵盖人、机、料、法、环、测的品控体系。

“我们对品控投入了大量人力物力。光检测一项，我们每年投入达好几百万元。目前格兰仕一共有约500人从事品控工作。”王龙霞说，接下来格兰仕还将进一步细化品控环节，比如加强对售后质量管控，提升对电商渠道的销售数据统计和服务追踪，保障消费者的购买和使用体验。

■ 调研手记

创新总有命题　品质永无尽头

作为连续十余年销量领先全球的“微波炉大王”，格兰仕是将品质战略贯彻到底的典型佛山企业。

在当下的全球微波炉市场，中国产品是当之无愧的强者，而格兰仕则是其中的主要代表。目前不论是微波炉市场份额还是技术，格兰仕都站在最高梯队。

取得这样的成绩，格兰仕对高品质的追求功不可没。众所周知，日本、德国等国家对产品品质设立了高门槛，且对产品都有着不同的标准。要打入这些国家的供应体系和市场，必须经受严格的审核检测。在这方面，格兰仕有着很大的底气。格兰仕也经历过薄利多销的阶段，但是通过持之以恒的自动化改造、“胆大心细”的傻瓜式操作、全面系统的链条式品控、甚至是自己造机器的主动创新，格兰仕突破了传统的生存之道，走上了高品质之路。

反观当下的竞争，价格竞争仍大范围存在，企业往往缺乏将自己向品质竞争这个方向倒逼的力量，导致产品质量低、价格低，产品以价取胜。不少企业尝试转型，但由于毅力不够、实施不彻底，始终导致产品与高品质有一定距离。

“创新总有命题，品质永无尽头。”格兰仕的理念值得其他企业借鉴。

万和：一场父与子的“质造”接力

力推质造管理升级，闯出家族企业传承与创新之道

走进位于佛山市南海区的珠三角工匠精神展示馆，一台产自 1995 年的直排式超薄全自动燃气热水器，作为佛山制造的精品陈列在显眼的位置。

外观不破，内部不锈，通燃气后还可以点火开机——这是广东万和新电气股份有限公司生产的第一代燃气热水器，被称作“镇厂之宝”，2017 年由万和捐赠给珠三角工匠精神展示馆。

这款产品能够使用 20 多年的背后，是品质过硬的见证，也是企业对品质的坚守。

2016 年，万和刚完成了新旧两代之间的交班后，专门举行了一场“三代同框”的质量大会。会上，创始人卢础其与徒弟叶远璋、儿子卢宇聪，老中青三人齐聚一堂，共同表达了实施“质量强企”战略的决心。

两年后，在卢宇聪的主导下，万和成立技术质量管理中心强化品质管理，发力智能制造提高生产稳定性，与德国博世集团合作对标先进，在坚守父辈留下来的品质传统的同时也在不断创新。

一栋大楼的背后

投 6000 万元建热水器检测中心

自创业之初，万和就有着注重品质的基因。

万和近年一直在推进“云制造”战略，已投资超亿元用于智能装备的升级与技术改造

1993 年，作为技术能手的卢础其带领兄弟卢楚隆、卢楚鹏及徒弟叶远璋创办万和，研制出的国内第一台水控全自动燃气热水器，便获得中国轻工总会的安全质量认可，并相继通过 ISO9001 国际质量体系认证，主要产品通过中国 CCC、欧盟 CE、美国 CSA 等质量安全认证。

2004 年，就在万和进入高速发展之时，敏锐的卢础其提出由价格竞争向价值竞争转型。同年，万和便引入卓越绩效管理体系，通过大力提升质量管理、自主创新构建核心竞争力。

2011 年，万和借助技术投入迎来了一次品质管理的飞跃。这一年，万和投资了 6000 多万元建设的实验大楼正式建成投用，配备了各种先进的检测设备和技术、高效的检测流程。而就在此时，卢础其的儿子卢宇聪也进入万和，担任科技与质量管理中心总监。

“评判一个产品好坏至少要从产品设计、工艺方法和检测技术三部分来看，但中国企业往往比较忽视后两者。”万和技术质量管理中心主任黄逊青说，中国产品与国外的差距，实际上在于没有掌握先进的检测方法和手段。

针对这一痛点，万和专门配备了行业唯一的燃气具噪音实验室、56 工位寿命实验室、水路腐蚀实验室、喷淋实验室等 20 多个实验室，可以模拟全球任一地区的水、电、气使用环境进行检测。如今，在这里，每一个产品细节都需要经过层层检测，一款燃气热水器的寿命检测可能要在操作台上长时间运转八年甚至十余年……

据统计，实验大楼试运行以来，质量管控的应对周期大大缩减。此外，2011—2015 年，万和的质量总成本占销售额比例每年同比下降 0.35%。

对供应商分级

营造你追我赶的品质氛围

担任技术质量管理中心副主任的姚颖在万和工作了 23 年。在姚颖看来，万和能够 20 多年如一日确保品质，靠的是统一的质量体系。在万和内部推行 15 大管理体系，由质量管理部组织体系内审组成员，每月对全国七大生产基地的体系运作情况进行滚动审核、打分、排名，发布行政公文通报，表彰前两名，鞭策后两名。

除了内部管理体系的支撑，涉及外部资源的供应链管理，也是影响产品品质至关重要的环节。万和的经验是对采购供应商按 A、B、C 分级管理：供应产品关键零部件、关键元器件的为 A 类供应商；供应表面处理、机加工件、非标准件、五金件等为 B 类供应商；供应标准件、包装物、印刷品及贸易物料的为 C 类供应商。

对于 A 类供应商，初选时需进行现场审核，以后每年进行一次年度审核与排名；对于 B、C 类供应商，则采取书面调查、样品确认、了解同行的评价和供应商的信誉，以及历史数据分析等方法进行评定与考核。

“我们每个月都会对他们进行评估排名，供应商之间也会形成一定的竞争，从而倒逼他们提升供货质量。”姚颖说，万和会对优质的供应商予以奖励，目的是营造供应商“你追我赶”的氛围，共同提升质量。

企业二代接班

两代人的品质传承与创新

2015 年底，66 岁的卢础其选择退居二线，将万和电气董事长的位置交给徒弟叶远璋。同时，被视为接班人的 36 岁的卢宇聪正式接任公司总裁一职，标志着万

万和每月对全国七大生产基地的体系运作情况进行滚动审核、打分

和第一代创业者逐步退居幕后，第二代开始走到前台。

半年后，就在公司刚顺利完成新旧交替之时，万和举行2016年质量大会，提出质量强企的战略。

作为主持人的姚颖对此印象十分深刻，卢础其、叶远璋、卢宇聪、卢楚鹏等老中青三代高管及各级相关部门的管理人员约300余人共同出席这次会议。执掌万和的“老帅”和“少帅”在现场发言时共同提到要造精品的“匠心”。

卢础其坦言，自创业以来，万和一直秉承着工匠精神的基因，在产品创新及品质的追求上精益求精。而在卢宇聪看来，当前的消费趋势已经发生了明显的变革，追求精品成为诸多消费者的共识。万和要想进一步做大做强，就要确保产品质量的持续提升。

从日后的实践来看，卢宇聪对品质的坚守既有传承，又不乏创新。

近年来，万和一直在推进“云制造”战略，已投资超亿元用于智能装备的升级与技术改造。姚颖说，智能制造一方面可以减少人为因素在生产线上的操作不当所导致的损失。另一方面，还可以实时采集与自动分析生产过程的详细测试数据，快速地发现错误或者瓶颈所在，从而快速采取质量管控措施。

2016年，万和与德国博世集团达成战略合作协议，共同投资4.12亿元成立合资公司，为万和的产品注入了德国技术和品质保障。

在卢宇聪的主导下，万和还专门成立了技术质量管理中心和事业部品质管理系统，统筹产品开发过程管理、产品评价、技术管理、技术发展等职能，为引入国际知名的品质管理方法——可靠性－六西格玛项目，提供强有力的机制保障。

在业内人士看来，这体现了卢宇聪对技术质量工作在企业持续发展中的地位高度重视，并强调管理观念与时俱进，注重制度的规范和技术手段的保障作用。“从市场反馈信息来看，新一代管理者上任以来，对公司品质管理采取的新举措、新思路已初步取得预期的效果。”

■ 调研手记

体系保品质　传承铸匠魂

对于一家企业而言，做好产品几年容易，但要数十年如一日确保产品质量却是一个极大的难题。

作为企业发展战略的重要组成部分，万和从产品和服务质量抓起，逐步发展到整个生产经营过程、相关供应商，直至产品的全生命周期。产品质量管理贯穿到每一个环节、每一个岗位、每一个细节，构成了一个安全的链条。

有了硬体系的保障，还离不开软文化引导。众所周知，德国制造以品质著称，其中一个核心的要素是以大量家族企业做支撑。与此相似，作为一家极为典型的家族企业，卢氏家族对万和的存续发展，能确保公司经营管理的延续性，从而确保产品品质管理的一致性；而25年如一日专注于燃气具制造主业，才得以聚焦资源在技术和品质上的提升，达到精益求精。

有意思的是，万和有着一种父子接力坚守品质的传承文化。

创始人卢础其将一家乡镇工厂打造成上市企业，全过程都蕴含着品质发展的基因；而其二代卢宇聪等人在接棒后，又将这种重视品质态度与工匠精神相结合，并引入了智能制造、国际对标等新内涵。

嘉腾机器人：打造企业版“工匠计划”

培育熟手与创新人才巩固发展根基，“捆绑”好客户倒逼企业提升品质

2018 年 4 月，结束又一年的德国汉诺威工业博览会后，广东嘉腾机器人自动化有限公司董事长陈友推出了一个新的计划。

“我们决定斥资 1000 万元打造企业的‘工匠计划’。”陈友说，所谓嘉腾“工匠计划”是指员工只要干满 3 年，按照不同的级别，公司将给予每人 2 万到 5 万元的奖励。

这正是嘉腾注重以人为抓手的品质学。在质量控制体系中，人、机、料、法、环被誉为五大关键因素。而嘉腾显然把人放在了首位。这不仅体现在嘉腾以领头型人才带动企业创新，通过技术力量实现品质飞跃，与此同时，嘉腾以培养众多熟练工的方式，搭建好品质的底层根基。

在攀登品质高峰的过程中，客户也是嘉腾提升品质的鞭策者。“比如华为就是嘉腾品质提升的功臣。”陈友说，近十年来公司累计为华为、奔驰等世界 500 强企业解决了逾千个问题。

好的品质也让嘉腾得以“捆绑”更多的优质客户。作为专注 AGV 机器人的设备公司，嘉腾继 2008 年成为国内第一家把设备卖给汽车厂的机器人公司后，如今华为、富士康以及国内十大汽车厂均成为了它的客户。

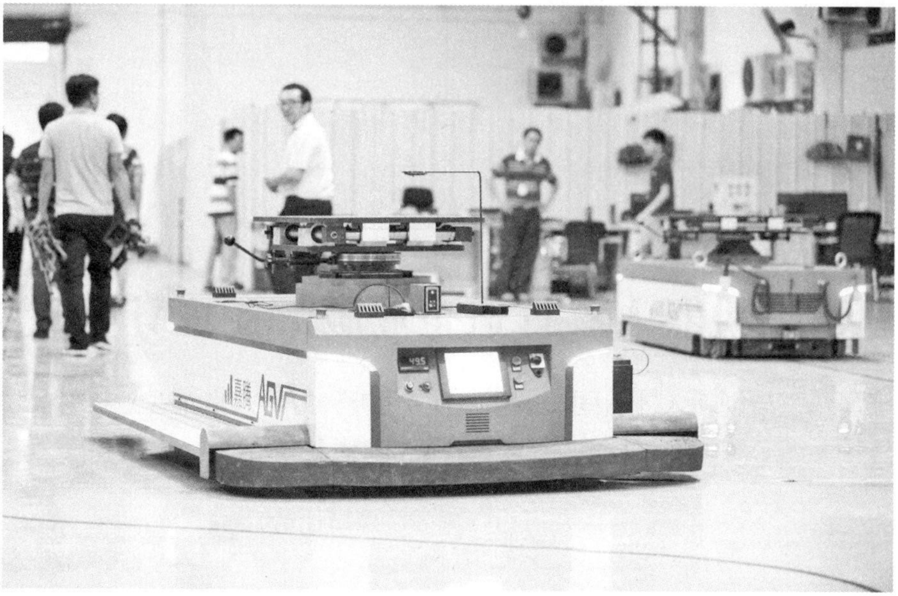

嘉腾机器人自主研发的 AGV 搬运机器人

熟练工的重要性

中专生与大学生的“匠人实验”

“Perfect!”2018 年 7 月，在德国戴姆勒公司的回复信上，3 个“Perfect”的接连出现，宣告嘉腾的客户名单上再斩获一家德企。

近年来，在接触越来越多的德国企业的过程中，陈友常常在思考，对标德国制造，打造好品质的关键到底在哪里？

在频繁接触德国企业的过程中，他注意到一个现象，许多员工的平均工龄高达 20 多年。于是他开始思考，如果是同样的工艺流程，德国制造优于中国制造的原因，是否就在于他们拥有更多的熟练工？

为了验证这一观点，嘉腾内部曾为此进行了一场关于熟练工重要性的测试。

某一天，嘉腾内部专门把一名中专学历、在公司工作了四年升到高级技工的员工，和一名刚毕业来到公司的大学本科生作为测试对象。在测试中，嘉腾把一张存在故障的电路图同时发给他们。中专毕业但有 4 年工龄的员工仅用一分钟就找出了故障所在，而本科生用了一天的时间才找出来。

这样的测试结果给了陈友很大的触动。尽管本科生员工有很好的理论基础，但是有更长工作经历的员工，即使理论基础差一些，在确保产品质量上，优势更突出。而这名本科生如果愿意留在基层，或许不需要 4 年也能达到这个水平，当然这都需要时间的沉淀。

这种熟练工优势，在嘉腾实际的项目中也有所体现。

2018 年 7 月，在一个现场工程项目中，一台设备突然出现了故障。嘉腾员工进行查验时发现，整个工程的线路都铺设得很整齐，而导致设备故障的原因，仅仅是因为一颗螺丝钉没有拧紧，而当天负责现场施工的就是一名新员工。

“我们在和很多德国工程师的交流中，他们都会反复说，一定要用熟练工，这样才能确保质量。”陈友说，推出“工匠计划”的目标，正是为了用 3 年的时间，培养出 300 名至少具有 3 年工作经验的熟练工。

发挥“领头”作用

技术提升带动品质飞跃

如果说培养大量熟练工是嘉腾为攀登品质金字塔打造更强的根基，那么要实现品质的飞跃，嘉腾靠的则是充分发挥高端人才的作用。

在嘉腾的生产车间内，一台明黄色外壳的 AGV 机器人沿着固定的轨道快速移动。这款被命名为“大黄蜂”的机器人，曾斩获 2016 年德国工业设计顶级大奖红点奖。

红点奖被誉为工业设计界的“奥斯卡”，因评选标准严苛而著称，被认为代表着全球工业设计的最高水平。而“大黄蜂”摘得该奖的背后，除了外观工业设计精湛，还在于其是国际范围内首次使用了惯性导航技术的产品。

在 AGV 机器人的核心技术中，导航技术正是重中之重。

由于 AGV 机器人需要在室内外运行，面临的外部变量因素众多。比如早年嘉腾的 AGV 送到台湾一个代工厂，受到了工厂内烤箱、烤炉等的电磁干扰后，直接影响了运行。

这迫使嘉腾在出厂前对 AGV 设置众多“难关”，比如设置爬坡路障，引入不同的电磁干扰，在考验测试中提升 AGV 的性能。

除了一点一滴的测试提升，嘉腾对于产品品质的提升，还在于技术的升级，这背后正是依靠充分发挥高端人才的重要性。

嘉腾自主研发的移动机器人 AGV“小黄蜂”获得美国移动机器人核心发明专利

与客户共同成长

建信息系统收集终端反馈

实际上，以创新支撑品质提升，除了充分发挥高端人才的作用，嘉腾还积极与优质客户进行“捆绑”。

“华为就是嘉腾品质提升的重要依靠。”陈友说，在多年与华为的合作当中，华为不断对嘉腾的设备提出更高的要求。企业累计为华为解决了数千个问题的同时，产品的品质也得到了提升。

不仅如此，作为定制类的设备，嘉腾为了拓宽行业的应用类别，拥抱更多的客户，陈友在斯坦福大学学习后，推出了“9＋1”的服务模式。所谓“9＋1“的服务模式是指，嘉腾用90%的时间来服务合作伙伴，10%的时间来服务直接用户，比如奔驰这类企业就是公司的直接用户，而服务合作伙伴则是指设备集成商。

这样的模式源于嘉腾当初在推广时，遇到“隔行如隔山”的问题，也就是当嘉腾希望把设备卖给不同行业时，很难迅速摸清对应行业的需求“痛点”。

为了破解这一点，嘉腾主动选择与集成商进行合作。“我们只是集成商系统中的一环，他们不会对我们有所防范，而通过集成商，嘉腾可以迅速进入不同行业。”陈友说。

值得一提的是，即使90%的业务不直接面对终端客户，但嘉腾的每一款产品上都设置了二维码。一旦终端客户在使用产品时遇到故障问题，客户只要扫一扫二维码，就可以通过特定的软件直接与嘉腾售后中心联系。

除了搭建渠道获取终端用户的故障数据，嘉腾还专门开发了一个软件监测设备的运作情况。这正是2016年嘉腾发布的AGV中央调度系统——嘉腾Brain。

通过嘉腾Brain，嘉腾能更好地采集设备的运行数据。“这些数据最大的作用就在于，成为帮助我们提升产品品质的重要依据。”陈友说。

■ 调研手记

员工“终身相许”保障好质量

著名财经媒体人秦朔曾经在一篇以《德国：难以超越的与可以驾驭的》文章中提到大多德国工人愿意对一家企业“终身相许”的现象。

他在文中写道：“我看了生产线，和几个工人攀谈，一个油漆工已经干了27年，一个螺丝工也年过半百了，一个负责中国市场经理的儿子也在这里当工人。他们仿佛都有一颗不跳槽的安静的心。”

常年与德国企业交流的广东嘉腾机器人董事长陈友也注意到了这个现象。每每与德国企业交流时，他都会注意到大多员工动辄就在一家公司内工作起码20多年。而这些员工做起事来，还显得极其“死板”。如果说一个螺丝圈需要拧12圈，那么这个员工绝对不会拧12圈半，哪怕多半圈都不行。

陈友说，这种“终身相许”“死板”正是为何面对同样的工艺流程，德国制造仍能实现品质更优的重要原因所在。

员工是企业最大的资产。基于这样的思考，嘉腾提出了打造企业的“工匠计划”，从本质上来说，就是希望能够培养更多的熟练工。这样的举动，放在这家从事自动化工作的企业来说是难能可贵的。

对于企业来说，只有员工有了好心情，有了好技术，才能确保好质量。从这个角度看，大概这也是促成德国员工乐于对一家企业“终身相许”的重要原因之一。

石湾酒厂：百年老店的坚守与创新

凭猪肉浸泡工艺造全新白酒香型，机器人出任“酿酒师”

宽敞的车间置满酒缸，蒸熟的肥猪肉浸泡其中。何国良每天至少要在这间车间巡查两遍，实时查看酒缸中的情况。作为石湾酒厂生产技术总监的他说：“我们需要判断是否还需添加猪肉，因为缸内酒量与猪肉量必须保持固定比例，这个比例是白酒醇厚香味的奥秘所在。”

众所周知，好酒来源于好的工艺配方。但鲜为人知的是，石湾酒厂的佳酿飘香最早诞生于一块猪肉。正是凭借在清朝时期首创的肥猪肉浸泡这一“秘密武器”，发展至今已有100多年的石湾酒厂不仅打造出了名声在外的“玉冰烧”，还为中国创造了一种全新的白酒香型。

百年后，猪肉浸泡有了新的技术，很多酿酒传统工艺也历经机械化革新，白酒这一远古就有的产品更是被置于最新的数字化质管体系中打量。“创新的东西很多，但传承的精髓也不少。石湾酒厂的发展就一条主线，在坚守与突破中酿好酒。”广东石湾酒厂集团有限公司总裁钟长贵说。

白酒如何飘香

猪肉浸酒工艺背后的秘密

自创的一款酒被确立为一种新的香型，并作为国家标准在全国进行推广，拥

凭借猪肉浸泡的独门工艺，石湾酒厂酿出好酒

有这样经历的企业在全国实属少数。而石湾酒厂正是这少数企业之一。

19 世纪末，石湾酒厂前身——陈太吉酒庄第三代传人陈如岳首创豉香型白酒“玉冰烧”。上百年的工艺沉淀，足以打造出一款好酒。玉冰烧正是这种好酒的代名词。而这百年传承的好品质，秘诀始于一块猪肉。

“早期的酒刚蒸出来时香气略冲、味辛辣、不够醇和，而且由于度数只有 30 度左右，酒体不够澄清，略显混浊，使酒体澄清的有效办法是存放，但早在清朝，陈如岳却发明了另一种既能使酒体澄清还能为酒添香的方法，那就是用猪肉泡酒。”钟长贵说。

钟长贵介绍，陈如岳注意到同乡的古稀老叟特别爱吃肥猪肉，心存疑问的陈如岳夹了一块细细品味，发觉肥猪肉不仅入口香润，而且滑腻甘和。他灵机一动，决定尝试在陈太吉米酒中添加肥猪肉，以石湾陶埕浸泡陈酿，从而创造了米酒新的酿造工艺。

百年过去，这项悠久的工艺秘方一直保留至今。而曾经浸泡猪肉的小陶埕已变成了一个个圆滚滚的大陶缸。

在石湾酒厂的猪肉浸泡车间，大缸一个挨一个陈放，铺满宽广的车间。何国良每天都会定时穿梭在一排排陶缸间，巡查猪肉浸泡情况。“上班时巡查一次，下班一次，这是最起码的要求。”何国良说。

这样的巡查需检视猪肉是否完全沉浸在白酒中，有没有完全融解。何国良解释，一旦肉融解需要补充新猪肉，因为缸内肥猪肉量和酒量必须保持一个固定比例，“这个比例是酒庄自创立以来自主探索出的最佳比例，正是依靠这个秘方保证酒肉充分相融，酒中的杂质可以被充分吸收，最纯正的豉香味才得以真正形成。”

坚守与突破

老工艺+新技术拓宽味道边界

3根巨大的蒸汽烟囱喷着晶莹的水蒸汽，被阳光照耀得更加透亮。烟囱边，是3个6层楼高，顶部呈尖形的圆柱体储米罐，每个米罐可储存1200吨大米。大米源源不断输送到煮饭机，清爽的米饭香味溢满整个厂区。

大米蒸煮、发酵，是酿酒的必经环节。而这个环节已由早期的人工操作变成机器煮饭。“酿酒的工艺是一脉相承的，但产量却有了飞跃。原来是小作坊生产，一天最多也就产2.5吨酒，现在一天要产100多吨酒。我们用自主设计的卧式自动煮饭机推进标准化生产，提升生产效率，使其顺应大批量优质生产需求。”钟长贵说。

正因如此，“黑科技”酿酒的画面已成为石湾酒厂常见的生产场景。

工人煮饭再倒出米饭、用自然冷却的方式降温、加入酒曲拌饭的过程，被机械化工序替代了：大米经过自动煮饭机煮熟后，自动摊凉冷却，进而自动加酒曲拌匀。

曾经每个40斤的发酵小坛，已经变成如今每个58立方米的发酵大池；人工踩酒曲演变成机器制作酒曲。

而现代化技术手段，则进一步拓宽了白酒的味道边界，更开辟出优质生产的新天地。用钟长贵的话来说，以前纯粹靠经验，现在科技是酿酒的最大帮手。

发掘更多的微量成分，是酿好酒的一把“钥匙”。一般来说，发现的微量成分越多，对酒的质量提升越有帮助。“原来我们知道的微量成分很少，至多几十种，通过现代化的技术手段，对发酵、蒸馏、勾调、陈酿等工艺进行深入研究，如今我们研究发现的微量成分可达几百甚至上千种，而且还在不断探索中。”钟长贵说。

石湾酒厂煮饭流程已实现机械化

造品质保护层

数字化体系让质量问题可追溯

技术只是提质的一个手段。要全方位地保障品质稳定，需要实现各个环节高品质供应的万无一失。

钟长贵说，石湾酒厂从原料——大米采购开始，就保证货源品质稳定，“采购基地是固定的，我们会精挑细选最适合的大米产地和米种。”

不管是大米、黄豆还是浸泡环节使用的猪肉，这些原料和配套产品的供应商都需要经过检测的“三重保障”：供应商必须进行自我检测，石湾酒厂按照高于国家标准的企业标准检测，第三方机构再提供一份检测报告。

早在 2009 年，石湾酒厂建立了严密的食品安全管理体系，这个体系保障生产全过程的质量把关，包括岗位的自检、上下工序的互检、品控部门和管理人员的巡检。产品“从原料到餐桌都会按照这种高标准来管理”，好酒的出品便在情理之中。

“我们每年都将产品送官方检验机构检验，目前产品的外检和抽检合格率为

100%。”钟长贵说。

在体系化的质量管理基础上，石湾酒厂打造了自己的质量追溯体系。

一瓶瓶晶莹透亮的石湾玉冰烧排着队，整齐地随着包装线传输。每瓶酒上有一个生产日期和信息编码，查询编码可以追溯出这一批次的产品是何时过滤、收入库的，入库的酒由哪一批次的大米制成，以及大米投料时间和原产地等信息。

“运用数字化追溯技术，酿酒过程的每个环节都有相应的检验记录，证明产品在这个环节质量合格，可以通行至下游环节。”何国良说，如此一来，产品质量问题可以追溯至具体的生产节点，查到问题根源，保证产品的质量。

■ 调研手记

精品战略成就百年老店

技术与设备的更新换代，为企业保证产品品质提供了重要支撑。从依靠“老师傅的舌头”，到形成标准化体系，石湾酒厂在品控领域不断创新，使大规模的高水平高质量生产成为现实。一方面，“不断改进”正是石湾酒厂打造高质量产品的重要一环；另一方面，在一些特殊环节，石湾酒厂却又显示出对“老办法”的格外执着。

这并不矛盾——要延续品质的生命力、打造精品，企业要学会平衡创新与传承。尤其是在白酒这类历史悠久的食品饮料生产领域，有些秘方、工艺是不能丢的，它们是保证产品好味道、好品质的精华，是经过长期探索、前人智慧与实践总结而得出的，因此必须坚守和传承。而总体来说，尽管经历百年历史，但是酿酒工艺本质的改变并不大，所以如何做好传承的功课，是企业非常重要的任务。

不过，随着现代科技迅猛发展，尤其是工业体系的不断完善，要满足现代化批量生产需求，即使是传统产品也要适应工业生产进程。新设备与新技术，并不是让工艺从头来过，而是让传统的匠心传递更具稳定性、更有保障。

除了生产端，消费市场也要持续升级，为满足人民对美好生活的向往，产品技术和设备的升级同样十分必要。

这些形势决定了石湾酒厂这家百年老店的蝶变。而这也是许多老字号企业在施行精品战略的过程中，要面临的考验。

华兴玻璃："砸"出来的"亚洲日用玻璃大王"

一年新增一家工厂，自动化改造助力企业实现"快而好"发展

2018 年 7 月底，坐在与哈尔滨市经开区的签约台下，广东华兴玻璃股份有限公司董事长李深华或许还会想起 16 年前，砸玻璃瓶的那一幕。

2002 年，华兴玻璃在斩获第一张白酒玻璃瓶订单后，生产出来的个别瓶身存在商标印刷不平整瑕疵，面对客户愿意降价回收的情况，李深华毅然决定把价值 100 多万元的数百万个玻璃瓶全部当废品，一把砸碎！

砸玻璃的背后，是华兴玻璃自上而下对不良品零容忍态度的缩影。这样的理念促使企业在快速扩张的过程中，主动拥抱新技术提升产品质量。在企业内部，华兴玻璃大力引入自动化设备，降低人对品质带来的不可控因素。在行业前沿，华兴玻璃以轻量化技术，让玻璃产品实现"减重提质"的变革。小瓶子的大创新，让华兴玻璃做到了"快而好"。

唤醒质量意识

从砸玻璃瓶到打造质量管理中心

一团团红色的"火焰"，"唰"的一下，"掉"到模具内，经过行列机的定型后，就成了一个个玻璃瓶。每天，在华兴玻璃总部工厂内，数千万的日用玻璃瓶从这里出炉。

华兴玻璃以轻量化技术，让玻璃产品实现“减重提质”的变革

2018 年 7 月底，距离佛山数千公里外，华兴玻璃与哈尔滨市经开区正式签约，宣布将在哈南建设 60 万吨智能绿色轻量化玻璃瓶生产基地。这是自 2003 年华兴玻璃开启大规模扩张后，迎来的第 11 家省外工厂。快速扩张带来产能急剧提升——目前华兴年产玻璃容器近 300 万吨，企业以超过 15% 的市场占有率被称为“亚洲日用玻璃大王”。

戏剧性的是，在华兴玻璃开启大规模扩张的前一年，公司发生了一场与质量相关的事件。2002 年，已在日用玻璃行业走过 15 载的华兴玻璃，终于拿到了第一张白酒企业的酒瓶订单。但由于彼时生产图纸与设计图存在的细微差距，导致产品生产出来后，瓶身的商标出现部分不平整的“质量缺陷”。

面对这种情况，即使客户主动提出乐意接受产品的意愿。但作为华兴玻璃创始人的李深华却做出了一个惊人的决定：把价值 100 多万元的玻璃瓶全部当废品处理，砸掉！他的那一句话至今还让很多老员工印象深刻：“如果不能保证产品百分之百的合格，那就算是亏损，也绝不能让不合格的产品流向市面！”

为了打造自上而下的品质理念，除了创始人以砸玻璃瓶之举强调品质的重要性，华兴玻璃在组织体系上也做了探索。2016 年，华兴玻璃把原来的质量总监办更名为“质量管理中心”。

随着子公司的增多，如果放任各生产基地各成一派，这必将导致产品标准出现差异。质量管理中心的出现正是自上而下，从组织体系上，确保分散在全国各地的工厂，都能建立统一的模式标准。

推自动化改造

为玻璃瓶照 X 光做“体检”

要让不同子公司都达到同样的品质水平，华兴玻璃除了通过组织体系确保目标传导的一致性，更重要的是让工厂像积木一样，实现标准化的复制。

这离不开自动化的支持。在华兴玻璃总部工厂内，每一条玻璃瓶的运输带上，都会有一段专门设置的背景灯板，一位员工正目不转睛地看着一个接一个流转而过的玻璃瓶。

“这叫灯检。”华兴玻璃广一公司总经理覃春华说，负责这道工序的员工在灯光的支持下，需要用肉眼去识别眼前的玻璃瓶是否存在裂纹或气泡。

如今，在华兴玻璃的其他新工厂内，这样的检测工序已被这款名为“摄像机”的自动化设备所替代。在业内，人们把这台设备戏称是为瓶子“拍 X 光”。利用光学原理，这台设备用5000 万像素的相机给每一个瓶子进行拍照，在拍照的过程中，如果遇到裂纹，产品就会出现反光。一旦设备识别出有反光点后，就会自动把产品“踢”到废品槽。

自动化设备的引入大大提升了华兴玻璃产品的质量。数据显示，在华兴玻璃，光是一台裂纹验瓶机的引入，产品裂纹的不良率就降低了一半。

除了直接引入自动化设备，为提高产品品质，在核心设备上，华兴玻璃还通过收购设备公司的方式，加快设备的提升改良。2017 年，华兴玻璃正式收购了三江机械设备公司。这家企业专注生产的行列机是一款让玻璃从液体转化为固定定型状态的设备，在整个玻璃生产的过程中，与窑炉一起构成了最核心的两大设备。

覃春华说，收购上游设备公司后，一方面从供应链的角度，可以确保核心设备技术的独有性，同时公司内部也能够把改良技术实现公开化，让整个围绕品质提升的设备改造进度变得更快。

自动化设备的引入，大大提升了玻璃产品的质量

小瓶子大创新

轻量化技术为玻璃瓶“减脂”提质

要让产品品质实现更快的提升，除了借助设备的力量，在华兴玻璃的品质提升路上，还离不开创新的力量。

覃春华说，在日用玻璃行业，轻量化成为了新的发展趋势。以李锦记500毫升的产品为例，容量不变的情况下，目前华兴玻璃推出的玻璃瓶重量已经从320克降低到230克。“瘦身”后的玻璃瓶不仅能够降低运输成本，而且更薄的瓶身，反而能让整个玻璃瓶厚壁变得更加均匀、更加好看。

但要研发出这样的产品并不容易。“光是筛选砂子都大有学问。”华兴玻璃高级工程师陈松林说，相比一般的日用玻璃产品，轻量化的玻璃瓶对原材料的稳定性提出了很高的要求。

比如说一粒原材料的砂子，如果体量超过要求会难以融化，而太小又容易产生结团，必须控制在20目以内。利用小口压吹成型技术实现轻量化的日用玻璃产品，不仅仅是质量的提升，对企业来说也是效益的提升。覃春华说，同样容量的瓶子重量减轻既实现了节能省材，产品的运输成本也因此降低。

这样的产品正受到众多市场的欢迎。数据显示，目前华兴玻璃在中国南部市场，已经有40%的产品均为轻量化玻璃瓶。

围绕这款技术，目前华兴玻璃还在推进一轮接一轮的轻量化。“一个玻璃瓶的生产工序并不复杂，但要生产出更好的产品，一个小瓶子里藏着大学问。”覃春华说。

■ 调研手记

质造力量催生“隐形冠军”

可口可乐、雀巢、海天甚至是人们日常在使用的化妆品，每年，从广东华兴玻璃股份有限公司诞生的近300万吨日用玻璃，会以不同的形式进入市面。数据显示，目前华兴玻璃在国内日用玻璃的市场占有率超过15%。

在德国，类似华兴玻璃这样，在自身所在细分领域占有绝对市场份额，但却不为人所知的企业，被赫尔曼·西蒙称为“隐形冠军”，华兴玻璃正是这样的企业。

而成就这家行业冠军企业的背后，正是质造的力量。早在2006年，在国内还没有人开始进行轻量化研究时，华兴玻璃主动扎入这一领域。

要开展轻量化对应的小口压吹成型技术的研发，是一件非常“重资本”的投入，但深知轻量化玻璃瓶不仅节能降耗、还能提升产品品质的华兴玻璃，选择了主动迎难而上，以此强化自身在业内技术领先的地位。

好品质让华兴玻璃得以征服众多挑剔的客户，比如类似喜力这样的企业，每年都会把全球做得最好的供应商的做法记录在册后，直接列入对于供应商的最新要求的客户，凭着质造硬实力，华兴玻璃同样挺进了这类企业的供应链中。

东方精工：凭专注与细节“质”取全球

搭建计量体系严把质量关，海内外并购引入人才与新技术

在广东东方精工科技股份有限公司的智能自动化瓦楞纸箱印刷生产线上，一个个纸箱快速地在流水线上通过，瞬间表面就被印刷上精细的图案，并自动叠放在一起。

从1996年成立至今，东方精工致力于瓦楞纸箱包装设备的生产与研发，如今，其在智能自动化瓦楞纸箱包装设备这一细分行业已经排在全球前列。东方精工发布的年报显示，2017年企业实现营业收入46.85亿元，较2016年同期增长205.52%；实现归属于上市公司股东的净利润4.9亿元，较2016年同期增长412.76%。

企业高速发展的背后，源自于对创新和品质的不懈追求。“企业也曾面临很多诱惑，但始终把坚守品质维护品牌形象放在第一位。”东方精工董事、副总裁谢威炜说，凭借产品的可靠性和稳定性，东方精工赢得了全球市场的青睐。

创新引领

以先进技术筑牢质量堡垒

2018年6月份，东方精工在海外市场迎来了一个值得纪念的日子：其印刷机在美国市场成功售出第100台下印式印刷机及联动线，这对于智能自动化瓦楞纸

东方精工重视“专注”和“细节管理”，提升产品品质的稳定性

箱包装设备这样的细分领域来说，成绩来之不易。

美国作为全球重要的瓦楞纸包装消费国，也是东方精工重要的出口地。谢威炜说，东方精工的智能自动化瓦楞纸箱包装设备主要面向中高端市场，产品约50%是出口，而出口产品当中约50%又是销往欧美市场，这意味着，东方精工必须依靠产品品质作为“敲门砖”。

“公司的产品都是通过了欧盟的CE认证。”东方精工安全环境总监高文臣说，公司牵头搭建起计量体系，用严谨的标准来考验各个零部件是否合格、产品是否达标等。

一个可以侧面印证产品品质的细节是，东方精工的产品在欧美市场与同类产品售价相当，并没有以低价格去打开市场。2018年东方精工甚至对产品进行了提价，其背后依托的正是技术的先进性、产品的稳定性和完善的售后服务体系等。

“东方精工的设备更多是在细节上取胜。”谢威炜举例说，不同品牌的手机虽然都有打电话、上网、拍照等功能，但它们的区别更多在于产品的稳定性、可靠性和外观设计等。

为了保证产品性能的优质，目前东方精工的核心部件均由企业自主加工，而这些精密仪器均从国外进口，为此，东方精工在设备方面投入将近1亿元。

“我们不仅是卖产品，更多是卖‘产品+服务’。”谢威炜说，智能自动化瓦楞纸箱包装设备可使用年限超过 10 年，因此产品品质的稳定性还有售后服务等都非常关键。这就要求东方精工必须重视“专注”和“细节管理”，包括从硬件上要提供产品的高端质量，从软件上提供整体解决方案。

多管齐下

打造人才团队

产品品质的坚守离不开人才。在东方精工，无论是董事长还是普通员工，对技术和品质的热情都让人印象深刻。其中，东方精工董事长唐灼林曾长期任总工程师，直到 2016 年才卸任。他对机械更是近乎痴迷，每到一家工厂和企业，首先就是去琢磨对方的设备和产品。

2017 年，唐灼林和东方精工制造二部主管杨卫康分别被评为“佛山·大城企业家”和南海“大城工匠”。其中杨卫康在 2002 年加入东方精工，从机械装配工职位一步步做到主管。到 2016 年底，杨卫康先后组织参与了 17 项发明专利和实用新型专利的技术转化工作，为企业培养了 100 多名技术人才。

“目前东方精工佛山总部的员工大约有 500 人，其中负责研发的技术人员将近有 70 人。”谢威炜说，尽管如此，企业仍然面临着人才流失的问题。“设备不同于快消品，难以靠规模和效益，一些关键设计有时候就在毫厘之间。”谢威炜说，也正如此，有些研发人员被其他企业高价“挖走”，那么核心技术也很容易随之流失。

鉴于此，目前东方精工内部推出两种方式来留住人才，包括进行股份激励和划分任职等级，最大限度激励员工的积极性。

此外，外籍工程师也给东方精工的人才队伍注入了新鲜血液。在东方精工狮山镇的新工厂里面走动，不时能碰到外国的工程师或者管理人员迎面走来。最多的时候，每天有超过 30 个外籍人员在东方精工工作。

“在完成对意大利 Fosber 集团的收购后，目前在佛山成立了广东佛斯伯智能设备有限公司，其总经理就是意大利人。”高文臣说，很多外国工程师和管理人员也会在公司总部长期驻扎，与他们的沟通与交流对本土的技术人员有一定的促进作用。

东方精工布局高端核心零部件，以此挖掘新的业务增长点

开放视野

加速海内外并购壮大实力

在追求产品品质过程中，东方精工还对产业链上游企业进行并购，从而让产品保持更大的竞争优势。自2011年在深圳A股上市以来，东方精工多次进行跨境并购，先后与意大利Fosber集团、意大利EDF、意大利Ferretto集团合作设立合资公司，在国内也以参股、控股等方式投资了多家企业。

随着细分市场的逐渐饱和，东方精工开始布局高端核心零部件，以此挖掘新的业务增长点。“深耕印刷机上下游业务为我们提供稳定的现金流，进军高端核心零部件则是主动寻找新的发展机遇。”谢威炜说。

目前，东方精工已经完成对苏州百胜动力机器股份有限公司和北京普莱德新能源电池科技有限公司的控股收购，两者的主营业务领域分别是以舷外机为主的船用动力设备和以锂电池为主的新能源汽车动力电池。

这些新并购的企业进一步壮大了东方精工的技术实力。截至2017年底，普莱德累计已申请并获得授权专利83项，其中发明专利15项、实用新型68项；百胜动力累计已申请并获得授权的专利87项，其中发明专利5项、实用新型46项、外观设计36项。

■ 调研手记

坚守质量红线　打造金字招牌

成立于1996年的东方精工，用了20多年的时间，成为瓦楞纸箱包装设备领域的龙头企业和质量标杆。在这背后是企业对质量瑕疵的“零容忍”。

2015年，东方精工曾经遇到考验。由于产品的销售遇到瓶颈，曾有销售人员提出对设备进行简化，以此提升产品在市场上的价格优势。但当时东方精工的质监部门在测试后发现，简化设备后，虽然产品的成本会下降，但是安全性、稳定性都会下降，随后东方精工否决了这个建议。

“即使遇到困境，我们也不会放松对质量的要求。”东方精工总裁邱业致说，一直以来，东方精工都严守质量标准的观念，宁愿不赚钱也不能做损害品牌形象的事情。

在东方精工，质监部门还有着一票否决权。东方精工在研发和生产设备的时候，会留下很多样机，有客户提议，希望能够以稍低的价钱购买这些旧设备。

这个提议很快就被邱业致等企业管理层否决。东方精工的质监部门在检测中发现，这些设备的性能指标没有达到要求，出售后有可能损害东方精工的品牌形象。也正是这种对质量品质有着“洁癖”的态度，让东方精工的产品品质在全球范围内享有一席之地。

承安铜业：百亿颗铜球里的“品质密码”

20 多年专注一颗磷铜球，以超前品质意识成就行业“隐形冠军”

很多人或许不知道，自己使用的手机、电脑、汽车等多类产品的质量与一颗铜球的品质有着莫大关联。

“一辆汽车上装有三四十块电路板，汽车的安全、娱乐等多种功能都是通过电路板实现。如果电路板的铜材不好造成导电不良，那么刹车不灵、安全气囊弹不出来等多项问题都可能发生。”佛山市承安铜业有限公司总经理周建新说。

电路板内的这种铜材，被称为“磷铜阳极”。目前全球生产这一产品的主要企业不过 10 家左右，而其中发挥领军作用、占据全球市场 1/3 份额的，则是一家位于佛山市南海区九江镇九江工业园的企业——承安铜业。

在这样一个高端而关键的材料领域成为“隐形冠军”，承安铜业靠的是什么？既能多年来专注一件事，满足客户的需要，为产品打下了稳定的质量与价值基础，又能不断打破传统工艺约束，甚至不断跨行业吸收技术灵感，多次发起材料革命。这就是承安铜业的品质理念。

拿下全球 1/3 市场份额

“天时地利人和”造就冠军企业

一颗颗不大的铜球，闪着金黄的光泽。这是承安铜业的主打产品——印制电

承安铜业年销售额 20 亿元，产品约占全球市场 1/3 的份额

路板专用磷铜阳极。周建新习惯将电路板比作“立体交通”，分布其中的磷铜阳极则起到“桥梁”“通道”的作用，发挥导电功效。“在特定设计的节点与通孔中，通过电镀工艺将阳极磷铜镀上去形成通道，可以将各层电路板的电路连接在一起。”

在磷铜阳极领域，承安铜业是名副其实的“隐形冠军”。年销售额 20 亿元，产品约占全球市场 1/3 的份额。

然而早在 20 世纪 90 年代初，欧美一直占据这一产业的主导地位。承安铜业为何能够后来居上？周建新将其总结为“天时地利人和”。彼时，承安铜业创始人周腾芳到国外实地考察先进制造技术材料，他敏锐察觉到电子行业在中国的市场发展潜力，因此开始将眼光投向电子产品的必须原材料——印制电路板专用的磷铜阳极材料。

周建新说，承安铜业是国内最早生产磷铜阳极的企业，彼时国内磷铜阳极生产一片空白，工艺检测、设备安装都是难关。承安铜业引入资金、购买海外先进水平的检测设备、吸收技术，自主攻关促使国内第一批磷铜阳极面世。

除了几十年来专注生产铜球、不断进行技术突破和积累的“人和”要素，国内市场良好态势的“天时、地利”要素也发挥了作用。“那时，中国电子产业开始飞速成长，带动了电路板的市场需求，也带动了我们的生产。”周建新说。

开启跨界创新

颠覆性材料孵化高品质产品

磷铜阳极产业领域内也存在低价竞争造成的“劣币驱逐良币”现象，承安铜业对此的应对之道，是不断以技术迭代、创造颠覆性工艺来占领技术的制高点，赋予产品绝对的品质优势。

周建新说，磷含量是磷铜阳极的一个重要质量指标。在产品性能稳定前提下，磷成分越少越好。如何让铜材料中的磷含量达到最佳数值？这得从2009年承安铜业在铜材料上发起的一场变革说起。

彼时，承安铜业已经在思考，如何在原有技术基础上攻关新技术，让铜材料性能实现质的飞跃。已在本行业将技术积累做透了的承安铜业，开始将目光投向钢铁、铝型材等其他行业的技术经验。“我们发现热处理能让钢铁性能更好，那铜是否也可尝试热处理来提质？”承安铜业管理部经理谭发棠说。

将钢铁、铝型材等行业的热处理、挤压工艺用在铜材上，承安铜业技术团队与高校合作在全国率先研发出新技术，让铜材料微晶破碎后重新整合。这是个不断进行科学论证、模具设计、选材、温度压力试验以及数据控制的过程。它催生的新材料技术，能够让承安铜业出品的铜材料结构更细致更紧密，也让磷的分布更均匀。

经过专家论证，通过系列测试、实验室试验、厂家中试、小批量正式应用，这项新的材料技术在充分确保稳定可靠的基础上，才正式投入使用。“利用新技术生产的微晶磷铜球，由于结构更加紧密，磷含量与传统产品相比大大下降，这让产品质量更好，导电性能提升，并让铜材料节省3%，降低客户成本。”周建新说。

不惧严苛审核

高配置生产软硬件获客户认可

周建新曾透露了这样一个细节：承安铜业的工厂每周都会迎来来自日本、韩

承安铜业追求每件产品的优质，从而成就了其行业“隐形冠军”的地位

国、德国、美国等客户，这些客户均抱着一个目的，那就是“来审核供应商”。从检查水电配套，到抽出纸巾抚擦车间设备、桌椅以检验环境是否达标，海外客户的审核项目非常细化和严格。

经得住审核的底气来自于承安铜业从研发到检测软硬件的高配置。在周建新看来，承安铜业的核心品质战略用一句话可以概括，那就是坚持“科技是第一生产力”的理念。从上引无氧连铸技术到铜球冷轧成型技术，再到低磷微晶处理技术，持续的创新技改让承安铜业的技术一直代表着同期同行业的先进水平。

创立之初，承安铜业就专门成立企业技术中心，一方面聘请专业技术高工负责创新项目攻关，另一方面与众多高校、研究所、检测实验中心强强联合，对生产工艺和设备进行不断的研发和改造，激发产业升级活力。

除了研发，完善的品质保障体系更是承安铜业在产品竞争中突围的核心武器。为达到产品质量控制和质量保证的目的，承安铜业利用德国进口的直读光谱，对原料及产品进行严格的质量检验，化验员对企业每次购进的原料都要进行严格检查。

“我们常说，做一颗合格的磷铜球简单，但多年来，承安铜业已出品近100亿颗铜球，品质稳定，不曾失误，这并非易事。”周建新说。

■ 调研手记

技术赋能提升产品竞争力

在不少制造业分支产业领域，中国产品以性价比高著称，通常能够称雄国内市场，却难以在国际市场上与欧美国家产品抗衡。不少国内企业在采购工业产品时也会优先选择海外产品。

而承安铜业却跨越了这一多数中国制造企业所面临的困扰。无论是从市场份额还是从产品技术含量与品质上看，承安铜业完全不惧与海外同行对比，甚至其在市场、技术等一些方面的表现还要优于欧美产品。

在行业内，总会有低价产品杀出以抢占市场的情况。如果企业同样以价格战应对，只会造成恶性循环。承安铜业的做法是，持续提升自身产品的技术价值，甚至创造颠覆性新工艺，大大抬高产品质量门槛，让其有不可替代性，牢牢掌握市场话语权。

当然，这样的创新本事绝非一日之功，而是经过从初期至今的学习外部经验、进行内部消化，不断积累而来。也正是这些，将承安铜业推上了全球“隐形冠军”这个宝座。

纯米科技："毫米必究"造出好口碑

以 3C 产品工艺标准制造家电，3000 余种烹饪方案完善用户体验

每天临近晚上 11 时，纯米电子科技有限公司生产品质总监陈学锋开始撰写当日的管理运营汇报。"每晚 12 时左右，我们会在微信群内进行当日内部品质报告。发现问题当天解决，这是公司的一种快速决策机制，已坚持了两年半。"他说，在纯米，品质管理是"一把手"工程，研发品质部与制造品质部直接向董事长汇报工作。

自 2013 年成立以来，纯米在家电行业的"红海"中闯出一条新路：打造产品升级换代的"新国货"。这无疑对产品的品质控制、工艺设计等各环节提出了更高的要求。

有意思的是，这家生产家电的公司，创始团队却大多出自诺基亚、华硕、IBM 等企业。"他们将 3C 企业的品质管理办法带到了家电行业，纯米产品返修率低于业界平均水平一个数量级。"作为纯米的 C 轮领投方，光控众盈管理合伙人艾渝说。

把握毫米之差

为 0.1 毫米打磨 5000 次

"产品是船，品质是帆。"2018 年 7 月 20 日凌晨，结束了深夜品质报告汇报

纯米正用自身行动重构传统家电行业的品质观，完善消费者的使用体验

后，纯米科技创始人杨华在朋友圈这样写道。

几年前，国内掀起了一股赴日购买电饭煲的风潮。“当时，国内几乎没有普惠型的微压力电饭煲。而在日本，一台 IH 电饭煲售价在 3000 元至 6000 元，压力 IH 电饭煲售价更是高达 8000 元。在国内，3000 元以上的电饭煲也基本被日本品牌垄断。”纯米公司研发品质经理吴锦涛说。

随后，杨华多次前往日本，请来了全世界第一台压力 IH 电饭煲发明者内藤毅，让其担任纯米公司结构负责人。经过 18 个月研发、3 万多次试验，煮了 20 吨大米，米家压力 IH 电饭煲于 2016 年 3 月 29 日与米家品牌同步问世。截至 2018 年 5 月，米家 IH 电饭煲系列产品销量成功突破 100 万台。目前，在天猫商城电饭煲全品类中，米家压力 IH 电饭煲一直稳居 1000 元价格段的销量榜第一。

成立仅 5 年的纯米能在短时间内受到市场的认可，这与纯米对产品品质的严苛要求分不开。“我们是以 3C 产品工艺要求来做家电产品。”谈及纯米的品质观时，陈学锋与吴锦涛不约而同地提到这一理念。

“以外观设计为例，产品结构件之间一般会有间隙，我们称之为‘段差’。段差太小会影响产品灵活使用，而段差太大就不好看。”吴锦涛说，一般传统家电企业的段差控制在 0.3 毫米的范围内，而纯米的段差则控制在 0.1 毫米的范围内。“电饭煲的下壳，需要经过近 5000 次左右的打磨成型才可以达到接近 0.1 毫米的精度要求。”

毫米之差的背后，纯米正用自身行动重构传统家电行业的品质观。“我们选取的产品生产合作商是为日韩知名品牌做代工的。面对我们的要求，厂家也很痛苦，因为我们的产品品质要求比日韩的还要高。”

为功能做“减法”

给体验做“加法”

“在今天的消费者心中，品质高的产品，要有好的用户体验。”吴锦涛说，一款传统电饭煲通常会附有一大堆功能，但当中很多功能是日常生活中用不到的。为优化产品的使用体验，纯米决定对电饭煲的外观设计与使用功能做“减法”。

以米家压力 IH 电饭煲为例，它采用纯白色的外观设计，除了三个功能按键外，没有任何装饰。“之所以选用这种极简风格的设计，是希望它能成为厨房里的一件美学艺术品。”吴锦涛说。

同时，该款电饭煲采用简单的一键操作设计。“一段时间内，大部分家庭会固定食用一种大米，可以将电饭煲设定为符合该种大米的烹饪程序。如果家里是老人家煮饭的话，之后他每次只需按一个按键，就能煮出香喷喷的米饭。”在吴锦涛看来，用户体验的好坏，往往在细节之处显端倪。

针对年轻一代消费群体对米饭口味的多样化需求，纯米也给出了一套解决方案：将电饭煲与手机端 APP 连接，实现智能口感控制。吴锦涛说，纯米通过对京东、一号店等电商销量 TOP100 的大米数据统计，以及北上广等城市主要超市所售袋装品类大米的实际测试和数据录入，目前已拥有约 1417 吨大米的温度曲线，可定制 3000 余种烹饪方案。

大数据的引入，成功为用户体验做“加法”。吴锦涛说，当用户新买大米之后，利用手机 APP 扫一扫大米包装袋上的条形码，电饭煲就能自动匹配相应煮法，何时高火沸煮、何时文火慢烧、加压多少等都可以查看数据。

打好“粉丝经济牌”

缩减营销成本换取高品质材质

在吴锦涛看来，纯米电饭煲对品质的追求，还体现在其涂层上。“米家 IH 压力电饭煲采用 PFA 粉体涂层，目前这种涂层在电饭煲里面是最高端的。”

纯米对电饭煲外观设计与使用功能做“减法”，为用户体验做“加法”

一般电饭煲采用的普通涂层，煮饭寿命为300多锅，过了使用寿命后，电饭煲内胆的涂层就会出现脱落，虽不影响食品安全，但会影响使用体验。“而我们采用的涂层一般能做到3000锅。按照每天煮两顿饭计算，它起码能达到5年寿命。”吴锦涛说。

除了涂层，该款电饭煲采用的是3毫米烈焰厚釜内胆（合金内胆）复合材料。“这种材料传热非常好，储热非常理想，它可以实现每粒米饭受热均匀，达到Q弹的口感。”吴锦涛说。

如何实现高品质产品搭配低定价？纯米有着自己的打法。作为首轮亮相的小米生态链企业，纯米凭借小米品牌效应争取供应商优惠，并控制产品品类，提升标准化程度。

同时，减少中间商环节也是纯米控制成本的有效手段。陈学锋说：“与纯米同档的传统家电销售，中间环节成本占40%—50%。从一级代理、二级代理到经销商到卖场，传统渠道很多层级，耗费了很多营销成本。”而纯米采用线上销售，大大减少中间商环节。

更重要的是，依靠庞大且忠诚度高的“米粉”基础，纯米可以免除产品推广的费用。吴锦涛坦言，依靠粉丝营销，很大程度上倒逼企业提高品质。“如果产品出现质量问题，消费者会直接在网店、论坛上吐槽，其他人都能看到。因此，产品品质必须保持高水准，才能实现以用户口碑塑造品牌形象的目的。”

■ 调研手记

消费升级时代指的就是品质

在已是一片“红海”的家电行业中，企业如何才能找到新的增长点？抓住消费升级契机，提高产品品质，或许能为企业提供新的发展空间。

当前，我国商品的数量与种类都极为丰富，市场需求的梯次分布也十分明显。消费者对某一类产品的新需求，背后就有可能隐藏着一个庞大的市场。纯米科技创始人杨华认为，在消费升级的大潮下，用户对传统家电的需求已很难再有大幅增长，传统家电日趋饱和。但以改善型、享受型需求为代表的新型小家电正成为家电行业核心趋势。这一理念无疑得到了市场的认可。2018 年 5 月，纯米宣布完成 C 轮融资。投资方之一的光控众盈管理合伙人艾渝表示，他们看重纯米对于产品精益求精的态度。

长远来看，企业要生产出高品质的产品，就必须对研发设计、产品生产、销售推广乃至运营管理等多方面进行改造升级，甚至对供应链上下游提出新的要求。

何氏水产："千里送活鱼"的绝活如何炼成

以冷链物流技术破解活鱼长途运输难题，保障舌尖上的安全

2018 年 8 月中旬，何华先正为新一批自动化养殖、配送设备的上线做着最后的准备。作为广东何氏水产有限公司总经理，22 年前，他曾在水产界开启创举——首个成功用火车运活鱼的企业家，并开创汽车运输活鱼之先河。22 年后，在成功坐上全国淡水鱼市场头把交椅后，何华先正酝酿掀起新一轮水产品流通的技术变革。

如何保证活鱼在经历长时间运输后仍能鲜活如初，并最终成为餐桌上一道新鲜的菜肴？何氏水产掌握了达成这一目标的独门绝活。何华先首创的物流技术能让鱼进入半休眠状态，睡着觉、做着梦就被运到 3000 公里外的城市；而到达目的地后，经过回温，鱼又会慢慢苏醒，活蹦乱跳。

何氏水产将广东活鱼带到全国 50 多个城市，靠卖鱼创造了 20 亿元的年销售额；而依靠物流绝技树立高品质口碑，它更是成为永旺、盒马鲜生等超市和太二酸菜鱼等网红店的主要供货商。很多人或许不知道，自己吃的每 3 条鲈鱼中，就有 2 条来自何氏水产。

一家农业企业，到底是如何掌获品质、科技、市场三张王牌的？

每天约有 200 吨的鱼从何氏水产流向全国

给鱼“催眠”

火车上崛起的水产企业

何华先在水产界有个公认的名号——“鲈鱼大王”。广东加州鲈的主要养殖地在佛山，何氏水产是其中的领衔企业，每天约有 200 吨的鱼从这家企业流向全国。

何氏水产崛起的撒手锏，是能让其水产品赢得与时间赛跑的冷链物流技术。在何华先踏入水产界的 20 世纪 90 年代，国内的活鱼运输全都要依靠飞机。“大商家几乎垄断了飞机有限的舱位，而且空运成本也很高。”何华先意识到，想要靠养好活鱼在行业内占一席之地，必须突破大商家对运输渠道的垄断。他于是开启了一个创举——用火车运输活鱼。

这是个极具挑战性的方法，“有人试过，但没人成功过，鱼全死了”。而何华先却用自己的技术改造，实现了鱼的高存活率。他在车厢中装上充氧器保证鱼的氧气供应，并通过逐级降温等技术，先进行小批量的试验，再不断扩大批量和运输距离。由此，何氏水产开启了产品不断北上的征程。

如今，何华先又进一步开拓了汽车运鱼的时代。“在运输的过程中，我们通过降温、高效远程配送技术，纳米供氧、全程密封。鱼在运输途中会经历两次降温，进入半休眠状态。到了目的地后，经过简单的升温，鱼又会慢慢苏醒，活蹦乱跳。”何氏水产品牌推广总监陈贺说，这样的方法让运输中水跟鱼的比例最高可达到1∶1，大大提升物流效率。

“在全程不添加任何东西的前提下，我们实现了活鱼高密度远程运输50个小时的目标，而且我们鱼的成活率也达到了99%，这是行业内的最高纪录。”陈贺说。

运输配送的独门绝技，让何氏水产足以凭借物流支撑生产，整合产业链，筑好品质的地基。

养鱼新“武器”

自动化技术优化产品口感、质量

多个2米高的巨大圆桶形建筑，整齐地坐落在何氏水产的户外厂区。这些巨型水桶是何氏水产即将上线的养鱼新“武器”：在每个桶内可以装40吨水，让5000条鱼在此暂养，养鱼密度远远高于传统方法，且鱼更新鲜。

通常鱼从鱼塘打捞出来后会在运输车上用冰块进行第一次降温，随后进入何氏水产暂养池进行第二次降温。“鱼通常会在温度为17摄氏度左右的池中待10多个小时，暂时养殖。”陈贺说，通过控制水温和供氧系统，可以让鱼在低温环境下保持平静，以便更好适应之后的物流运输系统。

新型的暂养池比传统的鱼塘占地更小，能够让鱼在其中的暂养时间达到半个月到1个月。这套设备更为先进的地方在于，它融入了自动化技术，让养殖变得可控。比如，每个桶配有相关的感应器等技术设备，可以实时控制水温等。陈贺说，这为养鱼带来很大突破。“水温控制得越完美，鱼的成活率就越高，不同季节养鱼水温标准不同，水温把控是个反复、系统的工作。新设备很好地解决了这个问题。”

同时水中的氧气含量、进水和出水量都可以实现自动控制，打造一个暂养鱼的最佳环境。而且这些数据都能记录在案，供工作人员查看调用。在一切自动可控的情况下，何氏水产还在该设备上加入了生物水处理技术，可以去除鱼身上的泥腥味，保证鱼的健康鲜活。

何氏水产自主研发的一套水产品供应链管理系统，可以查到鱼的来源等信息

“暂养只是冷链物流体系的一环。在这个庞大体系中，目前我们已经有 34 项技术获国家专利，采用和制定了 129 项标准。”陈贺说。

树品质权威

多重检测给鱼开“质量身份证”

每个月，何氏水产的检测员都会拎着设备、带着相机，定期去各大农户、基地抽样调查鱼产品。“每个基地抽三到四条，我们要求检测人员必须在鱼塘里面拍视频、发定位，证明抽样的真实、准确。我们会将抽样的鱼打成鱼酱来检测，保障鱼的安全合格。”何华先说。

很多农产品都是供人食用的，与人的健康安全息息相关。这导致消费者对农产品品质保持了异常高的敏感度。正是充分意识到了这一点，何氏水产将杜绝品质问题的防护措施武装到养鱼的每一个细节。

与很多农业龙头企业一样，何氏水产采用“公司 + 基地 + 农户”的模式，会向农户、基地收购鱼。而合作农户的养鱼种苗则来自何氏指定的种苗供应商，这些供应商都在何氏专门制定的一份种苗供应商名录上，以保障鱼苗安全可控。除了种苗供应商，在养殖过程中，何氏水产的合作农户们定期都会迎来高校、科研所的专家进行专门的指导。

为了进一步树立何氏水产的质量权威，企业会对收购的水产品进行8个项目的检测，凡是检测合格的产品，都会拥有何氏水产出具的一份检测报告，并生成一份生产合格证。这个合格证相当于鱼的“质量身份证”，是品质的证明。

如今进入数字化时代，何氏水产更是自主研发建立了一套水产品供应链管理系统，可以查到鱼的来源、运输车辆、运输时间以及鱼的流向。从养殖源头到市场走向，所有信息通过水产品包装箱上的二维码都可以查到。“这样才能让食品安全真正可追溯。”何华先说。

■ 调研手记

以科技创新保“舌尖”安全

由于有着“靠天吃饭”的天然属性，而且不少产品属于有生命的活物，农产品的质量把控往往比工业还要复杂、困难。也正因如此，做大做强高品质农业，是企业必须潜心钻研并付诸实践的课题。

何氏水产之所以能够多次创造行业奇迹、提供优质的水产品，最关键的一点在于，它弥补了不少农业企业的科技短板。农业其实是高科技的集中地。在美国、日本等农业强国，先进技术已深度渗透进田野。从20世纪五六十年代开始，这些国家就不断埋头研究农业科技，推动农药、农机等科技含量的提升，从而带动农业生产效率的提高和农产品质量的飞跃。

反观佛山的同行，像何氏水产这样大胆创新、靠着专注刻苦的工匠精神不断掀起行业技术变革的企业，还是少数。要知道，如果想克服自然的“不确定”因素、守卫舌尖上的安全，企业必须依靠“精准而确定”的高科技，来捍卫产品品质。因此，何氏水产的创新意识和执行力值得其他企业学习。

当然，农业企业缺乏创新提质的资金、人才，是行业的普遍痛点。因此，政府也要以提升农业质量效益为目标，加快建立多层次农业保险体系，推动农业补贴、项目投资等主要投向绿色发展、质量提升、效益提高等方面。企业则应自觉加强与院校的合作，推动订单式培养人才。

德冠薄膜：差异化的“膜法”

以创新带动品质飞跃，工艺控制技术与质量管理体系成行业标杆

“朕只要有你就好”“本宫天生丽质”……纯净水的瓶身环贴标签上，包括热播电视剧《延禧攻略》的历史原型人物在内，清代康雍乾三代帝王和富察皇后等后妃各种装扮的画像栩栩如生，旁边则配以贴合人物历史背景的文案，以及简笔勾勒出的故宫形象图，整个标签如同一张浓淡相宜的画卷，古典韵味浓厚。

这是2018年9月农夫山泉携手故宫文化服务中心联名推出的新产品包装图。这张小小的标签不仅能承载这么多信息，还成为一幅微缩宫廷图，其中少不了一家佛山企业施展的“膜法”。这家企业正是广东德冠薄膜新材料股份有限公司。

上述标签采用德冠高速环贴珍珠标签膜制作而成。这种膜能让饮料瓶标签具备高白度、高光泽度、高速印刷等性能，是德冠高技术和高品质功能性薄膜产品的集大成者之一。

刚过“而立之年”的德冠，被认为是国内BOPP（双向拉伸聚丙烯薄膜）行业产品种类最多、创新能力最强的企业，它是如何在薄膜新材料品质革命实践上一步步领跑的？

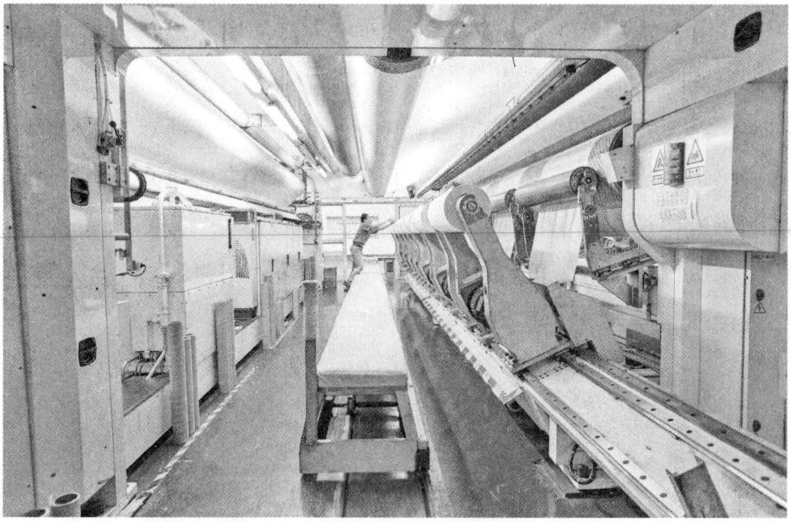

德冠薄膜引进英国先进的 ATLAS 分切机

逆势增长背后

将精益生产进行到底

2018 年 7 月 11 日，德冠总裁罗维满接待了一行特殊的客人。他们是德冠的同行，或许将在不久后成为德冠的 OEM 厂商。

一批同行正在南下寻求为德冠代工生产的机会。近年来，在全国 BOPP 行业产能过剩、行业开机率不足七成、亏损率达到九成的形势下，德冠不仅 6 条生产线全年开足马力，还计划通过输出工艺技术和产品标准委托同行生产，实现产能三年翻一番的目标。

行业整体低迷，却还能扩大产能甚至“反哺”同行，这是产品品质超群的体现，也源自德冠对践行数十年探索出来的一套工艺控制技术和质量管理体系能够进行系统推广和对外输出的自信。

在 2003 年，面对 BOPP 通用型产品第一个衰退期，德冠提出“规模·核心技术·差异性博弈”的经营战略，调整产品结构，推动产品结构由原来单一的普通包装膜逐步发展到功能性薄膜产品比例达 70% 以上，由此避开低性能产品的同质化竞争，企业也实现规模翻了 12 倍。

2015 年，随着行业竞争日益加剧，罗维满提出了“做功能性聚丙烯薄膜的冠军企业”的三年战略目标，更加聚焦细分市场，掀起了一场从创新方向到产品业务范围再到组织架构的品质变革。

精益生产意识开始渗透到生产经营各个环节。为此，德冠将质量管理部从制造本部分离出来，成为一个独立的一级部门，解决了“裁判员”与“运动员”角色重叠的问题，使质量管理部更有效地进行专业管理。德冠还设立了首席研发官、生产技术执行长职位，推行产品经理与工艺经理的设置与分工，提高产品研发效率，让生产制造与工艺技术配合更密切。

完善研发系统

助力研发“多快好省”

研发创新一直是德冠的立身之本。珍珠膜的研发就是一个例子。2000 年之前，全世界只有美国两家企业可生产用于可口可乐等碳酸饮料瓶子标签的珍珠膜，价格昂贵。但德冠研发小组用一年时间就研发出中国的珍珠膜，质量达到甚至优于进口产品，而价格却不到进口产品的一半。如今德冠是国内农夫山泉、可口可乐、百事可乐等饮料瓶装环绕标贴的供应商。

但是，通过加大研发力度不断开发新产品，从而实现在产品质量竞争中“一骑绝尘”，在 BOPP 行业并非易事。一方面，BOPP 特殊功能的实现需要原料和工艺的结合；另一方面，研发也需要大量的成本投入。

2007 年，德冠研发出拥有自主知识产权的第一个产品——节能环保型无胶复合膜，由此掀起了一场行业革命。由此，德冠多年都是全球唯一实现无胶复合膜大批量生产的企业。

2015 年，在引入集成产品开发流程管理体系（IPD）后，德冠迎来新一轮品质管理飞跃。德冠副总裁潘敬洪介绍，在引入 IPD 后，德冠将产品开发作为一项投资进行管理，确保产品研发能适合市场与客户的需求。

为确保行业的领先地位，德冠不再过分强调产品“原始创新”，而更多地运用“集成创新”与“改进创新”的方式，专注专业，在熟悉的领域精耕细作。

为此，德冠大手笔建立测试试验中心，购进最先进的精密检测设备，致力于打造全国 BOPP 行业里最先进的技术实验中心，实现从源头上和核心环节对原材料和工艺进行精密的检测和严格的把控，以保证产品品质。

德冠致力于打造全国 BOPP 行业最先进的技术实验中心

立足客户需求

对外输出技术创新供应链管理

目前，中国 BOPP 设计产能占了全球 BOPP 市场 60% 的产能。但由于低水平产能过剩、同质化严重、创新能力不足、高端产品仍需进口等问题依然突出，行业仍旧整体低迷。

为了打破国外长期的垄断，德冠也铆足劲在功能性薄膜母料研发上加大力度。德冠的研发配料车间已经开始形成规模，自主研发生产增挺母料、消光料等功能母料，向 BOPP 产业链上游延伸。目前年产能 2 万吨，月销售超 250 吨，并实现消光料自用全替代。

2018 年夏天，德冠发出了首批委托生产加工订单。替德冠做 OEM 的是江苏的一家处于半停产状态的厂商。德冠输出产品标准和工艺技术，委托 OEM 厂生产约 5000 吨产品。德冠计划通过这种委托生产的方式实现产能三年翻一番，同时也省下约 4.5 亿元的设备投入费用。

“对 OEM 工厂而言这个投资额比较大，但我们是行业内少有的能向外输出内部质量控制和供应管理，还有产品标准和工艺技术的企业。”潘敬洪说，这标志着德冠已形成一个以母料研发为依托、以生产技术输出为手段、以品牌影响力为商业信誉的领先业务模式。

罗维满说，母料将成为德冠向行业供给的优质竞争力产品，有利于实现上下游产业链的整合，打造“多山多虎”的产业生态体系。

这也是德冠加强供应链管理的一个缩影。在将功能性薄膜的文章做到全国领先之际，德冠计划将从上游的原材料供应到下游的产品应用串联起来，使产品开发立足于客户的需求和原材料的供应技术，引导客户做效率和价值更高的产品。

■ 调研手记

让全员参与品质提升

“胜则举杯相庆，败则拼死相救”，这句听起来很“江湖义气”的标语正是德冠坚持多年的团队精神口号。正是这种同甘共苦的团队意识多年来潜移默化的影响，才让德冠得以将质量变革的精神传递到每个岗位。

全员参与是质量管理的基本原则。为了让每个人对产品质量都有责任意识，德冠在加强基层员工队伍建设时，不仅建立制度，更凝聚成企业文化。罗维满提出“劳动光荣、技能宝贵、创新伟大”的口号后，各部门与车间张贴学习，推动“1000 项工作的细节中都比对手强 1%”“将执行力做到最后一公分”的敬业精神与工匠精神深入人心。

同时，在年终绩效及评优中充分体现这一理念，评选“德冠工匠”激励高技能员工，还设置劳动标兵、技术标兵等奖项，并通过总裁亲自带队组织年度优秀员工、优秀文员外出旅游，年度突出贡献奖获奖者等优秀员工荣坐年度中高层干部合影的前排等，调动基层员工积极性，营造“你为我撑腰，我为你搭台”的企业文化。

精铟海工：最牛试验机助攻“佛山无影脚”

自造世界唯一试验机把控产品标准，品控体系延展至上游产业链

“轰隆隆”，在江苏沿海，矗立着搭载液压升降系统的“KOE－01”风电安装平台，在日复一日的作业中，精准快速地完成着上千次的上升与下落。这一印有“佛山制造”的海洋工程重型机械装备，正来自广东精铟海洋工程股份有限公司。

2017年，精铟海工进军风电市场，成为国内海洋工程核心设备“三件套”市场占有率第一的企业。在这一成绩背后，是高品质的支撑，使精铟海工扎根国内海洋工程领域。

如何炼就高品质？在精铟海工的佛山生产基地里，世界唯一可完成100%负荷测试的试验机给出了答案。这一试验机以高于海上极端情况的参数，“试炼”出厂设备。与业内多采用计算机线上模拟的方式相比，试验机无疑更好地保证了品质。

同时，为了加强对多品类产品的品质控制，精铟海工专门成立委外管理部门，立下规定——每类供应商至少备3家，每件原材料设3重检，严格落实“优胜劣汰”。

树立高标准

一台试验机炼成“全球之最”

在精铟海工的生产基地中，全球唯一的海上平台核心装备安装试验机正在快

以品质作为“敲门砖”，精铟海工挺进中石油、中海油等国内龙头企业供应链

速工作。

这一由精铟海工自主建造的试验机，能对出厂设备进行真实作业模拟，其所设置的模拟参数，高于海上可能出现的极端情况，这意味着通过试验的设备，将达到全球最高交货标准。

与业内多采用计算机线上模拟不同，“计算机模拟只能验证设备功能，而我们的试验机可以模拟事故。”精铟海工总经理吴平平说，海上作业情况复杂多变，一个感应器失灵、一件次品零件出现，都可能导致严重后果；而精铟海工试验机能重现事故数据，提供问题解决方案，把出厂设备个个炼成“实战兵”。

在2014年前后，试验机模拟检验设备，成功为中海油检测出一外国制造设备的缺陷，打破了外国企业在设备质量方面的绝对话语权。

有全球唯一的试验机为品质“护航”，企业是如何达到这一高标准的？以精铟海工自主研发的海洋石油自升式钻井平台为例，历时一年的研发时间内，为保障品质，公司几乎倾入全部人力、物力。

尤其在齿轮研发上，庞大的平台对材料刚性程度提出较高要求，但海上作业环境又要求钢材有一定的柔性与抗腐蚀性，如何达到这一平衡？精铟海工专门找到大型炼钢企业共同研发。

“每炼出一批钢材，我们就拿去磨成齿轮，然后进行测试。”精铟海工质量负责人说。在精铟海工，一个齿轮都要经过艰苦的研发才告成功。在这项预计投入2000多万元的研发项目中，硬件的损耗又“砸”入了5000多万元。

抓住“敲门砖”

“降维打击”拓展市场空间

在海洋工程机械设备领域，一些产品曾一度被外国垄断，如何获得市场“敲门砖”，成了摆在精铟海工面前的难题。“一家新锐民企，很难给出诸如成品率、资历这样的‘文凭’，那时，产品品质几乎是我们手里唯一的一张牌。”精铟海工董事会秘书邓达纮说。

在一次洽谈合作中，某企业提出要求精铟海工让员工上升降平台，完成全程带人升降试验。

这一要求并不简单。高近100米的自升式石油钻井平台，如果在升降过程中出现任何质量问题，后果将难以想象。之前从未有国外供应商在自己的设备上做过类似的试验。

这时，精铟海工董事长李光远二话没说，走上平台。持续近6小时的升降试验中，当平台缓缓升至最高点时，李光远自豪地向所有在场专家宣布：“我们成功了！”

以品质作为“敲门砖”，精铟海工打破国外的行业壁垒，获得了中石油、中海油、中船重工等一系列国内龙头企业的“芳心”。在其销售额中，这些龙头企业一度贡献公司营业收入的90%以上。

2017年，“品质”又为精铟海工带来了新的机遇。从对品质要求严苛的深海“杀回”技术可迁移性强、要求相对较低的浅海。精铟海工将之比作“降维打击”。

延续“全球最高交货标准”试验机检测，精铟海工将业务拓展至海上风电安装维护平台的建造、运营及服务。

目前，精铟海工自主研发设计的“KOE－01”设备，已在国电的龙源江苏大丰风场作业。该设备采用的可连续式升降系统亦是国内首创，上升速度相当于国内已有技术的1.5倍，有效提升了平台的海上作业效率。

对于未来，邓达纮说，这些海上风电与海洋石油装备，加以适当的改造还可

精铟01号风电安装平台有效提升了海上作业效率

应用于海洋渔业、海底碎石疏通等海洋工程项目。

跟踪“品质源”

深入产业链撬动“品质杠杆”

随着市场的拓展，精铟海工的产量和品类也在快速增长，从而对企业的品质把握能力提出更高要求。吴平平给出了精铟海工的品控秘诀：“生产一件高质量设备很简单，但是放大到1000件，就需要企业形成品质体系。”

依托佛山南海强大制造业，精铟海工原材料的生产和锻压以及产品的部件均为委外机加工，因此品质体系的建立就意味着将品控工作延伸到产业链上游，从源头把关供应商。

“一方面是市场手段优胜劣汰，另一方面是合作开发。”邓达纮说，其中图纸、参数设置的自我把控是关键，同时公司成立了专业的委外管理部门，提升集成管理组织能力。

首先，精铟海工会对候选供应商做“管理体系评价”，评价包括人力资源、财务、工艺技术等多方面指标，探清虚实。随后纳入供应体系的商家，将接受品质意识教育与技术交接。必要时，精铟海工会直接把技术人员派到供应商的生产线上。

在精铟海工100余家供应商中，备有每类供应商至少3家，每件流入原料将迎首检、过程检、回程检的3重检。如果有厂商对次品进行补焊、填焊、痕迹打磨，出现鱼目混珠等情况，精铟海工就会酌情启动淘汰、处罚程序。

这一模式也被业内专家类比为“苹果公司之于富士康”，通过放大优秀环节，深入产业链撬动“品质杠杆”。

除带动供应商整体制造水平提升外，精铟海工还为一批金属企业打开了高端市场，使一些原本鲜有人问津的高端铝材，从此告别“价格战”苦海，在精铟海工的设备上找到了“归宿”。

■ 调研手记

视品质如生命才能以质取胜

“一升一降”，是精铟海工产品的轨迹。早期，由于海工装备技术门槛高，市场被国外寡头公司垄断。但作为半路杀出的“程咬金”，精铟海工研发的海工装备及风电安装平台产品，均为国内首制并投入实产应用，成为进口产品的优选替代，打破垄断，核心产品在国内市场有绝对的占有率。

一家民营企业是怎么做到这些的？精铟海工董事长李光远曾说：“我们自己很‘笨’地去做试验机，反复实验，不断从失败中获取经验，然后才研发好产品。”

比如说，精铟海工自主建造的全球唯一海上平台核心装备安装试验机，以最严苛的试验标准，把关产品。其在研发自升式钻井平台升降系统中，连续3个月不分昼夜、循环“崩坏、重造”的过程，光是硬件的损耗就“砸”了5000多万元。

纵览国内许多成功企业的发展，类似的做法体现的正是企业视品质如生命的“蛮劲”。也正是这股“蛮劲”，才能带领着企业走向更广阔天地。

以品质取胜，被称为“佛山无影脚”的精铟海工，在帮助海上平台“站稳”的同时，正为更广阔的领域树立品质“风向标”。

东箭集团：多品类筑起发展“护城河”

年推新品1800多款，以组织结构变革实现任何环节可及时溯源

点击手机上的APP按键，伴随车内智能空气净化器工作，一场汽车的“血液透析”正式开始。这正是广东东箭汽车科技股份有限公司自主研发的、能够快速去除车内甲醛等挥发性有机物的设备。

类似这样为汽车“做装修”“做美容”的各类单品，东箭拥有1.5万多款，且一直保持每年推出1800多款新品的速度。在这个被称为汽车后市场的装修领域，东箭的市场占有率位居第一，被誉为国内汽车后市场的“隐形冠军”。

这家冠军企业的炼成，得益于其快速的研发与创新能力，造就企业多品类、少批量的产品特点。为匹配这样的产品特点，东箭对内在组织架构上也掀起了一场品质变革。

“品质不是检测出来的，而是设计出来的。”东箭集团总裁罗军说，未来公司还将不断拓展品质管理范围，通过挖掘市场的用户数据，引导前端的设计优化。

创新带动品质飞跃

研发投入占营收总额约5%

在东箭的展厅内，至今还保留着1998年首次在国际展会上展出的一套不锈钢汽车前杠。20年过去了，这套被誉为“东箭第一杠”的产品未有一丝锈迹。彼

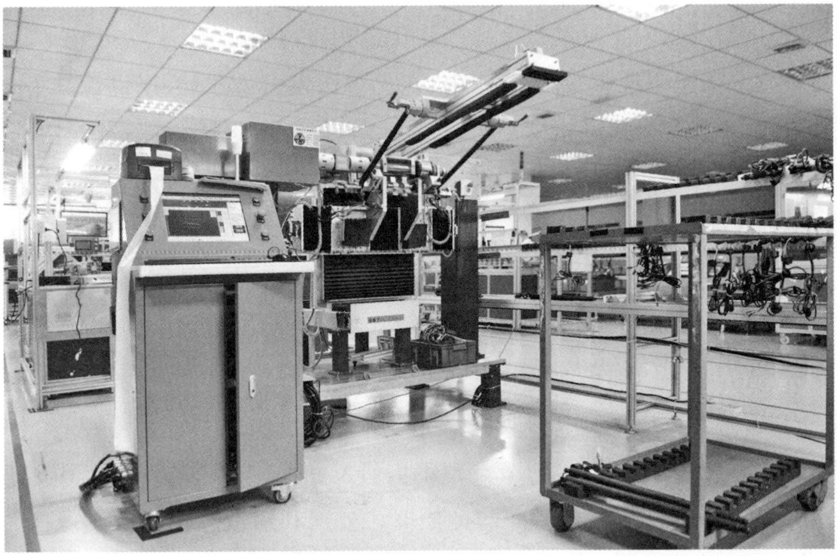

东箭集团拥有 1.5 万多款单品，且一直保持每年推出 1800 多款新品的速度

时，东箭创始人马永涛正是通过这款产品，打开了汽车后市场大门。

往后的十余年间，东箭产品扩展到全套的汽车外饰升级系列，包括侧杠、防翻架、排气管尾套等，并开始从传统的外饰件生产商向电动尾门、座椅等功能件行业转型。

“功能件对品质的要求则更严苛。”罗军说，功能件多为智能产品，涉及环保、健康、车联网等领域，满足汽车由表及里的升级。他回忆，2017 年东箭接到别克 GL6 定制电动尾门的订单，为完成任务，公司历时近百天对产品进行了 3 万多次测试。

在这一阶段中，研发部门周末、节假日加班成为常态，甚至有工程师连续两个月睡在办公室，每天盯着设备做测试。最终将原本 1 至 2 年的研发生产周期缩短至 3 个月，并同时实现了御品电动尾门产品的 3 次产线升级、5 代产品迭代更新。

罗军说，创新驱动的品质升级，是东箭的核心竞争力之一。东箭发展战略明确研发技术投入需达到年营收总额的 5% 左右。同时，公司投资 2000 万元以上建设实验室。

截至 2018 年 8 月，东箭拥有超过 300 多人的技术团队，其中研发工程师 100

多名，已经建成的实验室包括模拟环境实验室、防腐测试实验室、力学性能实验室、原材料创新及检测实验室5个，产品共获专利615项。

“接下来东箭会围绕汽车门系统，投入更多研发力量。”罗军说，汽车门的智能化是趋势，未来可以通过指纹、刷脸、声控等更智能的方式来操作车门。

加快产品迭代更新

1万多款产品给汽车“做装修”

作为行业创新的领跑者，东箭常常遇到被抄袭模仿的烦恼。据测算，每当东箭推出一款新品3个月后，市场上就会出现抄袭者。

为此，东箭加快新品推出的节奏，年均研发新品1800种，截至2018年已积累1.5万种汽车外饰件和功能件。与此同时，公司利用信息化技术实现多品种少批量的敏捷制造模式，单品的平均订单数量仅30—50套。

罗军说，开发新产品有效提升了产品的模仿难度与供应链准入门槛，这正是东箭最大的“护城河”。

在东箭的展示馆内，一台智能车载空气净化器正在运作，它能够快速驱除车内的挥发性有机物（TVOC），把其对人的危害降到最低。“夏天汽车经过暴晒后，车内有害气体会扩大50倍，我们如同给汽车做了一次‘血液透析’。”罗军一边说着，一边用手机APP对净化器进行远程控制。

支撑东箭多品类开发的是企业的信息化能力。60人左右的信息化团队，其职能体现在产品设计、开发、验证阶段，并用市场反过来引导生产。

具体来说，客户提出需求后，东箭会据此设计模型，并生成流程图，待工艺定型后，还会组织流程风险识别，接着针对每个细节形成“作业指导书”，把风险降到最低，然后小批量试产。东箭再将上述过程做成数据包，交由公司内部及客户审批，最后才是规模量产。

不仅如此，东箭还引入BI平台整合经营数据，以天为单位管理各业务小组收入、费用、利润情况，全国近500名营销人员，每天紧密追踪产品开发动态、产品生产动态。“从产品需求分析到产品定位，从营销模式到促销策略都是信息化的。”罗军说。

开发新产品有效提升了产品的模仿难度与供应链准入门槛，这正是东箭最大的“护城河”

构建“品质组织”

管控整个公司经营质量

多品类、小批量的产品特点，也对东箭的组织结构提出了更高要求。2014 年前，东箭采用传统的职能式组织结构，将整个品控职能交由一个部门，对所有项目产品做统一检查，检查停留在产品出厂环节。“这对于项目越来越繁多的东箭来说，已经不适用了。”罗军说。

东箭组织结构经历了职能型、事业部型向项目型的转变。2014 年后，东箭进行事业部改制，并为每个事业部单独配备一个品质部，品控工作更加细化。2016 年，东箭组织再次变革，品控落实到单个项目中。

经此之后，品质部职能涵盖了产品策划、供应商管理、来料的控制、成品控制、客户服务、可靠性测试等全流程，任何环节出现问题，都可以及时溯源。罗军说：“以前是末端设卡，现在把品控环节前置了。”

项目型组织内，品质标准更易把控，也鞭策设计、工艺、生产人员形成更高的品质意识。目前，东箭按德国汽车审核要求进行生产，单个项目质量、成本、交期都纳入考核，对员工实行激励与淘汰机制。

谈及未来，东箭计划将品控工作延展到供应商内，“一方面，东箭要加强与供应商的合作，把我们的品质标准传达到位；另一方面，我们在酝酿一个新的质量模式。”罗军说。这个新的模式下，东箭将由关注产品的质量转变为关注整个公司经营的质量，从战略、组织、市场、资源全方位规划运营。

■ 调研手记

从“撒大网”走向“点对点”

从一个6人小作坊成长为汽车外饰件行业龙头企业，围绕品控，东箭内部经历了一次次组织结构的变革。

2014年，东箭还采用传统的职能型组织结构，这种组织结构最大特点是“垂直性”，强调末端的控制，对于产品品类激增的东箭来说，该组织已经不能满足品控要求。随后，东箭的组织结构经历了事业部型，再到项目型的转变。

简单来说，项目型组织为每个项目量身定制了一套“控制系统”，品控作为系统中的重要一环，细化到单个项目的设计、生产、售后各环节。东箭的品控工作由此实现了从“撒大网”向“点对点”的演进。

事实上，华为、苹果公司均采用这种项目型的组织管理模式。以华为为例，成立初期，任正非直接领导综合办公室，下属制造、市场等多个垂直部门，华为“有令必行”，快速完成了早期积累。但随着研发项目的不断细分，1998年前后华为研发“数字机”项目时，就开始采用项目型组织结构，并逐渐在公司内形成了多项目高效运作的体系。

文灿压铸：在对标中打造最高标准

“先难后易”不断向高品质挑战，成为特斯拉、蔚来汽车等车企供应商

在广东文灿压铸股份有限公司的生产车间里，一台台精密加工设备正有序运作，随着机械臂不停将熔融金属充填铸型、结晶凝固，一件件通过高压高速压铸技术完成的产品从生产线成型，并将运往全国乃至全球各地。

成立于1998年的文灿压铸，最早只是一家生产小家电压铸件的工厂。2018年4月，文灿压铸在上海证券交易所主板上市，成为南海首家主板上市的民营企业。通过自主研发出汽车车身结构压铸件，吸收国外最新工艺技术，文灿压铸不仅让“佛山制造”用在奔驰、大众汽车上，也成为特斯拉汽车车身结构压铸件中最重要几款产品的全球供应商。

不断向高品质挑战，通过与世界前列企业达成合作来提高企业自身的品质与要求，采取降维的打法，先与高要求的车企合作再打开其他市场，是文灿压铸在品质追求上的一个重要途径。

向“困难”挑战

以高品质撬开奔驰、特斯拉大门

2018年8月9日，文灿压铸在互动平台上表示，目前公司为特斯拉、上海蔚来供应多款车身结构件，已处于批量供货阶段。

向困难挑战，通过降维的方法来打开市场是文灿压铸制胜的重要方式

不仅是特斯拉与上海蔚来，在文灿压铸的客户名单中，还包括了博世、采埃孚天合、法雷奥等多家全球知名一级汽车零部件供应商，以及奔驰、大众、特斯拉、吉利、长城等整车厂商客户。在撬开与这些世界巨头合作的大门过程中，文灿压铸战无不胜的武器就是——产品质量。

“与奔驰最早接触是在 2012 年，但是真正达成合作是在 2014 年，其间是不断的研发与试验。”广东文灿压铸股份有限公司副总经理兼董事会秘书张璟说，奔驰考察企业是看其综合能力，至少 8 个月的工厂考察期，必须要通过奔驰的体系认证等，还需要详细了解企业的发展历程、合作伙伴、水平能力、人才体系等。

在当时，文灿压铸的新厂房已经建设好，设备齐全，给法雷奥的汽车生产的空调压铸件，在汽车零部件上是仅次于变速箱的技术水平，它的精度要求和变速箱相仿。最终，文灿压铸达成了与奔驰的合作，成为国内唯一一家压铸件供应企业，生产的产品型号也从最开始的两件增加至目前的十几件。

向困难挑战，通过降维的方法来打开市场是文灿压铸制胜的重要方式。有了同奔驰的成功合作，文灿压铸与特斯拉、上海蔚来的洽谈基础就顺畅很多，更短的开发制造周期和产品实力等要素，赢得了对方的青睐。

对标国际水平

向日本、德国“拜师学艺”

与全球知名汽车厂商的合作背后，是文灿压铸对技术、设备和人才培训等品质体系建设的极致追求。

“汽车零部件是工业化生产最高水平的一种典型代表，产品虽然不是最精密的，但是同一个零件做到10万个乃至100万个的时候，要依然保持品质的稳定就很不容易。”在张璟看来，品质的保持要求必须要有量的品质。

从建厂初期，文灿压铸就选择花重金购入日本东洋的设备，学习日本的工艺和管理，包括经济生产的性价比控制技术。在这个过程中，企业还把高管等多批员工轮流送到日本的企业去训练。

为提高品质和技术，文灿压铸又陆续选拔工程师到德国的奔驰汽车，以及与奔驰合作的模具公司去进行学习和实地见习，同时也会把德国的工程师接到文灿压铸进行现场指导和交流。

目前，文灿压铸在国内的汽车压铸件行业里面无论是技术水平还是产品水平上都走在前列。如特斯拉的车底结构件模具，在4年前基本上只有德国可以做，而现在文灿压铸也可以做了。

文灿压铸在打开国际品牌的市场后，目前整个市场都基本打开了，包括与吉利、长城汽车的合作都已达成。在张璟看来，先难后易会很痛苦，但是后面的路会更宽一点。

瞄准发展新趋势

加快新能源汽车和汽车轻量化布局

依靠过硬的产品品质，文灿压铸走在了行业的前列。然而，随着全球对碳排放要求越来越严格，新能源汽车和汽车轻量化等全新趋势让文灿压铸在品质追求方面一直“在路上”。

2018年4月，文灿压铸在上海证券交易所主板上市，成为南海第一家上主板的民营企业，也是IPO历史上“三类股东”成功过会的第一家企业。文灿压铸董事长唐杰雄说，这意味着公司步入了资本市场的快车道，接下来将借助资本市场的力量，坚持技术创新、加快产业布局，实现再一次腾飞。

文灿压铸使用机械臂提高生产的自动化程度

汽车轻量化项目是文灿压铸资金募集后的主要用途之一。在电池技术出现革新之前，新能源汽车的发展方向首要便是在保证性能的前提下降低整车质量、提升续航里程。铝代钢、镁代钢随之兴起，而目前应用最为广泛的就是铝合金。

新能源汽车本身也要求轻量化。“因为新能源汽车的电池是有限的，要提升它的续航能力就必须轻量化。”张璟说，在此情况下，汽车的所有零件，都要向铝合金转变。文灿压铸正是以铝合金汽车结构件切入新能源汽车的风口。

目前文灿压铸不仅开始为特斯拉供应铝合金车身结构件，其对奔驰汽车的铝合金车身结构件也已进入量产阶段。随着汽车轻量化项目的建成，文灿压铸将新增汽车车身结构件及其他压铸件产能150万套/年。

值得一提的是，尽管传统燃油汽车车身构件仍是文灿压铸最主要的业务，但从2016年起，特斯拉已经排到文灿压铸整车厂商合作伙伴中的第一位。

■ 调研手记

拿下最严苛客户　迅速打开市场

文灿压铸成立之初，只是一家生产小家电和生活用品压铸件的工厂。正如佛山大量的民营企业一样，依靠人口红利赚得了第一桶金。然而，毛利率从40%一直下降到10%，甚至到最后的不赚钱，让文灿压铸有了深深的危机感。

“2003年前后，我们很迷茫，不知道应该走什么路，后来看到汽车零部件模具也有很多用到铝合金，就尝试转型。”张璟说。然而，一家没有任何经验的民企要在汽车铝合金精密压铸件领域里分一杯羹，谈何容易。

“必须要依靠产品质量来打开市场。”在张璟看来，要快速打开市场，取得市场的认可，一个捷径就是“拿下”要求最高的客户。

在与法雷奥等几家大品牌企业合作取得经验后，文灿压铸直接瞄准了北京奔驰，过程虽然不容易，但是与奔驰的合作让文灿压铸在行业内奠定了龙头地位。产品品质是文灿压铸一路走来的“敲门砖”，也是继续保持优势的不二法宝。

溢达纺织：人人都是“质量官”

搭建精益化建议平台，发挥全员能动性助力“质造”

“咚”的一声，张雄颜的手机上又弹出一条“合理化改善建议”的接收提醒。与广东溢达纺织有限公司大部分管理层一样，张雄颜每天都会通过内部的精益制造建议平台，审核不同员工提交的建议。

溢达纺织 2017 年收到的合理化改善建议超过 2000 条，被采纳比例超 50%。从纺织女工起步的张雄颜，在为公司提出合理化改善建议的过程中，除了一步步成长为管理两大部门的高级经理，还两度斩获国家专利。

为了发挥员工参与精益制造的能动性，企业搭建起多层次提建议与员工培训的双平台。溢达纺织这种全员参与质量提升、让人人都成为“质量官”的做法，与积极推进自动化一起，成为提升产品质量的“利器”。

凭着过硬的产品质量，这家定位高端市场的纺织企业，男士梭织纯棉衬衫出口总量已连续 15 年位居国内第一。

精益制造

一年收获合理化改善建议超 2000 条

“合理化改善建议”是溢达纺织推行精益制造后的产物。2002 年，溢达建立起了精益运营体系及评价标准。“最初是每周固定举行精益现场接待日。”张雄颜

定位高端市场的溢达纺织，男士梭织纯棉衬衫出口总量已连续 15 年位居国内第一

表示，每到接待日当天，各个部门的管理层就会在固定的位置坐着，等待员工前来提交合理化改善建议，并现场回应采纳与否。

2015 年，溢达制衣厂共收到内部合理化改善建议 1711 条，其中采纳了 1557 条。2016 年以来，每年收到的建议数量突破 2000 条，被采纳的比例超过 50%。

这些建议均从不同角度助力溢达提升产品质量。"蝴蝶"的出现正是这样的例子。早期，在溢达制衣厂，每位新手车缝工一个小时只能完成 100 多件产品。一位刚入职不久的女工提出能不能制作一个粘傍位——形状类似于"蝴蝶"的辅助工具，帮助新员工提高生产效率。

指导工一听，觉得主意不错，就叫来工厂工业工程部和负责设备研发的集团卓越工程部同事一起商量，制作出了一个改良后的粘傍位"蝴蝶"。这使得员工可以同时操作两台机器，每小时可完成 500 多件产品，效率大大提升，次品的返工率也随之减少。

类似这样通过员工提合理化改善建议，实现精益改良的案例在溢达纺织不胜枚举。像张雄颜这样的员工，更是在这个过程中，斩获了国家专利。

2016 年，溢达纺织在研究客户的一个新款产品过程中，发现需要在产品的领底加入一个隐形耳仔。但耳仔仅 10 毫米长、8 毫米宽，手工生产会因为裁片过小的问题，导致员工很难用手固定、车缝，最终成品长短不一、车线不均。张雄颜观察后，思考能否通过夹具来固定，于是与集团设备研发团队坚持研究多时，将原先的4道工序整合为1道，保障了品质，实现了自动化车缝。

体系支撑

拓宽提建议渠道与构建培训平台

类似张雄颜这样的例子，在溢达中国区梭织质量保证部副总监刘艳看来，并非偶然。一方面，溢达本身搭建起多层级的提建议平台与鼓励机制。除了现场接待日，从2017年开始，溢达纺织内部还建立起精益制造提建议的APP平台。

在指定的APP平台上，员工可24小时随时提出关于改善生产制造的建议，而这些建议都会通过系统实时反馈到对应部门管理人员的手机上。

早在2011年就晋升为部门经理的张雄颜，如今每天都会像“刷微信”一样去刷建议平台。“平均下来，每天都会有几条建议。”张雄颜表示，根据建议的不同，管理人员会进行打分，而这些分数最终都可以兑现为对员工的奖励。

为鼓励员工，溢达纺织专门推出了“BIQ之星”。“BIQ鼓励员工发现问题、反馈问题、改进问题。我们会定期在车间宣传栏展示‘BIQ之星’，并且举行颁奖活动，让车间员工感受到重视质量为自己带来的荣誉与收益。”刘艳说。

另一方面，溢达纺织还为员工提供大量学习培训的平台。“培训为我们更好地提出建议，提供了理论的支撑。”张雄颜表示，早在2009年，她就通过公司提供的平台，在江门五邑大学完成了纺织专业的学习。

这只是溢达纺织重视人才培训、助力员工学历提升的缩影。数据显示，目前溢达纺织每年在人才培训上的投入超过1000万元。其中，针对一线工人，专门推出了“溢达助力计划”，项目自2015年启动以来，已为近900名职工提供了学历提升的服务。

推自动化

每年投入2亿元引入自动化设备

在“人人都是质量官”的理念下，包括张雄颜在内，不少员工都成为了公司推行自动化的推手。

溢达纺织每年投入 2 亿元左右开展自动化改造

在纺织行业，衬衫袖侧像箭头的那块硬长条布被称作“三尖”，一般就算是拥有 5 年工龄的工人，每天也只能生产 200 多件“三尖”。为了提高生产效率，张雄颜与集团设备研发部门开始琢磨用生产自动化设备来替代人工。经过不断地调试和摸索，2011 年，张雄颜带领的团队开发出第一代封“三尖”自动化机器，但它每天仅能生产 50 件“三尖”。为此，张雄颜再次研究，花费两年的时间，推出第二代升级的设备，设备单日产量已经提升到 500 件，超越了传统熟手工人的生产效率；而到了第三代，每天的产量更是达到了 700 件。

实际上，对于纺织行业来说，自动化设备的引入不仅能够提高效率，还能够大大提升产品的质量。“2015 年，我们引进了世界上首台应用于针织产品的特殊整理设备，综合其他染整技术，生产出具有天然光泽、耐磨、弹性好、手感奢华的免烫产品‘REGAL’，为客户重新赢得市场。”溢达中国区针织质量保证部副总监李彩霞说，该款产品推出不到两年销售 700 万件，如今客户在全球专卖店的橱窗中都会展示这款顶尖产品。

数据显示，目前溢达纺织每年投入 2 亿元左右开展自动化改造。而截至 2018 年 5 月，溢达通过自主研发，已成功实现梭织制衣工序自动化覆盖率达 77%；针织制衣工序自动化覆盖率达 39%。

■ 调研手记

坚持以人为本　做好精益生产

谈到提升品质，精益生产几乎是一个绕不过去的话题。所谓精益生产是源于日本丰田汽车的管理哲学，通俗的理解即是通过消除生产全过程的一些浪费，持续地改善制造系统。

许多推行精益制造的企业都谈到，要做好精益制造，一定要充分发挥每位员工的能动性。

溢达纺织亦是如此，作为一家传统纺织企业，尽管溢达不断引入自动化设备，每年为此投入2亿元左右，但目前在推行自动化的路上，却遇到设备“欺硬怕软”的难题，很多工序依然需要大量依赖人力。

面对这种现象，溢达充分发挥员工的智慧，既提供便利的沟通渠道，又为员工搭建多层次的培训平台。在激励与树榜样的过程中，让员工成为企业精益生产的推手。

伊之密：用高品质“压”出压铸重器

收购百年企业，高配战略推动品质跃升

在广东伊之密精密机械股份有限公司的总部，一台由 HPM 公司产于 1937 年的柱塞式注塑机被放置在大厅醒目的位置。2011 年，伊之密收购 HPM 后，这台有近百年历史的美国第一台注塑机跨越重洋被运至顺德，以此作为伊之密对技术的尊崇和品质的坚守。

从 2002 年创业靠注塑机起家，陆续拓展到压铸机、橡胶机、高速包装系统和机器人自动化等领域，伊之密发展成全球唯一一家在模压成型装备各领域都有涉足的企业，实现了由轻到重、从主机制造商向工业整体解决方案提供商的跃升。

通过收购国外企业，引进汽车工业管理模式，到欧洲设立研发中心，伊之密闯出一条连接国际成型技术的新路径。

“叫板”欧美市场

14 年炼出国内压铸重器

“这台机是 2000T 的吨位，在进行出厂前最终检验；那一台 3500T 的吨位，明天就要发往上海……”伊之密压铸机事业部副总经理黎前虎对着一台台“大家伙”如数家珍。对伊之密而言，从注塑机切入压铸机领域才短短 14 年时间，“如果要问国产机和国外机最大的差距是什么，那无疑就是可靠性。”黎前虎坦言，

伊之密通过对标欧美先进技术，产品品质得到显著提升

虽然国内压铸设备近几年快速崛起，但数十年的发展差距也让公司意识到质量只能系统地逐渐提升，不能一蹴而就。

真正推动伊之密在压铸机行业由轻到重的跨越，是与 HPM 公司的技术整合。2011 年，伊之密正式收购了国外百年企业 HPM。作为北美最大的压铸机和注塑机制造商，HPM 所制造的重型压铸机久负盛名，是北美大型压铸厂家的主流设备。

“HPM 以终身不坏的标准来打造产品。”黎前虎说，也正因如此，即使 50 年过去了，依然能看到 HPM 重型机在客户车间正常运行。

2017 年 5 月，历时 16 个月研制，伊之密 HPM4500T 压铸机正式从伊之密顺德总部扬帆出海。这是伊之密和 HPM 有史以来联合设计生产的最大吨位的机器，目前已经向北美知名汽配企业交付使用。

这也是伊之密针对全球高端客户在超重型机领域的一大突破。“这款机型上市后大受好评，填补了国内市场在高端重型压铸机领域的空白，质量、性能媲美欧美进口机的水准，将与欧洲、日本机正面竞争。”黎前虎说。

对标汽车制造业经验

“降维”攻克品质痛点

近两年，以塑代钢、汽车轻量化一直是伊之密董事总经理甄荣辉关心的课题。随着汽车零配件的国产化提速，机械装备行业迎来了一个庞大的汽车市场，但也对设备供应商的生产工艺和产品质量提出了更高的要求。

过去在装备行业，因按传统方法组织生产，如遇上产量短期内大幅增加，产品质量很容易出现大幅波动。而汽车工业的成熟发展，很大程度是依靠模组化生产，生产商可以在全球范围内进行汽车模块的选择和匹配设计，优化汽车设计方案，这有利于提高汽车零部件的质量和自动化水平，提高汽车的装配质量，并缩短汽车的生产周期。

伊之密希望借助复杂工业的成熟经验，对机械装备行业实施“降维打击”，攻克品质痛点。“最近我常跟同事探讨，我们不能只用机械行业传统的经验来看机械装备的品质提升，而要跳出自身行业的限制，去深入了解汽车行业。”甄荣辉说，近年来，公司一直在努力学习汽车工业高度进化的运营模式，通过模块化产品设计、模组化多级生产计划和整机总装流水线生产，进一步提升产品的质量标准，缩短产品交货期。

为了能够对标汽车工业，将品质高配战略实施到底，伊之密引入了一家专门为整车厂提供管理辅导培训的顾问公司。这家公司曾经成功帮助长安汽车实现生产的标准化、模组化、模块化。

如今，将汽车工业的模组化模式导入伊之密已成果初现。200T 以下注塑机已采用模组叠加方式生产，将实现流水线混线生产，接单后 7 天内交货，可满足 80% 的订单需求。

引入“最强大脑”

做工业解决方案提供商

在实现了整机技术的提升和对标汽车行业的高配战略后，市场的变化又对伊之密的产品品质提出了新的要求。

“这两年，我们深刻知道产品要转型升级，不能只围绕主机，因为中国的主机装备，从量上已经做到全球第一，但主机只是构成工艺方案其中的一个环节。”

伊之密为工人营造良好工作环境，确保工厂品质管理稳定发展

在甄荣辉看来，无论是德国、日本，还是中国，在装备的主机结构、性能原理上已经不会有很大的突破，但利用这些机器去解决工业应用问题的方案却是无限的。“一旦有新材料和新工艺出现，很多客户问这个东西能不能做，两个月能不能交货，但很多时候我们都没有办法。”

一直将发展的战略视野对标国际的伊之密，要求自己从主机制造商向工业整体解决方案提供商转变。要实现这样的升级，伊之密选择了引入行业内的“最强大脑”，以便实现“弯道超车”。

2016 年，伊之密聘请了全球注塑机行业顶尖专家 Dr. – Ing. Hans Wobbe 担任集团首席战略官（总工程师）。Wobbe 的职责是让伊之密在技术水平、成本控制能力、质量和稳定性方面都能与国际顶尖企业并驾齐驱。

2017 年下半年，伊之密又深入到全球最前沿塑料加工技术研发的腹地——德国亚琛工业大学塑料加工研究院（IKV）设立研发中心，主要针对新工艺、新材料的开发应用。同时伊之密创新中心也在佛山顺德五沙生产基地筹建。

甄荣辉说，未来随着中国与德国的创新中心互动日益紧密，将大大缩短中德成型技术的差距。“中国及全球市场可以更快地拿到领先的、又符合成本需要的成型方案。”

■ 调研手记

把节拍慢下来 让生产更稳定

与传统机械工厂嘈杂、脏乱的环境迥然不同，伊之密花园般的开放式环境让每个来访者都被其魅力所折服。而在这里工作的员工，都被称为“伊哥”，身穿整齐、干净的制服，个个精神饱满。

所有的产品都离不开人的因素，而在品质管理中，人更是发挥着至关重要的作用。在伊之密，如果对人的工业技能素养的培训提升没跟上，即使引入再先进的国外技术、汽车工业管理模式，也很难落地。伊之密力图将所有员工的工作都标准化，流水作业能够固装预装测试，接到订单以后才通过订单触发总装，这样能把节拍平准化，让生产更稳定。

同时，伊之密也不希望将整个生产的周期节拍提得太高。近年来，伊之密进入了快速增长的轨道，并制定了到2020年实现销售额翻一番的目标，但甄荣辉并不希望像传统的工厂那样每天打仗一样，因为这样工人会处于非常焦虑的状态，这对工厂品质管理的稳定发展是不利的。

近年来，伊之密还一直向员工植入价值培训。比方说，鼓励员工参与到工艺过程改造提升，仿效日本技能师的培养模式对他们进行荣誉性的考核和奖励，最终目的是让员工感觉自己在做技术活，而不是只是每天搬东西和拧螺丝。

中南机械："上天下海"闯出"质造"新高度

自主研发过万款机械零部件，以孵化器孕育品质飞跃"推手"

2018 年 7 月，佛山市中南机械有限公司又迎来了一个主动找上门的项目。来自中科院自动化研究所的研究员专门跑到佛山，希望把两个机器人项目落户中南机械。

类似这样主动找上门的项目，中南机械常务副总经理毛卫东已经习以为常。"他们看重中南机械 20 多年来对标国际高质量的生产经验。"毛卫东说。他的身后放置的一条长达数米的"狭长管"，正是装载于我国极地科考船"雪龙号"上的共轨单元。在国内，目前仅有中南机械能够生产。

自 1993 年成立起，中南机械一直致力于大中型柴油机关键零部件国产化。对于中南机械来说，每一款产品的诞生，都是成功攀登品质金字塔的成果。

数据显示，目前在柴油机共轨单元、中高压输配电开关、电梯链轮等过万款机械零部件上，中南机械都实现了国产化。这样的成果背后，是中南机械的品质方法论在起作用。在研发上坚持不懈攻坚，允许员工大胆"试错"，不断将成熟的生产工艺标准化……凭借工匠精神和科学精神，中南机械以过硬的质量赢得了市场的认可。

2016 年中南机械组建了“中南机械智能装备孵化中心”

攻坚零部件国产化

自主研发中国装备核心零部件

“中南机械自诞生之日起，就不断向高质量发起挑战。”毛卫东说。在他身后，中南机械的生产车间内，摆放着电梯链轮、共轨单元等机械零部件，这些零部件生产完成后将被安装进瓦锡兰、日立、西门子等国际知名企业的产品中。

时间回到 20 世纪 90 年代初期，珠三角经济腾飞，但电力供应却跟不上，各地纷纷建起使用柴油发电机的发电厂，由于发电机都是国外进口的，每年还要花费十几亿美元购买损坏的关键零部件。

日后成为中南机械创始人的许冠此时还在研究所工作，研究方向正好是零部件的国产化。看到了市场的潜力，许冠带着十几人的团队来到南海，开始关键零部件国产化的攻坚。

“柴油机对零部件的质量要求很高，要实现国产化，就必须达到与进口产品同样的质量标准，甚至是超越，除此之外，没有第二条路可走。”毛卫东说，虽然满腔热血，但创业团队一开始就遇到了大难题——没有合格的原材料，当时国内生产的钢材远达不到生产要求。

必须提高原材料的质量，否则替代进口就是空中楼阁。为此，许冠带着团队在生产车间反复试验和改进了足足半年时间，使得关键零部件在使用寿命和能耗上均达到了进口产品水平，最终成功实现柴油机关键零部件的国产化。

由于当时发电厂用的是万吨油轮用的发电机，中南机械这一突破，直接敲开了中船重工的大门。“以前中船重工也是要进口这些零部件，我们能生产之后，就直接找我们了。”毛卫东说。

每一个实现国产化的产品背后都是一场关于质量的“硬仗”。如今，中南机械设计、生产的油泵油嘴、缸套刮碳环、活塞顶、排气阀等产品已完全国产化。

允许员工“试错”

4 张卡纸打通质造“任督二脉”

“大胆先去试试，不行的话大不了换个思路重来。”一位曾参与共轨单元研发的技术人员这样形容当年的状态。这是中南机械在对待技术研发上的一个缩影——允许员工“试错”。

由于中南机械多年来一直致力于国产化，遇上技术封锁是常事，没有参考和指导的情况下，团队只能反复试验摸索，直至成功。长久下来，在企业内就形成了允许“试错”的意识。

“失败乃成功之母。”毛卫东用一句俗语来解释“试错”的意义，员工在试验的过程中，曾出现过搞坏材料和机器的例子，领导层对此一般很宽容，只要不是人为故意破坏的，一般都不会批评他们。

在鼓励员工试错创新的同时，中南机械也不断将成熟的生产工艺标准化，在生产车间，每一批产品都会有 4 张卡贯穿整个生产流程，分别是产品零件流动卡、机械加工工艺过程卡、工序卡，以及不合格处理单。

这 4 张卡片犹如“出世纸”，将产品的每个生产环节、检测结果、处理结果都记录下来，使得工序之间的连接更加顺畅明了，问题产品也不易遗漏。

“我们的标准化也是在不断探索完善的”，毛卫东说，以喷油嘴的生产为例，这是一种对表面光洁度要求极高的零部件，“一点毛刺都不能有，否则就会在工作时卡死。”

但是早期中南机械生产的喷油嘴总是不可避免地有毛刺，经追溯，发现问题不是出现在生产环节，而是在放置的环节，放置时的小摩擦导致了毛刺的产生。

中峪智能孵化器已经聚集了 20 个研发团队

为此，中南机械将标准化延伸至放置和安装环节，“包括工人需要穿特制的衣服，放置的时候要有毛毯，安装的环境要防尘等。”

建孵化器留人

培育高端人才带动品质飞跃

“人是最重要的精髓。”许冠曾在接受媒体采访时多次强调对人的重视，在人才培养上，许冠一直坚持，自己的人才要自己培养。

2018 年，中南机械与南海技师学院合作，挑选了一批毕业生进行培训。“我们专挑高中毕业以后才读技校的，然后对他们进行 3 个月有针对性的培训，再从中挑了表现优秀的，送到北京去跟项目。”毛卫东说，这种针对性培训效果明显，这些人在工作中的表现颇受肯定。

邝贵仁是中南机械 3D 打印方面的技术骨干人才，4 年前，他从技校毕业，来到中南机械。“当时就进入 3D 打印的研发队伍，队伍里很多都是硕士博士，研究人员主要是负责理论、设计方面的，我则是技术操作方面的。”邝贵仁回忆，由于参与了研发，他对整套设备更为熟悉，在技术操作上也更为熟练。

研发人员和技术人员共同参与研发在中南机械是常态，不少像邝仁贵这样的技校毕业生刚进企业就与研发人才一起工作。“这样的协作不仅有利于产品的落地生产，同时对技术人员来说，学习和进步机会也是让他们留在企业的最大吸引力之一。”毛卫东说。

技术骨干人才是企业打造品质大厦的地基，高端研发人才则是品质飞跃的保障。2016 年中南机械组建了“中南机械智能装备孵化中心”，通过“企业产业化平台 + 创新创业团队 + 政府政策支持 + 持股孵化”的商业模式，吸引高端人才入驻。

“目前，孵化中心已经聚集了 20 个研发团队，博导、教授和专家 10 多人，博士、博士后科研人员 50 多人。”毛卫东说，这些科研团队为中南机械提供了研发支持。

■ 调研手记

昨日苦心钻研　今日享誉世界

中南机械董事长许冠的经历与格力创始人朱江洪有很多相似的地方，两人都毕业于华南工学院（华南理工大学前身），都是搞技术出身，擅长质量管理和技术开发。

受此影响，中南机械和格力集团的成长史也有颇多相同的地方，如果当年没有朱江洪对质量管理和科技创新的重视，格力可能难以从松下、夏普等进口空调中突围而出；同样的，如果许冠当年没有对标高质量，并克服重重困难潜心研发，中南机械也难以在进口零部件里闯出一片天。

替代进口的高标准决定了中南机械以质量起家，以质量取信于客户，以质量维系企业的发展。2013 年，广东有一台日立电梯的链轮出现故障，中南机械被邀请过去维修。“结果我们修好之后，他们发现我们修的质量比原来工厂造的还要好。”毛卫东说，“从那以后，日立电梯的链轮全部都由我们生产了。”

20 年前，一群人埋首车间苦心钻研替代进口；20 年后，不费口舌，中南机械以过硬的质量赢得了国内外客户的青睐。

科达洁能："陶机大王"的全球掘金之道

全流程坚守品质至上，自动化升级应对劳动力断层挑战

烈日炎炎，印度陶瓷行业一如天气般火热。两台来自广东科达洁能股份有限公司的超万吨陶瓷压机正稳定运转，压制速度最快可达到4.5次/分钟，砖坯厚度偏差控制在±0.2mm之内。

而在国内，举世瞩目的港珠澳大桥等国家重大工程得以顺利建设，也有科达洁能研制的高端液压泵的功劳。

地处"中国建陶产业之都"佛山的科达洁能从一家手工作坊发展壮大成为陶瓷机械行业的中国第一、世界第二，几乎世界上所有重要的建筑陶瓷产区都能看到科达洁能装备的身影，这得益于其技术的升级和产品质量的可靠稳定。对品质的重视，贯穿于企业从采购、设计到生产、售后的所有环节。

全力攻关

造出液压机械最强"中国心"

在科达洁能众多的产品中，首屈一指的拳头产品当属压砖机。不仅产量最大，国内市场占有率也最高，达到90%。

站在一台台高达10米、重达数百吨的压砖机面前，科达洁能成型机械事业部总经理李绍勇显得十分渺小。看着一台台超大吨位的压机从顺德工厂运到海内

科达洁能通过自主研发，在 2015 年实现高端液压泵国产化

外，李绍勇心中无比自豪。从 1998 年科达洁能研制出国内第一台大吨位压机——3200 吨陶瓷压机，以及目前超万吨陶瓷压机，在每一次压机的技术腾飞，都有李绍勇的身影。

近年来，随着瓷砖“大而薄”潮流的兴起，对上游成型装备企业在大吨位、超大吨位压机方面研发创新也提出更高、更新的要求。动辄过万吨的压制力，要压出面积大至 1200mm×2600mm、厚度小至 3mm 的瓷砖规格，这对任何一家陶瓷机械企业来说都是极大的品质考验。

事实上，科达洁能早已看准这一趋势，针对大砖薄板成型目前已推出的近 10 款机型，其中 KD10008、KD12008、KD16008 和 KD18008 四款超万吨级压机是近年最新突破的陶机重器。

对于机械行业而言，稳定可靠是产品品质的第一要素。李绍勇介绍，在超万吨压机中，科达洁能从软硬件着手对设备做整体性能的提升。

在硬件方面，主机专门采用自主研发的发明专利——双缠绕结构，使压机的刚度比传统结构提升了 10%—15%，抗疲劳强度提高了 20%—35%；而密封、电气、液压等核心零部件则全部采用世界一流品牌，确保压机在 5 年来实际使用中表现出上佳的可靠性。

在软件上，科达洁能的超万吨压机应用了新型压力、位置的控制算法，确保顶出精度可以达到0.1mm以下，并可采用5次加压，使客户对砖坯的成型调节更加灵活、可靠、稳定。

液压泵是核心的动力元件。作为液压机械的“心脏”，它对加工精度和技术要求非常高。“长期以来，这一领域我们一直被日本、德国掐着脖子，因为国内做不出达到市场要求的产品。”科达洁能副总裁钟应洲说，8年前公司下定决心要攻关，终于在2015年实现高端液压泵国产化。

目前，在国内建材行业到处都可以看到科达泵的身影，市场份额达到70%以上。良好的性能还让科达的高端液压泵应用到港珠澳大桥、上海洋山港大桥等国家重大工程的桩基项目上。

质量体系支撑

“每天都是质量日”贯穿全流程

从超万吨压机到高端科达液压泵，只是科达洁能技术为王、质量至上的一个产品例证。在此背后，离不开一整套品质管理体系的支撑。事实上，科达洁能对品质的重视贯穿在从采购、设计到生产、售后的所有环节。

在科达洁能，生产供应中心是公司的原材料及零部件平台支持部门，对采购外协的原材料及零部件采取事前支持与事后监控相结合的质量管理方式。

通常，公司会定期派工艺质量人员到供应商现场培训指导，明确公司质量标准要求，反馈、督促整改常见的问题及注意事项，并进行充分沟通；而事后监控则主要是收货时严格执行质量检验，针对不合格品督促整改返工和判定退货，并针对出现重复、低级质量问题的供应商采取相应的质量督促措施。

守住源头第一关后，品质接力的重任来到生产部门身上。“精品质为先，每天都是质量日”“现场管理好，产品质量高”……在科达洁能的深加工车间，随处可见这样的质量口号。

在这里，最具特色的质量管理形式就是产品质量改善研讨班。研讨班由质保部主持，根据月度质量的异常统计，针对一些违反技术、工艺和质量管理条例的情况，组织开班研讨学习，找出质量问题的根源，最后统一由工艺质保部进行逐一回复和落实。

事实证明，自从2014年设立质量改善研讨班以来，客户的投诉大大减少，产品一次性报检合格率提高到99%以上。

科达洁能研发的万吨压机品质过硬，已成功打入海外市场

工业模式升级

让陶瓷行业摆脱“人海战术”

尽管行业的综合实力已经做到中国第一、世界第二，但与国外最顶尖的企业相比，科达洁能依然需要直面一些品质发展的新课题。

作为传统产业，目前佛山的陶瓷行业依旧是典型的劳动密集型发展模式，对人力依赖性较强。

“在意大利，一条陶瓷生产整线的用人，不会超过 50 人；而在中国一般来讲，还要 120—130 人。”在钟应洲看来，中国的建筑陶瓷行业最终必然会走向欧洲的发展路径——“技术工人 + 设备自动化 + 管理信息化”的模式。如果还是靠“人海战术”，各个环节通过多派人力去严防死守，这条路最终肯定会越走越窄。

实际上，尽可能用机器去替代人力、提升自动化水平已逐渐成为行业的共识。不过，钟应洲坦言，与其他产业相比，目前陶瓷行业的自动化往往集中在单点突破，而要实现动辄上千米的整线自动运转协调有序，则成为亟待攻克的难点。

“对于整个行业，我们已经在研究，核心就在于提升陶机设备自动化、信息化、智能化的水平。”钟应洲说，目前科达已经开发出基于“互联网 +”、物联网技术研发的管控一体化全自动深加工抛磨设备，实现了数字化操作替代过去的人工手动调整。

自2016年7月首条智能磨边线投产以来，科达洁能在海内外已售出100多条智能磨边线及20多条智能抛光整线。

■ 调研手记

多元化背后的品质管理之道

在中国机械行业，提到科达洁能，人们第一时间会想起“中国陶机之王”的美誉。但事实上，除了陶瓷机械之外，科达洁能的业务还涉及墙材机械、环保装备、洁能材料、新能源电池等多个领域。

业务多元化后，对企业的品质管理必然提出更高的挑战。但在科达洁能看来，表面上目前的业务跨度较大，其实公司一直牢牢抓住陶机老本行的主线，因为技术的深耕积累才形成了溢出效应。

从最初的靠维修国外机械，到自主研发出国内第一台磨边机、第一台陶瓷抛光机、第一台大吨位压机，科达洁能完成了陶瓷整线装备中所有的设备的技术攻关，并成功向海内外市场输出单机设备，几大拳头产品市场占有率第一，真正奠定了中国陶机的质造地位。

近10年来，科达洁能凭借先进的技术和可靠的品质，从单机输出转向整厂整线输出，从国内供应到海外输出，改写了中国装备业在世界上“大而不强”的地位，综合实力居亚洲第一、世界第二。

在外界很多人看来，陶瓷行业是传统低端的行业，但如果将生产陶瓷的装备技术往外拓展引申，其实是可以填补中国很多行业的空白。例如，将在超万吨压机上的技术延伸深化，科达洁能成功造出了品质性能俱佳的高端液压泵，打破国外垄断局面。

总而言之，实现攻关与超越，是科达洁能的发展路径，也是中国陶机的质变之道。

宏石激光：工业快消品的精品战略

以创新迭代“对抗”价格战，实现“快”与“好”的平衡

在佛山市宏石激光技术有限公司工厂，随处可见动辄几吨、十几吨的“大家伙”。这些是其主打产品——光纤激光切割设备。绝大多数金属，包括厨具、灯饰、汽车零配件、航空航天零部件等的加工，几乎都要用到这种切割设备。

在这个被称为“工业快消品”的行业，技术迭代快速、研发周期不长。宏石激光以持续的创新和强大的成本把控能力，不断维持着新产品生产“快”和“好”的平衡，并以精品战略突破价格战的制约。

将产品品质与价值切实转化为市场效益，不仅让宏石激光打入很多全球知名企业的供应链体系，更让其销售额实现了8年10倍的爆发式增长。

抓住风口

以产品升级创造新价值

无论是形状简单的水槽，还是拥有复杂镂空花纹的金属配件，抑或是造型多变、工艺精细的金属工艺品，这些产品的诞生都离不开宏石激光的主打产品——光纤激光切割机。

“相较于传统切割设备，激光切割机花的时间成本更低，加工效率却更高，加工效果也更好，因为它用激光把金属多余的部分烧掉，基本上不留残渣。”宏

宏石激光打入很多全球知名企业的供应链体系，销售额实现了 8 年 10 倍的爆发式增长

石激光总经理常勇指着展厅一根布满镂空花纹的金属管材介绍。这根管材正是用激光切割机烧掉边缘，制成花纹。

不少装备制造产业领域都经历了一系列产品革命，切割设备领域也不例外。而之所以能始终生产出高品质切割设备称霸全国市场，宏石激光依靠的是抓住每一个传统产业技术升级的风口，并不断找到新的应用场景。

宏石激光在创业时，主要聚焦二氧化碳激光切割设备，应用在服装、广告板切割行业，“但一直做得不温不火，我们开始把定位放高一点，将目光投向了光纤激光设备，研发出自己的光纤激光切割设备。”常勇说。

从广告行业设备转向光纤激光切割设备，瞄准的是钣金行业这样一个巨大的市场。作为工业母机的代表，家电、家具、五金……几乎所有需要金属配件的行业，都需用到切割设备。它在能耗、效率等方面，大大优于传统的火焰、等离子、水刀等切割方式。

这样的转变来自于宏石激光做大企业与产品价值的决心。常勇说：“2010 年前产品走数量扩张路线，之后发现行不通，便逐渐将重点转向技术和运营，提升企业价值。”

如今，智能化成为宏石激光以价值优化产品供给的最新方向。

方管、圆管、六边形管各种金属管材，以高达 100 米/分钟的运行速度穿过机器，激光刀轻轻一划，电光火石之间，便能瞬间刻出各种图形……这是宏石激光自主研发的国内领先的五轴联动激光切管生产线，是目前国内最快的激光切管生产线。

创新迭代

二次开发提升产品溢价

常勇习惯将宏石激光生产的产品称为“工业快消品”，即工业领域使用周期短、更新换代快的产品。这也是其抓住产业转型升级风口的重要原因。

行业内仍有不少企业是低价杀手，为保证产品的竞争优势，宏石激光通过快速迭代来赋予产品不可替代的价值，拉开与其他企业的距离。目前企业一年开发不少于4款全新产品，每一款产品开发从立项到成功不超过半年。

激光切割设备的迭代主要依靠激光器。这个激光切割设备的主要部件，依托的关键技术是半导体技术。常勇说：“激光器技术迭代很快，大概每18个月其价格会下降30%，功率会提高1倍。”

在这种情况下，为契合激光器的更迭规律，切割设备也需要不断更新。而每一款新产品在品质技术更上一层楼的同时，又具备了吸引客户的新实力。

“比如，迭代的产品瓦数不断飞跃，而瓦数越高代表能切割的东西越厚，速度会越快。举个例子，客户3年前买了一台机器是1000瓦的，我们新推出的设备3000瓦，价钱跟当年的1000瓦设备差不多，但加工速度提升了2倍，增加了客户的收益。”常勇说。

那么，如何保障创新速度与质量的平衡？

宏石激光的做法是，在技术创新上下苦功。常勇介绍，宏石激光尤其注重强化单元技术，以此提高产品溢价；此外，企业在引入先进技术系统基础上，进行相应市场多元需求的二次开发，“否则产品就太普通化。”

正是依靠这种强大的技术创新支撑力，宏石激光2015年到2016年销售额上涨177%。2016年到2017年上涨85%，2017年销售额达10.1亿元。

成本领先

激发规模生产效益

加强技术创新与合作，只是宏石激光实现产品生产又快又好的一个缩影。

宏石激光以持续的创新和强大的成本把控能力，实现产品生产又快又好

数据显示，2016 年宏石激光研发投入费用将近 2000 万元；2017 年研发投入超过 3000 万元。在激光制造行业，拥有核心技术的厂家非常少，而这样的技术团队需要多年的沉淀。宏石激光在软件、电气、机械方面的工程师，都是至少有 5 年行业内工作经验的核心人员。

为了防范因快速迭代产生的边际效益减少、产业链亏损情况，宏石激光更是提出了“总成本领先”的策略。

“不少走低价路线的企业，其企业运营总体成本却不一定低。我们树立了适应大规模制造的全新运营体系，提高生产效率、降低运营总成本。这种强大的成本把控能力，能实现真正的规模生产效益。”常勇说。

实现规模化生产效益，并不代表不断增加人手与项目，进行分散式的生产。相反，宏石激光开始做减法，将竞争力集中在最有优势的产品上。常勇说，配合“总成本领先”策略，企业还进一步推进精品战略，将原先的 10 个产品线压缩到 3—4 个产品线；但材料、加工等方面的监管却不放松，并树立了较高的原料准入标准。

这样一来，“我们的产品品质可以保持稳定，企业总体运营成本并不比热衷打价格战的企业高，最终企业总体效益仍可得到保证。”常勇说。

■ 调研手记

以技术迭代赋予产品新价值

为了做大市场份额、争取更多订单，不少企业选择以低价吸引客户，以薄利多销来维持企业生存。这或多或少挤压了不少优质企业的生存空间，造成行业市场的混乱、低质。这样的问题在笔者调研过程中多次被提及，而企业应对之道各不相同。宏石激光提出了一种新的思路，那就是以产品的快速迭代来赋予自身新的竞争力。

以低价来赚取市场，具有很大诱惑力。如果企业追随这一策略，便容易陷入压低利润的恶性循环，最终迟早会被边缘化。意识到这一问题的宏石激光多年来始终坚持创新，不固守旧产品市场，而是不断开拓新的应用市场空间。这样一是能够创造新产品压制低价产品、主导市场的时间差，二是能够锻炼企业的持续创新能力，为更具颠覆性的创新做积累。

另一方面，宏石激光并不是重点做大而全的市场，而是专注做激光切割设备这一细分市场，这也让其更容易聚焦、专心在某一产业上的创新，以优质而非低价来攻占这一市场。

联塑集团：品控“车轮战”炼就“管道大王”

持续 13 年开展 QC 小组课题，引导全员参与质量提升

在海南省的辽阔海域上，一批周长达 80 米的海洋养殖网箱正牢牢“驻扎”在海水中，它不仅有超强的抗腐蚀能力，而且在遇到台风时还能通过先进的张力缓冲锚固系统借力卸力，从而抵抗 12 级台风的冲击，大大提高近海养殖业的安全保障。

在内蒙古的扎兰屯市，棚户区改造项目正在进行，一批口径达 2 米的大型排水管被埋入地下，这种 PE 螺旋波纹管既有塑料管的柔韧性又不失金属管的刚性，使用寿命高达 50 年，已成为许多城市排水防洪的新利器。

这些都是来自中国联塑集团的管道管材产品。一方面是产品要经过下地入海、耐高温、抗严寒、防腐耐磨等重重考验，另一方面在全国的生产基地超过 22 个，涉足塑料管道、建材家居和环保等多个领域，面对越来越庞大的业务版图，联塑加大自动化投入，并依靠严密的质量管理制度和坚持不懈的质量管理小组活动，调动全员参与品控的积极性，实现“品质联塑世界”。

一年 122 个 QC 小组课题

调动全员质量管理积极性

122 个 QC（质量管理）小组活动课题、132 个质量或流程改进项目……这是

联塑集团在塑料管道领域的国内市场占有率第一

联塑 2017 年的质量管理活动的部分成绩单。

联塑作为国内大型建材家居产业集团，从东北小城的五金商店，再到珠三角林立的新楼盘，只要有装修的地方，十有八九能找到联塑管材的踪影。联塑集团总工程师宋科明说，联塑在塑料管道领域的国内市场占有率第一，能提供口径从 16 至 2400 毫米不等的全系列产品。

强大的市场主导力背后，是高品质赋予的生命力。联塑先后获得广东省政府质量奖并当选佛山质量制造标杆企业，并从 2007 年起连续多年被评为“全国轻工业质量管理小组活动优秀企业”，依靠的是在数十年实践中建立起臻于完善的质量管控体系。

其中，QC 小组制度是一大“杀手锏”。2005 年开始，联塑成立由生产、品质、技术、检测等多个部门员工组成的 QC 小组，通过持续不断的小组活动，从产品外观、尺寸、合格率等方面不断循环改进产品质量。

为此，联塑每年持续组织生产质量管理分析会，把视质量如生命的理念灌输给每一位员工，并颁布实施了管理办法，将 QC 小组活动的组织、实施与各级管理人员的工作绩效挂钩。

QC 小组的模式在电力通信、家电等行业应用广泛，但在塑料管道行业内 13 年来始终坚持不懈的只有联塑一家。“产品品质不是领导一两句话就做到，它是一种全员的态度，我们希望通过 QC 小组活动把全员参与品管、参与质量改进、参与创新的理念贯彻到底。”长期负责质量管理的联塑集团研究院副院长张慰峰说，目前联塑有近 70 个 QC 小组，每个 QC 小组 5—10 人，他们不断变化组合，轮番上阵，以“车轮战”的形式对不同类别的产品进行持续的品质改进。

千锤百炼试出高品质

以标准引领行业规范

力学性能室、物理性能室、材料性能室、热分析室……走进联塑研究院，从入口处张贴的位置示意图就知道管道在出厂前要经历的一道道严苛检测。

其中系统性能室主要用于管材管件组装后的耐冷热循环系统试验，检查管材和管件的渗漏情况，严格控制质量。

在工程静液压实验室，一排排的大水箱依次排开，可对各种塑料管道进行冷热水静液压试验、爆破试验、密封试验等性能评价，不同产品要历经少则 1 个小时、多则 8760 小时等不同时长的耐压试验。

事实上，这样严格的检测程序贯穿在生产全过程。从原料入厂、产品设计、打样、生产到产品出厂进行全面立体检测，联塑依靠“自检、互检、抽检”三检制度对生产进行控制。

张慰峰说，为了在制度上保证品质，联塑成立由总工程师负责的品质工艺管理中心，从实验室测试指标要求、现场管控、工艺配方等方面搭建起产品质量管控体系。

这意味着联塑的产品还要走出实验室，在现实的复杂环境中进行千锤百炼。此前，为了开发海洋养殖网箱及水上休闲平台，张慰峰和其团队成员蹲守海南桥头的实验工程，整整一个月顶着烈日每天 10 个小时待在海上进行结构检查，记录塑料裂口及蠕变情况，一个月下来被太阳晒得皮开肉裂。这次实验推动了塑料抗震耐磨结构定型，为产品在海上运用打下坚实的基础。

这种对品质的严格控制体系让联塑赢得标准制定的话语权，从而引领行业标准。联塑支持或参与制定和修订的国家标准、地方标准、行业标准已达数十项，有力推动了塑料管道产品的标准化、规范化。

联塑集团大力推动生产自动化，减少人工操作的不稳定性，提高产品质量

自动化工厂建到非洲

技术领先带动跨界融合

如今的联塑已经从单一的管道管材生产企业，发展成为产品齐全、服务完善的大型建材家居产业集团，业务涵盖塑料管道、建材家居、环保、渠道与服务四大板块。2017 年，联塑集团实现营收 203.6 亿元，创下历史新高。

随着业务板块迅速开疆扩土，对产品品质的要求也进入新的阶段。尤其是对跨界进入的新领域，产品如何保持和管道一样的良好口碑？

“必须通过技术创新不断提升产品品质。”联塑集团研究院副院长李统一介绍，联塑目前拥有科研人员 1000 余名，建有国家认定企业技术中心、博士后科研工作站、CNAS 国家认可实验室等科研平台，研发专利 1800 余项，将是推动联塑继续实现品质领先的动力所在。

2017 年，联塑的科研开发和技术创新投入超过 6.4 亿元。基于这样的实力，联塑能够经过投入超 1 亿元，历时 5 年的研发后，在国内率先实现全系列 PVC 管材、管件以及型材产品的无铅化，并凭借该项目获得广东省科学技术奖二等奖。

联塑还每年不断加大投入，利用自动化进行精细化管理，进一步稳定工艺源头，保证产品质量。

一批联塑的智能工厂在全国乃至全世界各地建了起来。由于塑料管道制成品不适合长距离运输，联塑在销售扩张的同时，在全国 17 个省份，以及美国、印度、印尼和乌干达等国家建立了自动化生产基地。

■ 调研手记

从单一到多元 从领跑到长跑

不管是从营收还是业务领域来看，过去 5 年都是联塑的快速发展时期。从 2012 年到 2017 年，短短几年，联塑的营业收入翻了一番，已经超过 200 亿元，还完成从单一的管道生产企业到环球建材家居产业集团的华丽转身。

过去联塑是塑料管道行业的领跑者，但未来一段时期，多元化发展的联塑必须在新跑道努力追赶标兵。事实上，这也是品质革命应有的题中之义，除了不断提高效益和技术水平，品质革命还要求企业在市场竞争中不断开启新的市场领域，满足新的消费需求。

国际市场正是检验品质革命成果的最好“试金石”，如今联塑正以“环球建材家居产业集团”的姿态走向全球。

联邦家私：141 项技术标准炼就“耐用”之道

34 年专注“做到最好”，打造中国家具原创设计著名品牌

广州程小姐历经数次搬家，仍舍不得替换掉父母在 20 世纪 90 年代初期购买的“联邦椅”；千里之外的重庆冯先生家中，“联邦椅”陪伴他们度过了近 20 个春秋……

这款被人们称为“联邦椅”的实木沙发，在 20 世纪 90 年代初创造了单品销售过亿张的神话，历经二十几载春秋，至今仍是不少家庭的“重要一员”。

如何让一把椅子风靡 20 多年？“我们的产品不是追求时髦，而是追求耐看、耐用。”联邦家私集团董事长杜泽桦说。

34 年来，联邦家私只关心一件事：如何做到最好。

为此，联邦家私共参与了 60 多项国际、国家、行业与地方标准的制定或修订工作，并推动在企业内部贯彻执行，已形成 141 项技术标准、133 项管理标准和 101 项工作标准。这 60 多项标准，在行业中处于领先地位。凭借敏锐的市场触觉与对原创设计、对产品品质的坚持，联邦家私不仅实现产品的“耐看”“耐用”，更打造出中国家具原创设计第一品牌。

坚持原创设计

攻克材料使用制造等难题

联邦家私的产品不追求时髦，但一定坚持原创。杜泽桦说：“原创和品牌是

“联邦椅”被誉为中国现代家具发展的里程碑

企业的安身立命之本。”联邦家私创立不久，杜泽桦和几位创始股东就已经意识到原创设计和自主品牌的重要性。

联邦家私所理解的原创设计，是根据自身的市场定位，持续锻造出的一种为消费群体生活方式进行价值创造的体系化能力。“家具是一种与消费者、使用者的求和，必须设身处地为他们去思考，为他们去研发，紧紧围绕用户，去了解他们的生活方式和他们的追求。”杜泽桦说。

联邦家私的设计均是围绕这个来展开的。从创业初期的藤制家具，到 1986 年推出 8601、8602 系列原木沙发，其设计理念均围绕“好看”“实用”而展开，产品一经推出便畅销市场。

1992 年，联邦家私推出 9218 实木沙发，即为大众所熟知的“联邦椅”。“联邦椅”的设计灵感源自明式家具，并首次引入人体工程学，开启了现代中国家具设计的先河，一时间掀起了全国抢购和仿效狂潮。

“联邦椅”的诞生依靠的不仅是原创设计，要让其成为红遍大江南北的大众消费品，还需在产品定型前攻克材料的使用和制造等难题。

比如，在成品测试方面，联邦家私重点关注产品的使用稳定性，包括强度、安全和耐久性等测试项目。如椅子座面要承受 25kg、180mm 高度的 10 次冲击破坏测试；沙发要进行“靠—座—扶手”耐久性测试 2 万次。

领跑行业

十余年的品质提升之路

要支撑联邦“大设计”工作的开展，持续的研发创新及投入必不可少。

2006年，联邦家私斥巨资成立行业企业首家CNAS国家认可检测中心。该检测中心可开展针对家具原材料、在制品及成品的物理、化学和耐久性等200多个测试项目，品质管理由此实现全链条的有效管控和预防。

联邦家私质量管理部总经理郝得锋2007年进入企业，几乎参与和见证了联邦检测中心对质量管控提升的全过程。“十多年前，我们就已开始通过借助‘外脑’、聘请行业顾问的方式，帮助企业更有效地规划组建企业内部质量管理架构。”郝得锋说。

校企合作是联邦家私促进质量提升的另一重要抓手。通过与北京林业大学联合研发，“LB—WDS木材稳定性处理系统”一改传统的风干养生工艺，在特定的封闭环境下，可对木材纤维群的物理特性、亲水因子进行科学调整，同时可在较短周期内实现改变气孔的大小，并进行重新排列。

迄今为止，联邦家私共参与了60多项国际、国家、行业与地方标准的制定或修订工作，并推动在企业内部贯彻执行，已形成141项技术标准、133项管理标准和101项工作标准，并连续7年获“全国家具标准化工作先进集体”称号。

联邦家私集团监事长周山林说，联邦家私至今参与制修订标准数量总量第一，在行业中处于领先地位。

此外，环保和循环经济理念贯穿于联邦家私的生产经营全过程，通过静电涂装技术、木材稳定性处理技术、太阳能干燥技术等一批新工艺、新技术的研发和投入生产，并在沙发生产线引入欧洲REACH环保73项标准、DMF标准和美国CARB P2级夹板标准等国际上严苛的三大环保标准，保障产品达到绿色环保家具的品质。

“变”与“不变”

为整体家居定制提供解决方案

杜泽桦将联邦家私30多年生存与发展的精髓归结为四个字：“坚守”与“嬗变”。“‘守’是坚守在每个年代，读懂消费群体之‘心’，并以原创设计、以品

顾客通过联邦 VRHome 眼镜，直接“走进”想要的家

牌变革之心去呼应、连接这颗‘心’；‘变’则是围绕当代主流消费群体真实需求这一核心去变，‘变’恰恰是为了回归初心，追逐联邦家私一直以来所坚守的价值。”

在全屋配套定制、数字化营销风潮席卷而来的风口下，联邦谋定而“变”，推出“全品类家私品质生活定制”服务，在全屋定制风潮下走出了高品质、差异化的道路。

通过综合运用全品类产品和充分运用信息、智能科技手段服务模式，联邦家私闯出一片新天地，为整体家居品质生活定制的发展提供“联邦解决方案”。

2015 年起，联邦家私结合云技术与虚拟现实技术打造了 3D 云设计系统，让消费者通过虚拟成像，直接“走进”自己想要的家。“联邦以整个‘家’的品位生活空间解决方案为目标，并将这一目标彻底贯彻到品牌、产品、制造、营销、服务和商业模式的整个体系，希望为主流消费群体提供一站式家居生活服务，打造‘定制品质生活’的新境界。”杜泽桦说。

如今，34 岁的联邦家私仍在不断优化技术，推出新产品，引领行业前行。杜泽桦说，目前与企业合作的设计师中，越来越多的“80 后”“90 后”开始走到台前，成为联邦原创设计发展的新力量。

■ 调研手记

“耐用”兼“耐看”方能经久不衰

当下快节奏的生活方式，让不少行业陷入“越潮流越好”的怪圈，在一定程度上缺乏对时代发展的预判以及对企业自主产品DNA的延续和认可。

然而，联邦家私不会陷入这样的“旋涡”。联邦家私在坚守与嬗变中，找准了自身可持续发展的定位。敏锐地捕捉到消费者对产品“耐看”“耐用”这些不变的需求，联邦家私结合审美艺术学、人体工学，从材料学、工艺工程技术和智能“质造”等环节着手，以自身独具特色的匠心品质，走在行业发展的潮头。

在联邦家私34年的发展历程中，我们看到了这个团队多年坚守的专注：34年前，6位土生土长的佛山南海人创立联邦家私，自主设计第一套原木家具，引起业界轰动；34年过去了，这6人至今仍留在企业，负责一线管理要务，以持续不断的创新，助推企业实现新发展。

正是源自骨子里的坚守以及对时代变化敏锐把握的嬗变，联邦家私的产品兼具“耐用”“耐看”的品质，经过时间的沉淀，依旧历久弥新、经久不衰。

诚德新材料：每一道流程都植入“匠心”

从高明到北海全面布局，延伸产业链、全流程把控质量

在位于佛山高明更合镇的佛山诚德新材料公司生产车间内，一条300米长的六连轧产线和一条500米长的退火酸洗线正在源源不断地“吞吐”钢带。

每天，一个个20余吨重的不锈钢半成品从400多公里外的广西北海诚德运送至高明，经过六连轧和退火酸洗线完成不锈钢材料生产的最后一道工序“冷轧”，接着进入市场，经由下游厂家进一步深加工后，成为建筑装饰、餐饮厨具、汽车配件、家电零件等人们日常接触的不锈钢产品。

“诚德的不锈钢主要应用在汽车行业、家电行业、厨房用具、装饰材料等领域，目前我们正在开发对机械性能、内在品质要求更高的产品，尝试进入医疗、远洋、高铁航空等领域。”诚德副总经理章诗军说。

顺着产业链向上游延伸，诚德建成全流程覆盖的生产链条，在每一道流程都植入坚守品质的匠心，炼成了品质把控的“金钟罩”。凭借优质生产体系下每年300万吨的产能，诚德跻身全国不锈钢“三巨头”之一，成为市场的引领者。

做好品控功课

设立专门人员检测产品质量

不锈钢钢带从原材料到走向市场，需要经过冶炼、热轧、固溶和冷轧四大步

诚德跻身全国不锈钢“三巨头”之一，成为市场的引领者

骤，从北海运送至高明的“白皮卷”已经在北海诚德工厂内完成了前三个步骤，位于高明更合的工厂仅承担最后的冷轧环节。这条跨越400多公里的“生产线”于2018年6月正式建成投产。

早在1999年，诚德便在高明更合落户，早期主要做不锈钢的加工、装饰以及制管。“当时的诚德是从不锈钢制管、冷轧、固溶、热轧、冶炼，一路往上游走，成为佛山地区民营不锈钢龙头企业，但总体规模不算大。”诚德常务副总经理邓伟健说。

2009年，诚德从高明溯西江而上，在广西北海铁山港建成年产340万吨不锈钢的超大规模基地(以下简称“北海诚德”)，形成了从红土镍矿冶炼到不锈钢冷轧的生产全链条。

2016年，诚德带着世界一流的工艺技术和装备“重返”高明，在更合原厂区投资30亿元，拆旧建新，转型升级，建设年产150万吨不锈钢冷轧的项目。“高明的其中一大优势就是身处以佛山为中心的华南地区不锈钢大市场。”诚德副总经理陈启忠说。

在建成全流程覆盖的生产链条后，诚德也炼成了品质把控的“金钟罩”。在市场竞争激烈的情况下，诚德从原材料到成品的每一个生产环节都不用受制于人。“吃百家饭的话，你工艺再好，也无法保障来料质量。”陈启忠说。

全流程一体化生产的另一显著特点是对质量问题的快速追溯和反应。在2016年，诚德曾发现生产的某批次“白皮卷”边部出现脱皮状缺陷，经过层层排查工艺，最终通过改进钢坯加热工艺，彻底解决了问题。

除了生产流程的品控，检测环节也对品质起着不可忽视的作用。不锈钢的品检主要包括表面质量和机械性能的检测，其中表面质量检查仍需依赖人工。“目前每条产线都有专门的品管人员，我们实行的不是抽检，而是百分之百的检测。”章诗军说。

引进顶尖设备

为开拓高端市场护航

对于不锈钢生产而言，核心设备对质量起着决定性作用，“不管是当年到北海建厂还是如今返回高明，我们都保证核心设备采用国际一流水平的产品。”陈启忠说。

诚德厂房内现有一条十八辊六连轧机组和一条退火酸洗线，其中连轧机组是目前世界上首条1450mm不锈钢六机架冷连轧机组；退火酸洗线产线设计年产能60万吨，是目前同行业最高的产速，能生产世界一流的冷轧产品。

行业顶尖设备也保证了诚德生产顶尖产品的实力。陈启忠将不锈钢冷轧形容成擀面，越薄越难生产，“擀面每擀一次薄一点，擀得好就很均匀，不会擀就一高一低起波浪，我们的六连轧就是压六次，每压一次都会影响厚度和表面的平整度。”诚德目前能生产0. 3mm至3. 0mm厚度范围的不锈钢产品。

凭借设备的投入和工艺的改良，诚德在其主打的不锈钢产品的成本和质量上都有一定的优势。“在生产成本、表面质量和机械性能等方面都比同行有优势。”章诗军说。

为提高产品附加值，从2017年初起，诚德开始重点开发高端品种。以保温杯内胆为例，原料不锈钢要求有极佳的深冲性能，生产过程中需要多次拉伸，如果原料延展性方面达不到，在加工过程中容易发生裂纹、拉穿的现象，因此保温杯内胆多使用具有高延展性的钢种。

诚德建成全流程覆盖的生产链条，炼成了品质把控的“金钟罩”

“市面上已经有这些钢种，之前我们由于技术的限制，一直不能生产。”章诗军说，通过对设备和工艺的改进，目前已经有不少高端钢种在生产，未来，诚德的方向是开发更多可以应用于酿酒、医疗、远洋等领域的高附加值钢种。

定制高校课程

为企业留人培育优质人才

产学研合作是不少企业推动技术进步、产品升级和人才培养的渠道，诚德也不例外。2017 年 6 月，北海诚德和有中国“钢铁摇篮”之称的北京科技大学联合举办高级工程师研修班；7 月，与中南大学合作设立院士工作站。

2018 年，诚德向北科大定制了专门针对诚德的课程，邀请北科大教授定期来企业授课，时间持续到次年初。章诗军说，原定计划是挑选 30 至 50 名固定员工进行培训，“但由于机会难得，很多员工涌进教室旁听。”

在每一年的年末，诚德都会对上一年的优秀创新项目、科技标兵、优秀科技管理工作者、优秀科技论文等进行表彰和奖励，以此激励员工进行研发和技术改进。同时，诚德会列出下一年的技术创新重点，并以季度总结的方式反馈科技创新项目进度。

此外，由诚德技术中心的总工们牵头，工厂的技术人员参与组成了多个课题开发组，对生产过程中的问题进行有针对性的开发。

章诗军说，设备的改进、自动化程度的提高并没有降低对一线员工的要求，反而对员工素质有了更高要求。为保证高品质，不锈钢生产有明确的工艺参数，员工必须严格按照工艺参数进行作业，“前提是员工也必须理解这些标准，并且要有高度的责任心和素质。”

新一代产业工人流动性明显增大，尤其是在不锈钢这样的传统产业，诚德新材料也面临“难招人，难留人”的困境。“‘90后’的不稳定性更高，不愿意待在传统工厂里。”章诗军说，提供更多学习机会以及奖励创新等举措既是在推进技术创新，也是在为企业留人，培育传承品质的优秀主体。

■ 调研手记

“不吃百家饭”全流程把控质量

质量把控涉及生产全流程，如同建大厦，任何一个楼层的不稳固都可能导致大厦坍塌。不锈钢生产需要经过冶炼、热轧、固溶和冷轧四个环节，每个环节都对最终成品有无法忽视的影响，对此，诚德的经验是每个环节都不假手他人。正如陈启忠所言：“吃百家饭的话，你工艺再好，也无法保障来料质量。”

这也是不少制造业企业发展到一定规模后的共同做法，即向上下游产业链延伸，一方面保证原料来源，做到“手中有粮，心中不慌”，另一方面可以有针对性地提升产品质量，同时最大限度地消化成本。

全流程生产的优势还体现在对技术研发的推进，高端钢种的开发，往往涉及多个环节的设备和工艺改进，与仅承担单个环节的企业相比，诚德能够对全流程的生产设备和工艺进行研发，从研发到投产的时间也可以进一步缩短。面对不锈钢市场供大于求的现状，质量提升、新品研发显得更为重要，而具备全流程生产优势的企业显然更有筹码在“大浪淘沙”中留下来。

盛路通信：华为一级供应商的对标之道

投资1亿元打造“超级暗室”，每年投入销售额5%进行检测与研发创新

高达23米的封闭空间内，墙面上凸起了无数如“铅笔尖”的吸波材料。这是广东盛路通信科技股份有限公司用于测试天线性能的其中一间“暗室”。

在类似这样的“暗室”上，盛路通信累积投资超过1个亿。围绕检测与研发创新，每年盛路通信都会投入销售额的5%。这正是这家中国天线行业首家上市企业开拓全球市场的品质密码。

盛路通信注重研发创新带动品质飞跃，并以华为作为品质的对标学习对象。在盛路通信，几乎大多数产品标准常常直接由华为发布的标准文件转印而成，而其质量管理体系、生产控制系统，也大多“师从”华为。现在，盛路通信不仅是华为的一级供应商，同时还挺进了中国移动、中国电信等一批世界500强的供应链体系。

工艺向前一小步

实现品质与规模化兼得

在盛路通信的展厅内，一款名为“八木天线”的产品被摆放在了显眼位置。作为盛路通信推出的首款主打产品，八木天线是公司起步的见证之一。

八木天线是行业内最简易的一款天线，但以往国内只能依靠人工生产，效率

盛路通信注重研发创新带动品质飞跃

低且成本高。“如果仅依靠手工制作，不但不能实现量产，也难以实现对产品品质的全面把控。”盛路通信技术中心总经理陈志兴说。

过去，八木天线的生产采用焊接工艺，焊接过程中，机器无法保证产品中心电缆笔直穿过，因此迟迟未实现自动化生产。为取得突破，盛路通信的高管团队开展了一场场“头脑风暴”，决定改变生产工艺，以压接代替焊接。

“原来的方法是‘穿针引线’，现在是‘压铆形’。”陈志兴说，新的工艺把电缆从两头按压成型，既保证安装位置准确，还提升了效率。“自此，我们把一个纯手工制作的环节，变成了半自动化生产。”他说。

盛路通信在国内率先实现了八木天线的自动化生产，此后产量猛增。公司日均生产量一度达到数万根，至今，盛路通信仍以此为豪——这一款因源于日本而得名“八木”的天线，最终因盛路通信的新工艺而不断壮大市场。

2006 年，盛路通信开始为日本供应基站天线，这也是当时唯一打入日本市场的国产天线品牌。要知道，日本市场一度被称为质量标准最严苛的市场之一。

20 多年来，盛路通信将这种以工艺创新保品质的方法，应用到了无数产品中。

2018 年 3 月，盛路通信接到某国际客户的订单，对方需求是一款载波束天线。陈志兴说，这种天线不同于常规产品，对频带带宽、波段宽度等指标提出了特殊要求，根据以往经验操作，产品品质不尽如人意。

为此，盛路通信技术团队从一种切割剖面天线的工艺中找到灵感，并用一周时间实现样品制作。截至 2018 年 8 月，该产品已经进入认证阶段，即将投入量产。

R&D 比例达 5%

为测产品性能投资 1 亿元

作为一家集天线、射频产品研发、制造、销售于一体的高新技术企业，盛路通信目前的产品已涵盖移动通信、车载移动互联等领域，而为保证多品类产品质量，公司在检测设备投入方面出了“大手笔”。

2016 年初，盛路通信投入巨资引进瑞典蓝博 RTS65 微波混响暗室，这也成为全球第 5 套该类设备的实景应用。“所有暗室的投入近 1 亿元，奠定了盛路通信在终端传输行业内的领先测试地位。”陈志兴说。

走进这间暗室，它的墙面上凸起不计其数的“铅笔头”，业内称为吸波材料。这些材料能吸收多余电磁，模拟出电磁真空环境，将室内外的信号完全隔断，从而测试天线信号强弱、方向等真实指标。

盛路通信的所有产品都将通过这些测试。由于同类检测国内罕有，这也赋予了公司更多话语权。

目前，盛路通信的实验室已获得 CNAS 认证，这吸引了许多其他机构选择盛路通信做第三方检测。“原则上，我们的检测报告放在世界任何地方都会被认可。”陈志兴说。

测试标准这么高，对于企业来说又如何达到这一标准？盛路通信对技术研发的重视，或许可以给出答案。“每年盛路通信的研发经费都占到了营业额的 5%，且一直是逐年增加的。”盛路通信董事长杨华曾说。

2018 年，盛路通信投入 300 万元研发经费与西安电子科技大学合作，并将投资 3000 万元在北京设立公司，“牵手”北京邮电大学，开发 5G 光前传设备。

对标华为品质

与榜样共同成长

在业内，盛路通信被称为“小华为”，不仅因为这两家企业业务类型有相似之处，更在于二者的深度合作。

早在 2002 年，盛路通信的八木天线成为华为公司免检产品，4 年后，华为授予盛路通信“2006 年最佳技术支持奖”，2010 年，盛路通信全面进入华为一级供应商行列……

盛路通信不仅是华为的一级供应商，还挺进了中国移动等一批世界 500 强的供应链体系

至 2018 年，盛路通信与华为的合作已达十余年之久。来自华为的订单占盛路通信下游市场的近三分之一，但前者角色不仅仅是“大客户”，更在合作过程中将其生产管理理念导入盛路通信，双方共同成长。

“现在还有一个华为的工程师常驻在这里，帮我们建厂线、做审查，看每个质量监控点是不是合理的。”陈志兴说，盛路通信从方方面面都会学习、对标华为。

例如在软件方面，盛路通信学习华为的控制系统。在生产微波天线时，盛路通信从产品投料到制成环节，创新性地设九大关键质量控制点，这些控制点标识醒目，将全程受 IT 监控。“这九大控制点是我们提出的，与华为达成一致后，他们把这个标准推广到所有供应商之中。”陈志兴说。

产品方面，盛路通信则将华为标准完全转化为自己的标准，严格落实到选材、包装、交货等程序。

“华为的专家编制标准后，会将其发给核心供应商。”陈志兴说，这些本来属于外来文件，但盛路通信将其转印，“消化”为内部文件，在全公司执行。也正因为如此，华为才对盛路通信产品亮起了免检的“绿灯”。

■ 调研手记

重视“品质榜样”的力量

盛路通信董事长杨华曾说：“华为有想法，我们马上跟进。”

杨华1998年在三水成立公司后，很快就将目光瞄向了当时已成国内乃至国际通信领域佼佼者的深圳华为，并于2002年就凭借自身擅长的八木天线，成为华为的免检产品。目前，盛路通信研发的5G主站天线已经与华为深入合作。两者每年的总合作额超3亿元。

20年的发展中，这家企业学习并对标“榜样”，从IT软件、产品标准、品控方法等方面不断向华为靠拢。在杨华看来，华为成就了盛路通信的今天，盛路也支持了华为的发展。

其实，与其说盛路通信师从华为，不如说这是前者对品质的“崇拜”。

如果没有对品质的崇拜，一家企业何以投入巨资进行技术研发，再花数倍于此的价钱购入检测设备，保证产品性能？企业一次次改进工艺追求完美的动力，又从何而来？

品质是制造业企业的生命线，而甘愿做品质“信徒”的企业，必将走向更广阔天地。

凤铝铝业：让港珠澳大桥用上“佛山造”铝材

工作 + 产品 + 服务“三个质量”协同发展，全流程构筑质量防线

2018 年 10 月 23 日，全长 55 公里、连接香港、珠海、澳门的超大型跨海通道——港珠澳大桥全线开通。而凤铝铝材的产品也应用到了这座跨海大桥上。

不久前，车身印有“凤铝铝材”字样的高铁专列从广州南站首发，贯穿沪汉蓉、武广深、南广贵广线。

这背后，广东凤铝铝业有限公司的产品已深入到轨道交通、航空航天、海洋工程、电子电器、机械装备、建筑、装饰等领域。

在多个领域中披荆斩棘，凤铝的最有力武器便是完备的质量管理体系。依靠凤铝研究院行业领先的技术创新能力和质量管理体系，以业内首创的“三个质量”为质量工作的指导思想，凤铝实现了工作质量、产品质量、服务质量协同发展，发挥出“1 + 1 + 1 > 3”效应。

质量驱动

用质量“金钥匙”打开重点项目大门

走进凤铝铝业三水厂区，只见“质量是企业的命根子”九个红色大字印在厂房墙体上。这家以质量为立命之本的企业，多次用质量“金钥匙”打开国家大型工程项目大门。

凤铝铝业注重品质的理念深入企业文化骨髓

当铝型材行业仍埋头生产建筑型材之时，凤铝铝业早已经成为国内首批获得“中国航天专用铝材”称号的铝型材企业之一。获得该称号需要经过层层严苛筛选，因为航天项目对铝型材要求极为严格。

凭借严格的质量管控标准，凤铝铝业在行业内率先进入航空航天、轨道交通领域。例如在轨道交通领域，从底板到枕梁、从行李架到转向梁，轨道交通车辆的每一个零部件都需要达到最严苛的质量标准，具备最优异的力学性能、耐腐蚀性能、抗疲劳性能等综合性能。凤铝铝材经过漫长的测试和反复的验证才能应用在该领域。

凤铝铝材已经在港珠澳大桥、上海（F1）国际赛车场、广州亚运会、深圳大运会、上海世博会、香港电车、徐家汇全铝高架桥等大型建筑项目和交通项目中被广泛应用。

过硬的产品质量使凤铝产品获得了客户、行业协会、政府的认可，企业连续十年获得了中国有色金属工业协会“有色金属产品实物质量金杯奖”；2013 年，凤铝铝业获得了“佛山市政府质量奖”。

提升品质

全流程质量管理让风险变得可控

国家认可实验室、国际汽车行业质量管理体系、国际铁路行业质量管理体系、武器装备质量管理体系、挪威船级社（DNV）等认证被凤铝铝业一一囊括其中。凤铝铝业组织并主起草国家及行业标准达6项，参与起草国家及行业标准更是多达43项。

具有公信力的权威认证，以及牵头和参与起草国家及行业标准的资格，相当于为企业贴上了“品质可靠”标签。对于凤铝铝业而言，品质的提升不是通过某个人、某个产品、某个制度、某个标准就能达到，而是体现在整体的管理水平上。

关于品质，凤铝铝业具有独门秘籍——以“三个质量”为核心的总体质量思想方针，这是凤铝铝业在行业里率先提出的理念。“三个质量”强调的是工作质量、产品质量和服务质量协同发展和相互促进，让质量理念从原辅材料贯穿到客户终端、从后勤保障部门贯穿到生产线一线、从普通员工贯穿到企业高层，形成全方位、无死角、零容忍的质量防御战线。

这一具有革新意义的质管理念在2013年提出，恰逢企业产品结构转型的转折点。当时建筑铝型材市场趋于饱和，市场拐点初显，企业要有可持续发展空间，必须要向工业型材、特种型材转型。

但工业型材使用环境复杂多样，应用场景各有不同，行业准入门槛要比建筑型材高得多。这要求凤铝铝业必须实现研发、生产、服务等全流程管理水平提升，使流程中存在有可能影响品质的变量，都纳入相应的严格的管理流程，让品质风险变得可控。

如生产工序和产品质量控制过程中，有“自检”“巡检”和“专检”相结合的“三级检验”流程，从而确保“不合格原材料不投入、不合格品不生产、不合格品不出厂”。在最难把关的服务环节，凤铝铝业通过客户满意度调查、客户定期不定期回访、客户质量问题响应机制和处理程序等诸多措施，赢得客户和市场的认可和依赖。

“三个质量”质量工作总思想带动了企业持续稳定的发展。在建筑型材市场日趋饱和的市场大环境下，凤铝铝业依然保持了10%以上的增长，工业型材更是获得成倍增长。

行业领先

依托研发平台打造质量强基底

在凤铝铝业办公楼左侧，一栋建筑面积9000平方米的大楼正建设得如火如

凤铝铝业的产品运用到港珠澳大桥等项目中

茶，这是凤铝铝业未来的科技大楼。作为企业创新“心脏”的凤铝研究院也将搬到这里。凤铝铝业的全流程品质管理体系中，创新是品质的强基底所在。2014年，凤铝铝业整合了国家级企业技术中心、省级工程中心等机构，正式成立了凤铝研究院。

建筑铝型材提高使用寿命的关键是提高其耐腐蚀性能，凤铝从创新环节上致力提高其耐腐蚀性能，对新产品的耐腐蚀性能标准尤为严格。在人工加速老化室内，每一项新产品的样品均需要经受模拟自然环境的加速“折磨”，通过1000个小时到4000个小时不等的实验，测试铝材耐腐蚀能力。

凤铝铝业战略策划部项目主管胡权说，铝型材一般要使用数十年，但不可能用数十年验证一款新产品，实验室就是加大强度模拟严苛环境，在尽可能短的时间内来验证产品是否可行。在凤铝铝业，只有确保耐腐蚀性能达到严格标准的新产品才能投入量产，确保他们的铝型材应用到不同场景中，能够保持持久的寿命和稳定性。

■ 调研手记

环环相扣的“质胜论”

凤铝铝业提出的“三个质量”管理理念，涵盖了管理的全部流程，每个环节紧紧相扣，相互依存。管理全流程全覆盖的质量管理理念，如若做不好，只能是大而空的口号；如若做好了，便是一个点线面俱全的立体质管体系。

从产品研发到原材料仓储，从产品生产到出厂检测，从产品物流到售后服务，每个大环节里面都有许多关键点，只要一个关键点出问题，都有可能影响到产品最终呈现出来的质量和最终用户体验。

在凤铝铝业的质量管理体系中，每个关键点都有标准的操作规范，每个环节都有严格的管理流程。

只有这样环环相扣的质量管理和评价体系，才能尽可能地让品质风险降到最低。工作、产品、服务品质优质而稳定，必然能获得市场青睐，这是企业在面临激烈市场竞争中应有的“质胜之道”。

天安新材：三次转型的跨界与突围

技术创新推动转型升级，成为国内汽车内饰领域破局者

在广东天安新材料股份有限公司位于佛山南庄的车间内，一卷卷饰面材料整齐地码着，完成加工后，它们或进入索菲亚、维尚、欧派等品牌的家具车间，或成为日产、吉利、比亚迪等汽车的内饰材料。

不远处，天安新材的展示中心内，一个模拟船舱内部样板间所展示的新型薄膜让人眼界大开。“这个地板的材质不是钢板，实际上是由 PP（聚丙烯）膜仿制而成。”工作人员说。

成立 18 年，从传统塑料薄膜起步，凭借对技术创新不遗余力的投入，天安新材成功打破技术垄断，成长为能够生产 PP 膜、TPO 汽车内饰等高端环保材料的科技型企业。技术创新打造了领先同行的品质优势，天安新材借此屡次敲开新市场大门。如今，天安新材已是多款欧、美、日等车系汽车内饰材料的供应商。

三度转型

以技术创新抢占产业链制高点

天安新材董事长吴启超于 2000 年创立天安新材，最初主要生产传统的塑料薄膜和皮革。

2003 年，在面对国外产品的冲击下，天安新材进行第一次转型升级，但是困

越来越多汽车品牌把天安新材的产品纳入采购体系

难也显而易见。“配方没有，技术也达不到，产品耐候性、光泽度、印刷逼真度等都达不到要求。”天安新材副总经理、公司工程技术中心主任宋岱瀛说。

为此，企业从日本、中国台湾引进了一批科研人员，在反复试验调试、突破重重难关后，天安新材最终成功进入高端装饰材料市场。

2010 年，正当天安新材在家装饰面材料市场做得风生水起之时，行业内扩充产能的行为引起了吴启超的忧虑：“扩大产能会导致同质化问题，最终无可避免陷入价格战。”转型的念头再起，这次瞄准的是汽车内饰行业。

历经四年不计成本地投入研发，2013 年，天安新材供应的第一款汽车内饰量产车型——日产新天籁上市，成功进军汽车内饰领域。此后，欧、美、日等车系十多款汽车的订单纷至沓来。

在成为国内家装饰面材料和汽车内饰材料的领头羊后，天安新材依然没有止步。2017 年，该企业第三次转型。“我们致力于成为全球领先的环保艺术空间综合服务商。”吴启超说。

纵观三次转型，无一不是通过技术创新推动产品实现质的飞跃，从而一次次抢占产业链制高点。吴启超说，转型的重中之重就是技术创新。

提质之旅

引入顶级顾问升级质量体系

在天安新材的展示厅内，放置着一块本田思铂睿的仪表盘。“这上面的所有表皮都是我们做的。”那段汽车内饰研发历程，让吴启超觉得“难到怀疑人生”。

2010 年，当天安新材决定进行汽车内饰的生产和研发的时候，该领域的行业标准、产业链体系等都牢牢把控在外企手中，竞争对手都是实力雄厚的百年企业，起步阶段可谓寸步难行。

汽车内饰材料必须能经受从零下几十摄氏度低温到几十摄氏度高温的考验，必须保证在撞击的时候没有碎片飞出……一个个技术难题横亘眼前，为了攻克技术壁垒，天安新材成立了专门的研发团队，引进高分子领域的博士学历人才。

除此之外，汽车内饰对质量的高要求还体现在严格的质量管控体系上。“一般的家装材料是产品合格就行了，但是汽车内饰还要求生产过程必须符合规范，汽车厂商会定期过来验厂、打板、检测产品。”宋岱瀛说。

为了符合生产规范，天安新材专门导入了针对汽车生产的质量管控体系 TS16949，变结果导向为过程管理。开始转换时，技术员工和管理层都不适应，但吴启超决心十足：“转不过来就换人！”

2010 年到 2013 年，天安新材在汽车内饰材料的业务上几乎颗粒无收，完全依靠其他业务收入支撑研发工作。直到 2013 年，天安新材迎来第一个汽车品牌客户——日产天籁，由此打开汽车内饰领域的大门。随后，越来越多汽车品牌把天安新材的产品纳入采购体系。

2017 年，为了进入一汽大众汽车供应商体系，天安新材导入了德国汽车标准的 VDA6.3 质量管控体系，并且邀请一汽大众的顾问做指导。

技术“跨界”

对标汽车工业促家装材料变革

在汽车密闭的空间内，人体对气味会尤其敏感，因此汽车内饰面料材质的要求极高，不仅要有足够的耐候性能，还要保证环保健康。天安新材能成功打进汽车内饰领域，原因之一便是研发出了无毒无味、环境友好的汽车内饰面料。

基于汽车内饰研发累积下的雄厚的材料研发基础和设计能力，2017 年，吴启

天安新材开始从单纯的材料制造商转向环保居住空间的综合服务商

超开始天安新材的第三次转型：“我们将汽车内饰生产技术应用于环保家装材料的生产。”

通过汽车内饰的“高配”技术提高家装材料的整体质量，在第三次转型中，天安新材充分发挥自身优势。“我们有多个材料是行业领先的，像肤感系列产品，国内外的企业都做不出来，材料配方和表面处理工艺都是我们独有的。”宋岱瀛说。

“肤感”材料的特点在于表面的 PP 环保膜。PP 是一种无毒、无臭、无味的食用级环保材料，常用于婴儿奶瓶以及食品包装。但在日本和欧洲，PP 早已开始应用于家居领域，宜家家居几乎所有的家具饰面都采用装饰纸和 PP 材料。

在攻克汽车内饰材料的时候，天安新材自主研发出全生命周期环保的高端 PP 膜。“我们开始从单纯的材料制造商转向环保居住空间的综合服务商。”吴启超说，未来全生命周期的环保 PP 饰面材料将应用于全屋空间。

天安新材已经先后完成门、柜体、墙和吊顶的 PP 技术应用。其中为了攻克吊顶领域的应用，天安进行了近两年的实验，解决了产品覆合过程中出现的消纹、边角位折白等问题，进一步推进了 PP 技术的成熟。下一步，天安新材的目标是实现 PP 材料在地板的应用。

■ 调研手记

心怀危机感 跳出“舒适区”

回顾天安新材的转型之路可以看出，这是一家时刻怀着危机感的企业。2010年，国内家装材料市场仍有较大发掘空间，同行都在增资扩产，但吴启超却早早意识到危机——行业扩充产能很可能导致同质化，最终陷入价格战。

于是，作为高端家装饰面材料领头羊企业，天安新材出人意料地转型进军汽车内饰领域。这一选择不被外人看好，甚至公司内部也有争议，但是吴启超还是下定了决心要干，他认为必须走出一条差异化的道路，而差异化的秘诀是技术创新带来的品质飞跃。

为了实现品质飞跃，天安新材不计成本投入研发，度过了三年艰难的“颗粒无收”阶段，最终成为国内汽车内饰领域的破局者。对于天安新材而言，质量是一个动态词，质量提升没有尽头，并且只有跳出“舒适区”，挑战自我，才能不断攀升质量金字塔。

星联精密：登顶“亚洲第一”背后的品质战略

打“品质战”不打“价格战”，征服多家全球饮料行业巨头

炎炎夏日，一瓶冰镇饮料成为消暑利器。鲜为人知的是，多家国际饮料品牌公司采用的吹瓶模具都是来自广东星联精密机械有限公司。

看似简单的饮料瓶，背后却有着一番大学问。以三得利、麒麟等日本高端包装饮料品牌为例，按照这些企业对吹瓶模具的精度要求，1500 毫升的瓶子最多允许 3 滴水的偏差。而星联精密凭借“人人都是质检员”的管理理念加上“五年内要领先、十年内不落后”的技术要求，吹瓶模具成功坐稳了日本高端饮料市场第一的位置。

星联精密董事、总经理姜晓平说，如今该公司正在开展新一轮“革命”，希望通过三年时间重塑公司管理体系，让员工树立品质理念，向世界级制造企业迈进。

主动求变

出击日本市场倒逼品质升级

从 1993 年成立时的小手工作坊，到如今行业细分领域的“亚洲第一”，星联精密能在短短 25 年内实现跨越式发展，与企业“主动求变”的理念不无关系。

姜晓平对中国饮料业的发展历程如数家珍，在中国饮料行业正处于“黄金十

星联精密吹瓶模具成功坐稳日本高端饮料市场第一的位置

年”期时，在国内市场占九成的星联精密却开始焦虑起来。“国内市场总有饱和的一天。我们要做一定准备，试水海外市场。”他说，2008 年星联精密决定主动出击日本市场，以此作为检验自己产品的“试金石”。

星联精密刚进入日本市场之时，有些“水土不服”，其中一个突出表现为双方对产品品质要求不同。对于吹瓶模具而言，与制成品相关的部分是在模具内侧。即便模具外表有轻微划痕，也不大影响使用和外观。“但在日本客户看来，这样的模具就是不合格，必须要报废。”他说。

此外，日本客户对于精准度的要求也让姜晓平印象深刻：“以容量为 1.5 升的包装瓶为例，日本企业能容忍的误差范围为正负 1.5 毫升，大约 3 滴水。”这对当时的星联精密而言是一个不小的挑战，生产设备和员工理念都跟不上。

于是，星联精密对内不断完善内部品质管理体系，提升硬件配套的水平；对外，产品要主动接受海外市场的检验，以此倒逼企业提升品质管理能力与产品稳定性。

通过三年的研发与完善，星联精密供给日本客户的产品不合格率成功控制在 2% 以内。如今，该企业更成为日本多家高端饮料品牌的合作商，吹瓶模具在日本高端饮料市场份额排名第一，并取得出口与内销一比一的销售业绩。

从设备工艺到生产全流程

“微米之间”的精细与高效

“精细”与“高效”无疑是星联精密品质管控中最为重要的两个词。

“如果模具的尺寸与精度存在些许的不稳定，就会影响日后生产出的瓶胚质量。”星联精密生产总监林昌武说，高精度的设备对于高品质的模具产品至关重要。

“因为行业精度要求高，我们采用的是瑞士司徒特加工机床等高端加工设备。有些加工设备精度甚至达到0.002毫米。”他说，加工设备精度提高的同时，检验设备也要随之提升。“总体而言，我们要保证公司设备‘五年内在行业领先、十年内不落后行业平均水准’。”

在引入行业领先的加工设备之时，星联精密还从加工工艺入手，在“微米”之间提升产品精度。“以前用传统车床加工出来的模具，误差在正负0.01毫米。现在我们采用磨削加工，甚至可以达到0.001毫米的级别。”林昌武笑着说，看上去仅是一个小数点的区别，实现起来的难度就像要从99分进步到满分100分。

以自动化、智能化代替传统手工操作，也是星联精密提升产品品质的重要路径。

“新工厂的定位，是打造智能工厂。”姜晓平说，星联精密正组建企业内部设备的局域网，搭建整体数据网络，以实现从研发到制造、物流运输等环节的全数据对接。与此同时，一个全球瓶型库也正在组建，它将以数据库的形式，为饮料生产企业的新品研发提供参考。

打造标准化体系

做到“人人都是质量人”

“不管管理体系如何建设，硬件设备如何提升，品质管理的最终落脚点还是人。”谈起品质管理，姜晓平如是说。一路走来，星联精密内部推动的大小改革，归根结底都是在与人的理念“作斗争”。

早在1998年，姜晓平就提出要将过去“个人承包”的方式，改造成为工序化生产交接的模式。这意味着从模具设计源头开始，再到加工、产品完善、客户端，全部都要数控化、数据化。正是这种以“科技”代替“手工”的全新理念，

星联精密希望通过 3 年时间重塑公司管理体系，向世界级制造企业迈进

带领星联精密得到了今日的“江湖地位”。

如今，公司对员工的品质理念也有了更高要求。林昌武最近有了一项新任务：与一家专业咨询管理团队一起推动公司打造世界级制造体系，这是一项为期 3 年的企业综合管理能力提升计划。“这个计划覆盖整个公司，从一线员工到中高层管理都将参与进来。”目前该项计划已经对员工进行了多场培训，大多数内容围绕“标准化”展开。

以企业正在推行的“5S 现场管理法”为例，是指在生产现场中对人员、机器、材料、方法等生产要素进行有效的管理。“培训过后，能明显感觉到员工品质观念的改变。”林昌武说。

与之类似的还有“SOP 标准作业程序”，当中包括日常作业指导和针对问题解决形成的单点教材。“我们会构建一个问题解决的闭环，从定义问题、测量数据、数据分析到分析改进，形成标准化流程。”

■ 调研手记

“舌尖上的关怀”助力稳定员工队伍

高品质产品的产生，除了引入先进设备与管理体系，更离不开一直稳定的员工队伍。姜晓平透露了一组数据：公司工龄超过 10 年的员工占总员工数 50% 以上。这意味着，星联精密有着很高的员工稳定性。在工厂普遍招工难的大环境下，星联精密为何能留住人？

调研过程中，姜晓平提到过一个小细节，2018 年 7 月 1 日开始，星联精密内部食堂从外包改为企业内部管理，且食材均来自大型供应商。公司内部有一个意见交流平台，员工在就餐等方面遇到的问题均可在平台上留言，然后会有相关部门予以回复。在姜晓平看来，如果员工在公司连饭都吃不好，就不用提别的要求了。吃饭看似是一件小事，但背后体现了企业对员工的关怀。

除了给予员工较高的薪酬待遇以外，良好的企业氛围也是提升员工稳定性的重要一环。只有拥有一支稳定的员工队伍，才能生产出高品质的产品。企业若要迈向更高品质，不如先从留人做起。

日丰管：用匠心守护“管用五十年”

聚焦“一条管”做好创新，让员工成为创新与品质的守护者

在日丰企业集团有限公司位于三水工业园区的公司总部内，技术中心一楼产品展厅专门设有一厅一房一厨一卫的居室，从生活用冷热水管道系统，到采暖管道系统，再到室内燃气管道系统，“日丰管”的应用无处不在。

从成立开始的20多年发展历程里，日丰铝塑管产量早在10年前就实现了全球第一，目前其技术和质量均代表着国际最高水平。同时，更多不同材质的塑料管产品被开发出来，使日丰管可以应用在建筑冷热水、采暖、燃气、穿线管、排水管等更广泛的领域中，成为一款“国民产品”。

日丰企业副总裁、总工程师李白千说，日丰产品赢得市场的认可，一靠品质，二靠创新。品质的秘诀就藏在“日丰管，管用五十年”这句广告语中，而创新的关键则在于围绕这一条日丰管做好“小文章”。日丰企业推崇的“匠师”理念，让每位员工成为创新与品质的守护者。

“管用五十年”的秘密

确立管道寿命行业标杆

“日丰管，管用五十年”，这句广告语从日丰企业成立来，就伴随其产品传遍大江南北，也使日丰企业成为全国首个确立50年产品使用寿命的铝塑管生产

日丰企业的品质秘诀就藏在“日丰管，管用五十年”这句广告语中

企业。

“你看这个管外一层塑料聚乙烯包着一层铝，其实聚乙烯与铝之间还有一层薄薄的、透明的热熔胶，一共五层，这就是铝塑管。”李白千在日丰企业三水基地技术中心4楼的办公室中挑出一个样品，指着剖面说：“日丰企业最初就是靠做铝塑管起家。”

在20世纪90年代，铝塑管凭借抗腐蚀、使用寿命长等优点，逐渐成为镀锌钢管的理想替代品。日丰企业创始人许伟钊看准商机，从德国引进全套生产设备，包括聚乙烯、铝带、热熔胶等原料也从德国进口，一举杀入铝塑管产业这片新“蓝海”。

“当时国内也有不少企业开始进入铝塑管这个领域，但只有日丰企业一家同时引进了全套测试设备。”李白千说，这为日丰企业喊出“管用五十年”提供了基础，也表明日丰企业自创业之初就有着严苛的品质要求。

李白千用笔在纸上画出了一个二维坐标系，其中纵坐标代表压力，横坐标代表时间，一条从左向右缓缓向下倾斜的曲线称作“长期静液压曲线”。他说，技术人员通过10000多个小时测试，利用4参数模型模拟出长期静液压曲线，从中推算出铝塑管的理论使用寿命达到 50 年。

在日丰企业的引领下，管道 50 年使用寿命早已确立为管道行业的标杆。一家国外权威机构对日丰企业一款精品管进行检测显示，该产品的理论使用寿命甚至达到了 119 年。

一条管的“小文章”

“微创新”挖掘产品新卖点

据行业权威杂志《KWD - Global Pipe》统计，从 2002 年到 2008 年，日丰的铝塑管产量已从全球第三跃居至全球第一。根据材质不同，日丰管产品也从最初的铝塑管向 PP - R、PE - RT、PEX、PVC 等塑料管拓展，涵盖建筑冷热水、建筑采暖、建筑燃气、建筑穿线管、建筑排水管等应用领域。

根据市场需求拓展产品门类的同时，日丰企业从“微创新”入手，让产品实现“人无我有，人有我优”。而在李白千看来，“微创新”不仅是为了应对激烈的市场竞争，更是延长产品生命周期的秘诀——通过“微创新”可以挖掘新的产品卖点，引领产品实现新的增长。

巧妙的设计能让日丰产品发挥最大效用，同时减少了产品质量问题。为此，李白千特意展示了一个连接管件剖面，管件连接部分有一个螺旋纹金属件，金属件与塑料衔接处有数排“凹”形设计，李白千称之为“燕尾槽”。“燕尾槽”设计的巧妙之处在于卡槽采用锐角设计，可避免金属件与塑料衔接处因热胀冷缩出现缝隙漏水。

一些高技术的工艺应用，进一步提升了日丰企业的产品品质，开拓了产品细分市场。比如由日丰企业近年成功研制的 PP - R 磁芯抗菌管，通过对管道内壁进行特殊工艺处理，管内壁粗糙度仅为普通 PP - R 管内壁粗糙度的 1/2，与陶瓷表面的粗糙度接近，可以有效减少水垢的积聚。磁芯系列成为日丰 PP - R 产品金字塔的顶端产品，主打高端市场。

“高均值、低方差”

每个员工都是能工巧匠

在日丰企业的产品研发体系中，“高均值、低方差”是一条基本准则。其中，

日丰企业推崇的“匠师”理念，让每位员工成为创新与品质的守护者

高均值要求日丰产品整体保持在一个高质量水平上，低方差则要求不同产品的质量波动要小。日丰企业通过建立一套严格的技术和质量管理体系实现上述目标。

李白千说，以连接技术为例，刚开始连接件与同类产品是“形似”，这是因为模仿别人的工艺设计，到后来已经只是“神似”，其中不少工艺技术还申请了专利。

质量管理体系方面，目前日丰企业的质量管理体系涵盖全流程关键环节。其中在生产过程中，每200米就要对管材进行尺寸、外观、受力等检验测试；出厂成品每90千米要进行爆破、扩径、静液压等测试，确保每一米日丰管都管用50年。

每款产品从实验室研发成功到量产，还要先经过5000次冷热水循环试验，验证配方工艺过关，再由技术人员进行为期两周的模拟管道生产，检测产品生产工艺以及生产质量。“检测数据合格后，最后要进行‘放大性试验’，即在车间随机安排班组进行生产，当车间生产出来的产品达到实验室认证水平，这时新产品才能实现量产。”李白千说，严格的技术和质量管理体系支撑起日丰企业推崇的“匠师”理念，让人人都可以成为能工巧匠。

日丰企业已经拥有中国合格评定国家认可委员会（CNAS）认可的实验室和

国家级企业技术中心，管道产品检测标准确立了全球领先的地位。其中，日丰铝塑管在技术和质量水平上均代表着目前国际最高水平。国际一流的技术和质量管理体系，也让日丰企业成为各种管道产品的行业标准制定者之一。

■ 调研手记

从“匠人”到“匠师”

18 年前，李白千被佛山市日丰企业有限公司高薪聘请南下广东，从一名大学教授转型为佛山一家民营企业的工程师。如今李白千不仅保留着学者风范，更增添了一份科研人员特有的执着与热情。2016 年，李白千被佛山市评为“大城工匠”，是对其精益求精科研精神的生动诠释。

匠人追求精益求精。但在李白千看来，要引领企业的发展，仅仅匠人的境界并不足够，匠师才是他的追求。所谓匠师，即将匠人精益求精的经验做法总结成为一套标准体系，通过推广应用这套标准体系，让更多人成为匠人。

可以说，日丰企业正是在“高均值、低方差”的准则要求下，通过建立一套严格的技术和质量管理体系，让更多“日丰人”学习到匠人的方法和经验，应用到生产场景中，确保日丰产品整体保持在一个高质量水平上。

从日丰企业的案例也能看出，规模企业不同于小作坊，企业的发展固然需要更多匠人在各自岗位上发光发热，但要进一步发挥匠人的带动作用，助力企业产品“质”取全球，“匠师”理念显然更应在现代企业中推广。

坚美铝材：让“佛山质量”登上世界高楼

始终如一坚定“不用一斤废铝”，质量观念“武装到牙齿”

全球10座超高著名建筑，有5座使用广东坚美铝型材厂（集团）有限公司的铝型材。追求产品质量、专注技术突破，让坚美铝材赢得这些超高层建筑的青睐。

自20世纪90年代创立以来，坚美一直走的路线就是“以质量创品牌”。在业内为降成本导致产品质量参差不齐的背景下，刚刚成立的坚美为从源头把住质量关，坚决不用一斤废铝；面对符合国家标准但与客户要求有差异的产品，刚起步的坚美不惜损失重金也要将产品全部回炉；2016年，坚美荣获中国质量奖提名奖，成为行业首批获得该质量领域最高荣誉的品牌……企业始终如一的质量文化推动坚美从铝型材向系统门窗以及更多高端产品领域跃升。

面对高质量发展的新形势，坚美构建起“人人做质量、人人管质量、人人考质量”的质量责任体系，让每个人都成为质量的守护者，这种“武装到牙齿”的质量观念为企业注入不断前进的动力。

高楼上的品质经

高层建筑生产方案具竞争优势

“在业内有个不成文的共识，那就是要买优质的、难做的铝型材材料，就找

坚美铝材用高品质标准赢得超高层建筑的青睐

坚美。”坚美首席质量官刘建辉说。这样一种共识，体现的是业界对坚美出品的质量水平的信任。而最能体现这种优质的产品与服务之一，就是坚美自主开发的超高层建筑型材生产方案。

坚美在高层建筑用铝型材领域的市场份额一直名列前茅。支撑这一市场占有率的，是其研发、生产、装配、服务所凝聚的强大解决方案供应实力。

“楼层越高，对铝型材的要求越高。从2000年以后，大家越发意识到应该对高楼材料设置更高的质量和技术门槛。”刘建辉说。这样的高门槛将一众公司拦在超高层建筑铝型材领域生产大门外，却让坚美冲到了行业前列。在全球460米以上高楼中，有一半使用坚美的铝型材，而这背后是坚美从原料到装配技术、质量控制的全系列变革。

“为了生产出符合超高层应用环境和安全性要求、便于安装的铝型材，我们首先调整了原材料的配方；另外，铝型材是一次成型，为了让每一块型材可以精准地装上高楼层，我们必须优化型材断面、调整挤压技术工艺。”刘建辉说，大到技术工艺，小到模具设计及加工，所有工艺参数都需要调整精准，使之达到工程项目及建筑师的最高要求。

刘建辉认为这是一种摸索、探路。在坚美从普通的铝型材供应商转向更为高端的超高层建筑型材解决方案供应商，并将产业链进一步向汽车、高铁、太阳能型材、石油化工等领域延伸的过程中，这样的探索始终赋予其领先于行业的技术、质量保证。

在坚美公司铝型材技术指标中，有20项国际领先，20项国际先进，如超高层幕墙用型材扭拧度；其自主研发的门窗6大系统、56个产品系列中，其中23个系列国内领先，3个系列领先国际标准。

人人都是质量守护者

从"一票否决"到全员"责任预防"

随着坚美产业链的延伸，其客户数量不断扩大，而客户提出的要求也越发多样。如何针对客户提出的新需求进行新技术攻关，并在保证新产品质量稳定的情况下实现批量生产，是一个难题。坚美则通过组织变革来解决这个难题。

日常生产中，坚美会通过全员参与、成立QC小组等形式，来攻克一些技术、品质管理等难题。QC小组通常依靠小团体来集思广益，按照一定的活动程序来解决工作现场、管理、文化等方面所产生的问题及课题。

这种新型组织方式攻克了许多优质生产会遇到的难题，其中出口日本的铝合金型材配件的生产就是一个典型。太阳能光伏发电行业使用的铝合金配件，是坚美生产的工业型材产品之一。太阳能设备常年放在室外，本身对铝型材的耐腐蚀性、膜厚等要求都比较高。而坚美的客户在此基础上，又进一步提出想要黑色型材的要求。

"传统的着色工艺废水处理难度大，不符合我们的环保理念，而且传统黑料很难保持大规模生产下的质量一致性。"坚美铝材表面处理车间主任张怡发说。

为此，该项目组以QC小组的形式进行攻关。经过小组成员反复的头脑风暴、试验、交叉比对测试等，以及在降低返工率、进一步提高产品品质上深入研究，坚美如今能稳定地大批量生产高品质黑色太阳能铝合金型材配件。

目前，坚美生产的该产品在业内合格率最高；同时，坚美还是国内对日本出口太阳能边框产品量第一的企业。

除了QC小组，坚美构建了"三人人"（人人做质量、人人管质量、人人考质量）质量责任体系，实施"一把手"责任制、质量"一票否决"制和全员责任预防制。"每个人都是质量的守护者，这种'武装到牙齿'的质量观念才能让企业有前进动力。"张怡发说。

全球 10 座超高著名建筑，有 5 座使用坚美的铝型材

把好质检关

软硬件促全链条质量管控

在坚美品质部的办公室，可以看到一摞摞质量检验指导书。坚美根据国内标准、客户要求延伸细化质量检验准则，形成独有的质量指导文件，帮助每个质检员明了检测的标准。

制定精细的质量检测指导文件，只是坚美把好品质关的一个缩影。为了满足客户对产品质量越来越高的要求，坚美不断抬高检测的标准、提升产品质量的底线。

此前，有个客户对坚美太阳能边框材料指标提出了高于国内的标准。“客户要求整批材料的氧化膜厚度要达到 20—24μm，在精准控制膜厚的同时必须保持色泽均匀。”氧化车间质检班长吴满坤说。

客户严苛的要求加上紧迫的货期，大大增加了品质部的检测难度。为保障对每一根材料的质量管控做到百密无疏，品质部决定加派质检员，产品由“抽检”改成“全检”，严格按照客户需求进行检测，合格方可放行，“坚决不让一根不合要求的材料流到客户手里”。吴满坤说，坚美最终在货期前完成检测出货，并和该客户确立了长期的合作关系。

为了进一步树立品质口碑，坚美建立了国家认可实验室，并投资 1.27 亿元购置了 100 多台（套）国际先进检测设备，拥有对 6 类产品 115 项指标的检测能力，远远超过行业 70 项的平均水平。

用刘建辉的话来说：“只有把质量文化建设好，才能让员工将质量意识根植于脑、活化于行，并练就企业一流竞争力。”

■ 调研手记

把品质意识融入企业血液

2016 年，获得中国质量奖提名奖的广东企业有 4 家，佛山企业占据 2 席，坚美就是其中之一。能够获得这样高含金量的荣誉，依靠的是坚美在贯彻品质路线上极强的主观能动性。

“坚美”这个名字，寓意“坚持追求完美”。“坚持追求完美”是坚美人的核心价值观，是坚美质量文化和工匠精神的写照。从坚美建厂之初，创始人曹氏兄弟提出的“要么不做，要做就做到最好”的理念成为坚美人不懈的追求。及至后来从硬件和软件方面打造严苛的品控体系，坚美一直在以远高于业内的标准来要求自己，自己给自己提出更难的课题，如此才能树立起质量的金字招牌。

此外，还有一点让人印象深刻，那就是坚美将品质理念渗透进企业的各个组织，甚至渗透到每个员工个体上。它让人人都成为质量官，开展多种质量相关的活动，并根据质量战略需求，建立“坚美学院”培养更多优质人才。企业只有付出这样的努力，才能把品质意识真正融入企业血液。

佛山
FOSHAN BAOGAO
报告

改革开放40年佛山民营经济发展调研报告

改革开放以来，中国民营经济从无到有，从小到大，从弱到强，成为改革开放的主要参与者、推动者和受益者，成为工业化、城镇化、市场化和全球化的生力军，成为扩大就业和城乡居民收入增长的重要来源，成为社会主义市场经济的重要组成部分和我国经济社会发展的重要基础。

习近平总书记在党的十九大报告中指出："必须坚持和完善我国社会主义基本经济制度和分配制度，毫不动摇巩固和发展公有制经济，毫不动摇鼓励、支持、引导非公有制经济发展。"再次重申"两个毫不动摇"，表明了党对非公有制经济的高度重视。党的十九大报告，为我国民营经济持续健康发展指明了方向，标志着我国民营经济将迎来新的历史机遇和进入一个新的发展阶段。

回顾改革开放的发展史，其实就是回顾中国人民的创业创新史，就是回顾中国民营经济的发展壮大史。而佛山，不仅是这段历史中的典型样本，也是中国近代以来民营经济发展史中的一个缩影。

这里，是近代民族资本的发源地之一。明清时，佛山已是全国"四大名镇"、天下"四大聚"之一，陶瓷、纺织、铸造、医药四大行业鼎盛南国。清末，佛山得风气之先，诞生了中国民族资本创办的第一家新式缫丝厂和第一家火柴厂，近代民族工业在这里生发。

这里，是改革开放初期乡镇经济孕育地之一。十一届三中全会后，从农民到政府，“敢饮头啖汤”的佛山人紧跟市场经济步伐，大办乡镇企业，“六个轮子一起转”①，开启了规模的工业化征程。这一时代“顺德模式”“南海模式”特色迥异但殊途同归，共同影响着民营经济“佛山模式”的成形与发展。

这里，被称为拥有“中国最为完整的民营经济发展史”。从农民“洗脚上田”的社队企业、“异军突起”的乡镇企业，到改制后“上规模上档次”的私营企业，再到如今在全球化浪潮中崛起的一批“全球配置、服务全球”的“G FOR G”（global for global）世界级企业，佛山的民营企业，诠释了中国民营经济从无到有、从弱到强的发展全历程。

近40年的实践充分证明，改革与开放是佛山成为中国市场经济最佳“道场”的“双翼”。一个没有特殊政策优势的地级市，培育出了两家世界500强企业；2016年、2017年连续两年有7家佛企进入中国民营企业500强；走出了美的、碧桂园、联塑、海天、新明珠、格兰仕、东方精工、伊之密、坚美铝材、星联精密……一大批名冠全球的佛山民营企业；在改革中不断创新，推动传统产业蝶变升级；在开放中不断壮大，走向世界实现全球资源配置。

然而，迈向新时代，民营经济的发展面临着新的环境、新的挑战。国际上，科技创新、实体经济成为世界各国的共同追求，但全球经济发展不确定性仍存。在国内，我国经济已由高速增长阶段转向高质量发展阶段，建设现代化经济体系已成为迫切需求和战略目标。新的时代中，新型城镇化、产业高端化与智能化、经济服务化、社会信息化、发展绿色化、经营国际化②，以及消费升级给民营经济的发展带来了全新的机遇与挑战。

2018年3月7日，习近平总书记参加十三届全国人大一次会议广东代表团审议时指出，广东是改革开放的排头兵、先行地、实验区，在我国改革开放和社会主义现代化建设大局中具有十分重要的地位和作用。习近平充分肯定党的十八大以来广东工作，要求广东的同志们进一步解放思想、改革创新，真抓实干、奋发进取，以新的更大作为开创广东工作新局面，在构建推动经济高质量发展体制机制、建设现代化经济体系、形成全面开放新格局、营造共建共治共享社会治理格局上走在全国前列。

---

① 20世纪80年代初，南海提出了“三大产业齐发展，县、公社、村（大队）、生产队、个体、联合体企业‘六个层次一起上’”，也被称为“六个轮子一起转”。

② 辜胜阻，韩龙艳：《中国民营经济发展进入新的历史阶段》，《求是》，2017年4月。

站在新的起点上，佛山将继续放心、放手、放胆发展民营经济，推动民营企业做优做强做大做成“百年老店”。2018年，佛山市委统战部、佛山市工商联联合南方日报佛山新闻部在对历史文献资料开展文本研究的基础上，对佛山市、区、镇60多个政府部门、百家民营企业及市内主要行业商协会进行深度走访、调研，梳理改革开放40年来佛山民营经济发展脉络，挖掘佛山民营经济发展亮点，总结佛山民营经济发展遇到的挑战与问题，提出对佛山民营经济下一个30年的发展建议。以此形成这份报告，力求在新时代为再次塑造民营经济的“佛山模式”助力，为广东乃至全国提供支持民营经济发展的佛山经验与佛山智慧。

当前，国内学术界对于“民营经济”的定义尚未形成一致观点，一般认为，“民营经济”包括广义和狭义两类。广义上，民营经济指除国有和国有控股以外的多种所有制经济的统称，包括内资民营经济（含个体工商户、私营企业、股份制企业、集体企业等），港澳台投资企业和外商投资企业。[①] 狭义的民营经济在广义基础上再将个体工商户、港澳台投资企业和外商投资企业排除在外。需要强调的是，本调研报告中，民营经济（民营企业）一般指狭义上的民营经济（民营企业），只在参照统计口径对民营经济指标的描述和分析上指广义民营经济（民营企业）。

一、佛山民营经济发展现状

我国民营经济有着近70年的发展历史，总体呈现一个“V”型发展轨迹。以1978年改革开放为分界线，前30年，以民族资本为代表的工商业和其他个体私营经济逐渐走向衰落并最终消亡；后40年，随着中国改革开放的不断深入，民营经济在由计划经济体制向社会主义市场经济体制转轨的过程中脱胎而生并成长壮大。[②]

在这一过程中，珠江模式、苏南模式、温州模式等竞相发展，殊途同归，推动本地经济社会发展。[③]

---

① 王钦敏主编：《中国民营经济发展报告（2015—2016）》，北京：中华工商联合出版社，2017年8月。

② 黄孟复主编：《中国民营经济史·大事记》，北京：社会科学文献出版社，2009年6月。

③ 徐维，陈东平：《珠江模式及其发展前景》，北京：中央编译出版社，2011年12月。

其中，内嵌于珠江模式的佛山模式走出了自己独特的路径，集中表现为“草根经济”“本土经济”“实体经济”三大特点，成为了支撑佛山经济发展的主要动力。同时，一批“G FOR G”世界级民营经济企业正在孕育成长，抢抓新一轮全球化浪潮，成为佛山构筑开放型经济的力量。

（一）佛山民营经济在地区经济中独占鳌头

改革开放以来，佛山的民营经济经历了从农民洗脚上田办作坊式的社队企业、再到“六个轮子一起转”，乡镇企业、由乡镇企业到现代企业制度转型的发展历程。

40 年来，民营经济成为佛山经济发展的主要动力。从工业总产值的角度来看，2016 年民营经济完成规模以上工业总产值 15058 亿元，同比增长 8.3%，占全部规上总产值的 70.8%。民营经济对全市工业增长的贡献率达到 87.8%。（图 1、图 2、图 3）

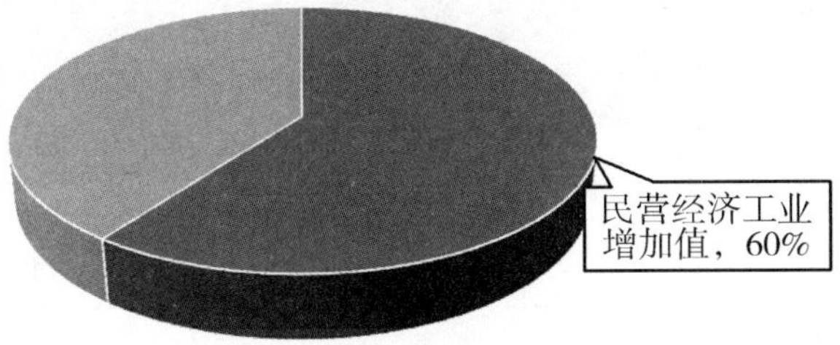

图 1　工业增加值分布情况

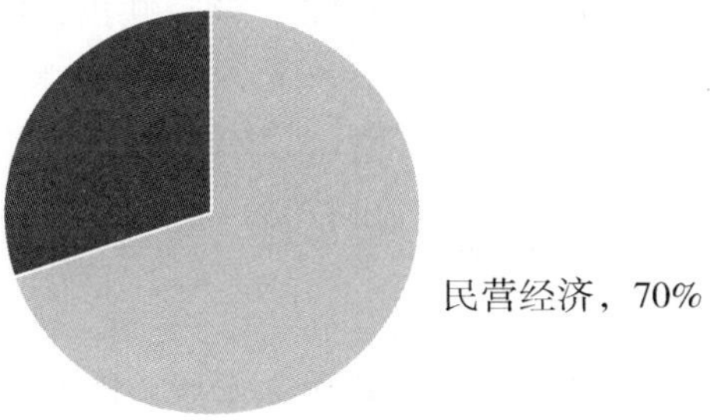

图 2　工业增长值分布情况

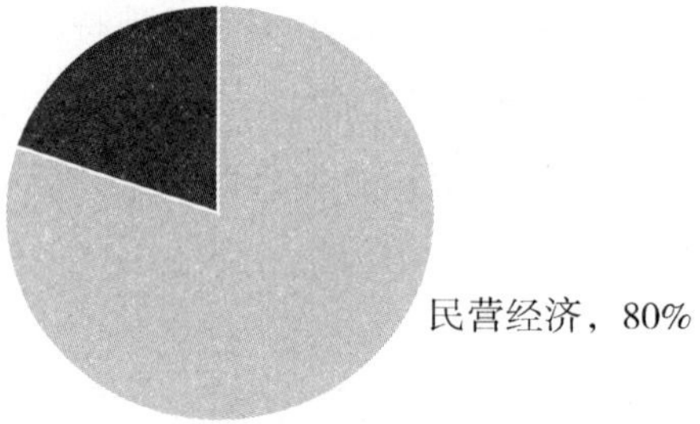

图3 工业增长贡献率

以民营经济为主的佛山，大部分龙头企业都属于民营企业。截至2017年底，佛山拥有17家百亿企业，全部为民营企业（含外资）。(图4)

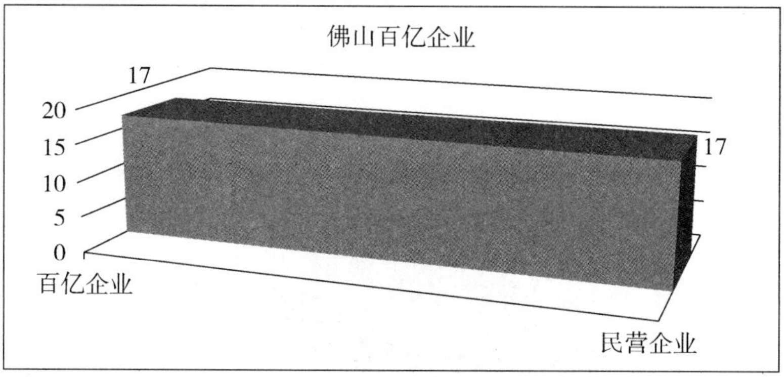

图4 佛山百亿企业的民营企业个数

同时，截至2017年底，佛山拥有54家上市公司，其中仅有两家为国企，民营企业在佛山上市公司中的占比高达96.2%。这反映出，民营经济已成为佛山经济发展的核心力量。

（二）佛山民营经济的三大特点

1. 活力迸发的草根经济

改革开放以来，佛山市国民经济实现巨大发展。佛山市地区生产总值从1978年的12.96亿元，到2016年8767.06亿元，39年间增长了约676倍。其中，工业总产值从1978年的13.72亿元，一路上升至2015年的19544.95亿元，增长了约1424倍。(图5、图6)

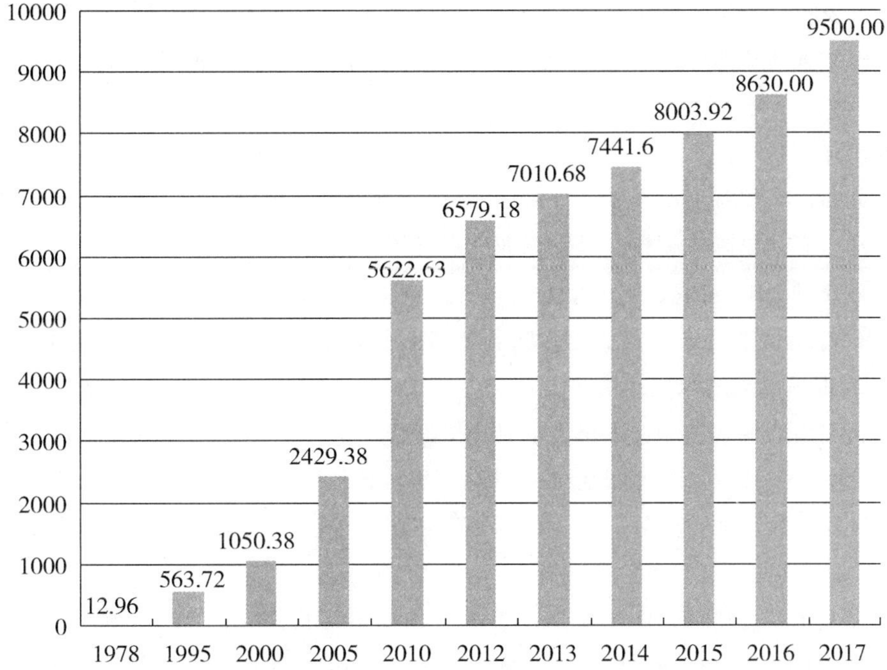

（数据来源：佛山市统计局）

图5 1978—2017 年佛山市地区生产总值（万元）

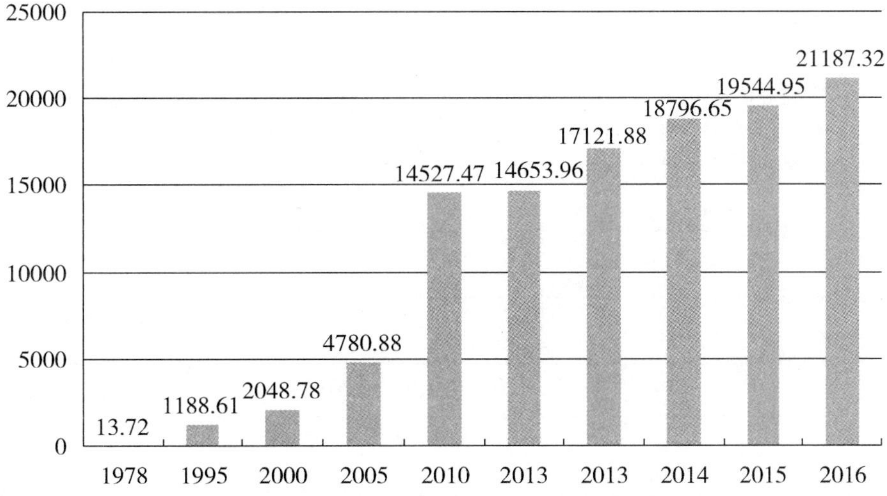

（数据来源：佛山市统计局）

注：2011年开始为规模以上工业总产值

图6 1978—2016 年佛山市工业总产值（万元）

在发展过程中，佛山民营经济主要脱胎于早年的集体经济。以土地制度改革带动村办企业为特征的“南海模式”和以乡镇企业为特色的“顺德模式”，在“敲锣贺富”与“以镇办骨干企业为主体”的不同路径下，打造了乡镇经济发展的全国样本。

此后，产权制度改革，让一批佛山国有企业裂变出众多的民营企业。1992年，邓小平同志南方视察，鼓励创业，点燃了草根创业的热情。

截止到2017年底，佛山市拥有各类市场主体总量61万户。按照佛山2016年底746.27万常住人口计算，这意味着，佛山平均每12个人就有一位“老板”。

2. 根植本土的内生经济

目前沿海的多座制造大市，如佛山、东莞、苏州等城市的发展，均从改革开放初期的“三来一补”模式起步，外向型经济特征明显，并随着各自城市发展路径的变化出现了明显差异。东莞、苏州等城市，仍以“两头在外”经济发展模式为主。而佛山走出了根植本土的内生经济发展模式。

在改革开放初期，佛山成功了引进了外商直接投资，但并未形成过度依赖。通过学习与内化、企业产权改革，佛山经济迅速转型并采用了以地方化企业为主的经济模式。①

数据显示，1998年至2015年，佛山市规模以上工业企业经济指标中，境外投资企业（港、澳、台商投资企业以及外商投资企业）产值占比呈下降趋势。（图7）

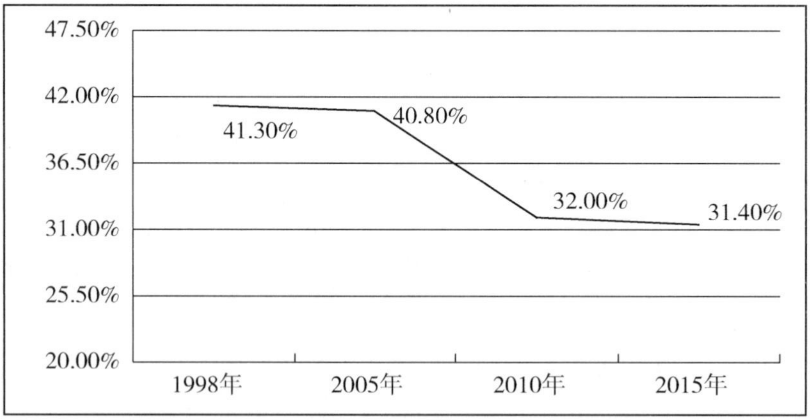

（数据来源：佛山市统计局）

图7　1998—2015年佛山规上工业境外投资企业产值占比

① 张燕生，肖耿，（美）罗翔国，（澳）多米尼克·米格尔：《中国未来：佛山模式》，北京：中信出版社，2017年3月。

2015年，佛山市规模以上工业境外企业资产占比、产值占比分别为31.5%和31.4%，而同期，珠三角九市上述指标分别为41.8%、45.4%。这说明，佛山市规模以上工业企业以内资为主，根植本土的内生性产业特征明显。（图8）

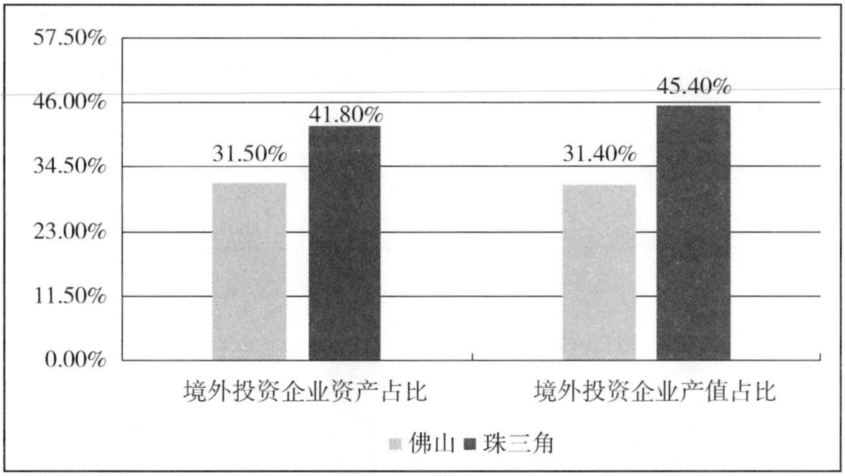

（数据来源：广东省、佛山市统计局）

图8　2015年佛山与珠三角九市规上工业境外投资企业情况

3. 制造为魂的实体经济

佛山既是民营经济大市，又是制造业大市。佛山大多数民营企业从事的是制造业实体经济，且活跃于家具、家电、陶瓷、铝型材、装备制造业等佛山支柱性产业之中。

1978年，佛山市三次产业结构为31.2∶50.5∶18.3。经过近40年的发展，2016年，这一结构调整为1.7∶59.2∶39.1。当前，佛山已形成以制造业为主导，服务业为支撑的经济体系。

坚实的“佛山制造”，不仅走进千家万户，更是佛山民营企业进一步向总部经济、产业链高端发展，打造国家制造业创新中心的基石。

佛山作为国内最大的家电制造业基地，2015年家电产值占全国家电行业总产值的15%。近年，顺德家电产业外溢，带动安徽等地家电行业蓬勃兴起，但安徽生产基地的家电产业链上不完备，在关键技术、零部件采购环节仍然依赖佛山总部。

陶瓷产业同样如此。经历了“腾笼换鸟”，佛山陶瓷从全盛时期的存有各类陶企600多家减至60余家优质知名陶企。一批佛山企业把生产制造环节迁往内陆城市，把总部和设计研发等环节留在佛山。

民用铝型材行业中，仅南海就聚集了近140家上规模铝型材企业，产销总量占全国建筑类铝型材产值的30%。

近年重点发展的装备制造业也正在成为佛山“新名片”。截止到2017年底，佛山先进制造业完成工业总产值10238.73亿元，同比增长9.8%，增速高于全市规上工业1.1个百分点。其中，先进装备制造业完成工业总产值3676.76亿元，同比增长10.2%。（图9）

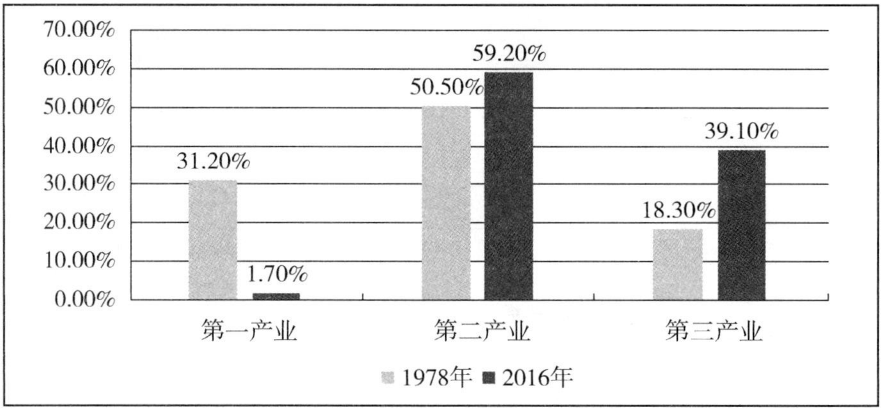

图9　佛山市三次产业结构分布

（三）佛山民营经济的区域竞争力

改革开放让民营经济在全国“遍地开花”，佛山也成为了其中一块发展的沃土。而佛山的自然资源有限，一直以来缺乏能在市场化改革浪潮中获取行政资源的大型国企。①

但在“以港为师”的过程中，佛山政府意识到了市场经济的重大作用，继而转向了以市场为导向的经济发展方式，市、区及乡镇政府开始为私营企业提供更多空间与政策，激励和支持其发展。

而尤为关键的是，依靠着敢为人先、坚韧不拔的企业家精神，佛山民营企业

① 张燕生，肖耿，（美）罗翔国，（澳）多米尼克·米格尔：《中国未来：佛山模式》，北京：中信出版社，2017年3月。

一直以来保持着较高的市场敏锐度，在创新转型上有着更强的动力与魄力。在与城市经济体量相当的无锡、宁波城市比较中，佛山民营经济发展有着自身独特的优势：

一是民营规上工业企业产值利税率①高于无锡、宁波。数据显示，2009—2015 年，在经历全球金融危机后，佛山市规模以上工业企业产值利税率一路曲折上扬，从 2009 年的 8.99%，上升至 2015 年的 10.45%。其中，2015 年，佛山规上工业私营企业与境外投资企业的产值利税率为 9.8%，高于苏南模式代表无锡市（8.8%）、浙江模式代表宁波市（7.7%），显示佛山民营经济的活力与实力较强。（图 10）

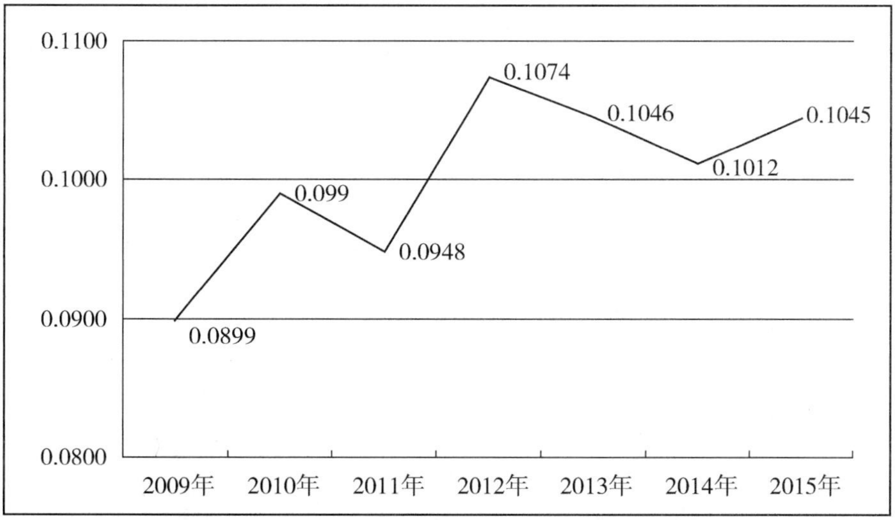

（数据来源：佛山市统计局）

图 10　2009—2015 年佛山市规模以上工业企业产值利税率

二是民营规上工业企业资金利税率②超过 15%。数据显示，2015 年，佛山市规上工业私营企业与境外投资企业的资金利税率高达 17.9%，超过 15% 的优良

① 产值利税率（%）=（利税总额 / 工业总产值）×100%，指报告期已实现的利润、税金总额占同期全部工业总产值的百分比，用于评价一个企业全面的经济效益及其对国家财政贡献，数值越大，效益越好。

② 资金利税率（%）=（利税总额/总资产）×100%，指在一定时期内已实现的利润、税金总额与同期的资产平均总额之比。该项指标体现企业或部门的全面经济效益和对国家财政所做的贡献，普遍认为，15% 以上经济效益为优。

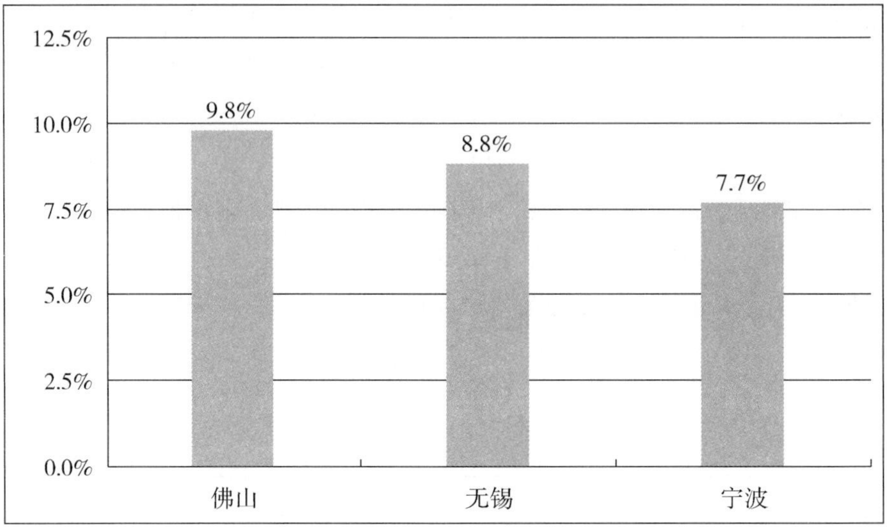

（数据来源：佛山、无锡、宁波市统计局）

图 11　2015 年三城规上工业私营企业、境外投资企业产值利税率

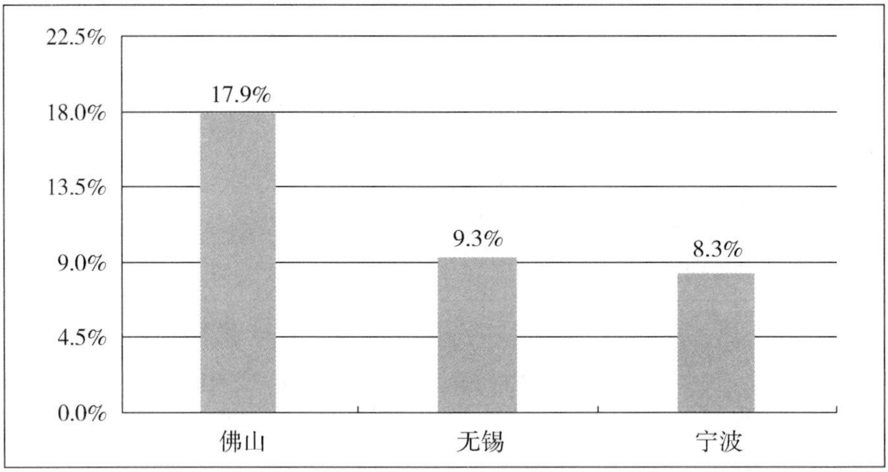

（数据来源：佛山、无锡、宁波市统计局）

图 12　2015 年三城规上工业私营企业、境外投资企业资金利税率

线。同期，无锡市、宁波市分别为 9.3%、8.3%。（图 11、图 12）并且，佛山六大产值千亿元（同时也是资产 500 亿元以上）的制造行业（电气机械和器材制造业，金属制品业，非金属矿物制品业，有色金属冶炼和压延加工业，计算机、通信和其他电子设备制造业，橡胶和塑料制品业）平均资金利税率达到 18.33%，

高于平均水平。（表1）

表1　2015年佛山市六大产值千亿制造业（规上企业）资金利税率

行业	资金利税率
电气机械和器材制造业	17.60%
金属制品业	18.50%
非金属矿物制品业	14.00%
有色金属冶炼和压延加工业	20.40%
计算机、通信和其他电子设备制造业	26.30%
橡胶和塑料制品业	18.50%

（数据来源：2016年佛山市统计年鉴）

（四）佛山民营经济的发展趋势

改革开放以来，工业化、城镇化、全球化是推动佛山民营经济发展最重要的三股力量。在新时代，新型工业化、新型城镇化、新型全球化则成为了影响佛山民营经济发展趋势的主要因素。

1. 新型工业化成民营经济攻坚供给侧改革新抓手

坚持以信息化带动工业化，以工业化促进信息化，也就是采用科技含量高、经济效益好、资源消耗低、人力资源优势得到充分发挥的新型工业化道路正在改变佛山民营经济发展走向。

改革开放初期，从计划经济迈向市场经济的过程中，由于处于稀缺经济，强劲的市场需求下，佛山孕育出一大批的民营企业，并在工业化的带动下，迅速崛起。

然而，从2008年金融危机以来，民营经济发展陷入“内忧外患”。在国内，生产要素成本，诸如土地、人力、融资成本等日渐上涨，行业产能过剩问题凸显。在国际市场，多个行业遭遇反倾销“围堵”，市场竞争日趋激烈。

调研组发现，以智能制造、“互联网+”为代表的新型工业化，成为了佛山民营经济加快实现工业4.0，迈向中国制造2025，攻坚供给侧结构性改革的重要抓手。

以美的、新明珠等一批民营企业为代表，佛山企业近年积极引进自动化设备，开展智能化改造。以维尚家具为代表，该企业利用大数据破解定制家具难以规模化生产的难题，成立仅十多年，迅速崛起为全国全屋定制家具产值第一企业，并在2017年初成功挂牌上市。

对于智能制造设备的需求，也拉动了以机器人为代表的佛山智能装备产业的发展。

截止到2017年底，佛山全市规模以上智能装备制造业企业达到了300多家。其中，机器人研发企业约有100家，行业工业总产值超过了700亿元。

在拥抱“互联网+”上，佛山民营企业由过去的单打独斗开始走向以搭建平台为代表的抱团“触网”，众陶联、众塑联、众衣联等平台从2016年以来相继出现。

以众陶联为代表，截止到2017年底，平台交易额突破300亿元。这一平台整合产业链，降低行业成本，也在带动行业加快迈向高端化。

2. 新型城镇化为民营经济转型升级打开了新空间

产业化和城镇化之间有着紧密的内在联系。一方面，产业化创造供给，提供就业，积累财富，为加快推进城镇化打下坚实的经济基础。另一方面，城镇化为产业化提供空间载体，形成新的消费需求，进而为产业化发展提供持久推动力。

而新型城镇化相较于传统城镇化，更强调人口、生产要素、配套生产生活设施和服务的协调、城市（镇）功能的完善，并以此增强城市对高端要素、创新资源的吸引，进而推动新型产业的集群发展。增强基础设施建设、改善空间形态、提升城市品质已成为推动佛山“草根”民营企业转型升级，吸引外部优质企业的重要力量。

以始建于2003年的佛山一环为例，佛山一环从诞生开始就承载着筑造现代化大都市的发展战略。从2015年国务院批复的《佛山市城市总体规划（2011—2020年）》看，一环环抱着中心城区，并联结起一个城市副中心狮山，以及大沥组团、北滘—陈村组团、西樵组团三个区级中心。这个大框架下，中心城区日渐繁荣，沿线崛起了佛山新城、禅西新城、沥桂新城等10座新城。现代化大交通还给沿线村镇的经济发展方式、生活方式带来深刻变化，特别是在经历了佛山城市升级三年计划及两年延伸计划后，村居“三旧改造”、村级工业园升级等行动，加速了沿线村镇的城镇化进程。

以基础设施建设带动起的新型城镇化，深刻地影响着佛山民营经济的发展方向。十年间，佛山一环沿线地区大力提升土地集约利用率，告别粗放的“马路经济”，推动产业现代化进程。南海区桂城由昔日广东省内最大的制鞋生产基地和集散地，摇身变为人才、资本、技术等创新要素的汇聚之地。如今，桂城拥有广东金融高新区、三山新城、粤港澳合作高端服务示范区等一批都市型产业载体。2015 年 12 月，星联科技与聚合物新型成型装备国家工程研究中心的经济实体——广州华新科实业有限公司签署合作协议，取得高分子拉伸流变挤出设备技术（ERE）的独占许可。2017 年，全国唯一一个 ERE 技术产业化载体在南海三山新城成立。

3. 新型全球化成为民营经济配置创新资源的新平台

近十年来，新型全球化对佛山民营企业发展影响越来越突出。曾经“两头在内”积累起的制造基底，推动佛山民营企业深度融入以自主品牌、技术创新等为核心的新一轮全球化。在“佛山制造”向“佛山智造”迈进的关键时期，要留住制造、坚守实体经济，就必须实现制造业转型与升级。作为佛山经济的根与魂，一批优秀的民营企业，不断积累起高水平对外开放中掌握全球配置创新资源的能力。

调研组发现，一批同时拥有全球资源配置能力和服务全球市场能力的“G FOR G”企业，正在佛山出现。

这些企业有效地通过品牌合作、技术协同、资本融合等方式，实施研发全球化战略，加快完善全球化研发体系，集聚创新资源，厚植创新生态圈，实现海外布局与国内产业协同互补。而通过与“G FOR G”企业的合作，欧洲企业的技术与产品不仅能获得更大的中国市场，甚至能够与佛山企业共享它们已建立的全球市场，使得“G FOR G”企业在对欧合作中更受青睐。

美的集团是佛山“G FOR G”企业的典型样本。2017 年，《财富》世界 500 强榜单中，美的集团排名较 2016 年上升了 31 位，依然是唯一一家家电行业上榜公司。美的集团发展至今，已在美国、意大利、英国、德国、法国等地设立 60 多个海外分支机构，在白俄罗斯、埃及、越南、巴西等地建立 6 个海外生产基地。

除布局销售网点与制造环节外，美的集团还积极对接全球创新资源，提高创新的速率。2016 年美的集团发起了多项海外资本合作项目，集结东芝、Clivet、库卡、高创等品牌协同作战，形成优势互补与资源整合，打破了行业全球技术互通壁垒。截至 2017 年，美的已在 7 个海外国家布局了 9 个研发中心。

美的集团 2016 年年报数据显示，美的集团 2016 年海外收入实现 640. 1 亿元，同比增长 29. 53% 。海外收入占公司营收的比例已经达 43. 5% 。

此外，格兰仕集团、鹰牌集团等本土企业将技术研发触角向意大利、德国等欧洲国家延伸的过程中，持续服务于全球市场。目前，鹰牌集团已经陆续在伊朗、迪拜、加拿大、印度、韩国、南非、马来西亚、泰国等国家与地区开设近20家专卖店，产品销售网络遍及全球100多个国家和地区。

4. 新型消费理念成为推动民营经济创新的动力

改革开放以来，中国经济不断发展带动国民收入水平的提高。数据显示，2011年，国内人均GDP首次步入5000美元。四年后，该指标突破8000美元。据《2017年国民经济和社会发展统计公报》显示，2017年国内人均GDP达到了8836美元。

人均GDP的不断提升，大大拉高了人们的消费意愿。过去，投资、消费、出口被誉为拉动中国经济发展的"三驾马车"。自2014年第二季度开始，消费对于GDP增长的贡献率超过投资，开启了消费成为拉动中国经济增长绝对主力的时代。

不仅如此，相比改革开放初期的"稀缺经济"，如今国内也掀起了一股"消费升级"的热潮，国民对于产品的需求从过去的"有没有"转变为现在的"好不好"。

党的十九大报告指出，进入中国特色社会主义新时代，我国社会主要矛盾已经转化为"人民日益增长的美好生活需要和不平衡不充分的发展之间的矛盾"。

新型消费理念对于佛山民营经济的发展提出了全新的要求，也对佛山民营经济的创新指明了新的方向。

佛山家具行业正是这样的例子。改革开放初期，顺德龙江"以港为师"点燃了全国家具行业的"星星之火"，凭着低廉的要素成本，在当时资源稀缺的情况下，龙江家具迅速崛起为中国家具重镇。

然而，随着中产阶级的崛起，家具消费者除了看产品价格以外，对于产品的硬性质量，产品的"软性"质量比如产品的设计感、与整体家具的搭配度等，在家装一体化上提出了全新的要求。

顺应消费升级的需求，以佛山维尚家具制造有限公司为例，该公司利用大数据、智能制造，实现了家具个性化产品的批量产品，成为了国内全屋家具产能第一企业。

消费升级的背后，实际上是新的消费需求的形成。正如学者指出，佛山制造业过去的崛起是满足显性的市场需求，而新时代的到来，佛山制造业的不断创新与前进，靠的是对潜在的市场需求作出积极反应。

二、佛山民营经济发展历程

自1978年改革开放以来，佛山民营经济发展迅猛，同时经历了嬗变。它主要脱胎于80年代发达的乡镇集体经济，在90年代产权改革后开始正式成型并迎来快速发展；进入21世纪后，随着互联网与信息技术、新业态、新产业等元素的融入，以及佛山本土专业镇经济和省级、国家层面产业转型升级政策的影响，佛山民营经济的特征和内涵在持续发生改变。

基于这些背景，调研组将佛山民营经济发展历程划分为四个阶段：奠定基础阶段（1978—1992年）、快速发展阶段（1992—2000年）、转型升级阶段（2001—2011年）、全面创新阶段（2012年—目前）。

（一）第一阶段（1978—1992年）：集体经济与外向型经济奠定民企发展基础

1978年后，中央将广东和福建两省作为试点地区，试验以市场为导向对外开放的改革，计划经济向市场经济转变开始呈现出良好势头。作为广东省的一个市，佛山在实现中央政府制定的更高的经济增长目标的改革中被授予很大的自治权。

在这一背景下，一方面佛山鼓励发展乡镇企业，这在南海和顺德表现尤为突出。20世纪80年代末，在“顺德模式”“南海模式”的发展路径下，顺德、南海诞生了大量全国知名的乡镇企业。在1987年，对于全国十大乡镇企业的评选中，顺德有5家企业入选。这些企业成为日后佛山很多知名民营企业的前身。另一方面，由于佛山一直缺乏具有垄断性的大型国企，佛山在政府层面较早转向了以市场为导向的经济发展思路，加上受港资和外资辐射的“三来一补”模式，这些为1993年从顺德开始的产权改革后佛山发展市场化、开放的民营经济奠定良好基础。

1. 涌现大批集体经济企业

改革开放后，佛山大力推广南海县“六个轮子一起转”和顺德县“几个层次一起上”的经验。这种自负盈亏、自我发展的乡镇集体企业在佛山高速发展，为民营经济发展奠定了基础。

据佛山市志记载，截至1987年底，全市乡镇企业数量达40817家，乡镇企业总收入71.47亿元；1990年底，乡镇企业数量超过5.6万家，总产值约124.87亿元，约占全市总产值的45%。

在发展中，以“乡镇办工业、骨干企业和集体经济”的“三个为主”的“顺德模式”，带动了村、组、联合体、个体企业共同发展。顺德北滘镇从20世纪80年代初就集中精力抓镇办骨干企业，使北滘镇成为以裕华、美的、南方厂为主的“风扇城”。1984年成立的顺德县二轻工业总公司是现著名企业万家乐的前身，顺德桂洲羽绒厂是现今著名家电制造企业格兰仕的前身。

“南海模式”则对集体所有的土地产权进行结构性重组，推动农村集体建设用地入市，鼓励村集体开发村集体工业园区和建造工商物业，集中对外招商引资、出租或转让土地或物业使用权，以此取得收益。这一土地招商模式“招”入大量村办企业。1992年，原属平洲镇的夏西村内，一个村办企业多达90家，工业总产值超亿元。

2. 形成佛山特色的“三来一补”

1978年，中国第一批“三来一补”企业之一——大进制衣厂在顺德成立。“三来一补”是指来料加工、来料装配、来样加工、补偿贸易。这些企业多从香港而来，分布在佛山、东莞、中山等珠三角各地，成为改革开放后珠三角外向型经济的源头。

然而与东莞港澳台商和外商经营的“三来一补”型企业数量长期占据主要地位的情况不同，佛山的顺德、南海等地区“三来一补”企业建立在其集体经济较为发达的基础上，且较早就把外资和技术甚至经营管理嫁接到原来的社队企业上，发展成一般所说的外向型企业。在80年代末，佛山就发展出在“三来一补”的“借船出海”基础上升级的“造船出海”模式①，并成为90年代佛山民营制造业繁荣的直接动力源。

此外，由于原来集体企业实力较强，不甘心外商在利润上得大头，顺德企业较快地把“三来一补”方式消化吸收为自主经营的合资企业。他们利用外资改善生产条件，改造原来的乡镇企业，又采用所谓的“反求工程”（引进设备和产品后进行解剖、消化、吸收、创新，生产出自己的产品，参与市场竞争）发挥主动地位，不再以外商为主体引用本地土地和劳动力进行生产，而是由本地乡镇企业为主体吸收外来的资金和先进技术设厂生产，这就是“借船”和“造船”的转化。

以顺德为例，当地乡镇企业发达，在集体经济底子厚的基础上接受香港辐

---

① 费孝通：《珠江模式的再认识》，《瞭望周刊》，1992年第28期。

射，起点高，起步时就着重发展了技术、资金密集型企业。在顺德容奇镇，到90年代初“三来一补”企业只有6家。

顺德县均安镇磁性材料厂就是一个转化的具体例子。它原来是镇办的生产发电机和柴油机的专业工厂，1982年通过接受港商来料加工磁性材料学会了压制、充磁技术。1984年自制磁粉获得成功建成了一个以铁磷为原材料的磁钢材料国产化的工厂，年产值曾达5000万元。

3. 佛山产业“黄埔军校”型企业出现

改革开放初期，中国工业化发展主要依赖国有或集体企业。到1992年产权制度改革前夕，佛山民营企业崛起、佛山民营经济的发展与国有经济的发展相辅相成。在这一背景下，早期一批佛山的大型国有企业，不仅成为后来众多佛山民营企业发展的源头，甚至有人认为，佛山陶瓷、电子等一些支柱产业集群的形成和繁荣也得益于此。

如曾经作为中国陶瓷行业第一家最大股份制企业的广东佛陶集团股份有限公司，早在20世纪90年代初期，就出现了一批“星期六工程师”。他们利用业余时间到周边的建陶企业“炒更”做技术服务，把佛陶集团先进的生产工艺和技术不断进行传播推广。

后来，随着佛陶集团的衰落，大量的生产、技术、管理骨干和研发人员相继离开流散到周边企业，为这些企业带去了大型国有企业独有的技术和管理经验，并间接催生一大批新兴企业的成长。现在金意陶、简一、欧神诺、科达洁能、奔朗新材料等佛山知名陶企的创始人都有在佛陶工作的经历。佛陶也因此被称为佛山乃至全国建陶企业的“黄埔军校”。

“佛山无线电八厂现象”也是国有企业溢出效应的典型案例。1981年，位于南海的东风半导体器件厂更名为佛山市无线电八厂，这家国企此后在微型电子计算机、音响等领域都取得突破。1987年该厂入选了全国电子工业百强。此后，该厂还成功研制了世界首台中文声控打字机。

20世纪90年代，无线电八厂因种种原因倒闭。但是这家企业培育了大批电子、软件领域的工程师、技能人才。时至今日，南海一批知名的软件与信息服务企业，其创始人或核心骨干，都来自无线电八厂。

1984年成立的科龙因转制失败，在20世纪90年代末和新世纪初经历人员大规模流出，衍生出日后有名的“科龙系”，其中包括全国最大电冰箱ODM上市企业创始人、国内导航业知名品牌瑞图万方创立者以及顺德知名电商小冰火人创始人等。成立于1985年、被称为“顺德涂料黄埔军校”的顺德金龙油墨厂（后更名为“金龙油墨化工有限公司”），在90年代初走出了大量日后称雄中国涂料行业的创业者，他们成立了华润、嘉宝莉、美涂士等众多国内一线涂料品牌。这些“黄埔军校”型企业成为佛山民营企业“族谱”中的重要部分。

（二）第二阶段（1992—2000年）：转制促民企涌现、优势行业地位确立

1992年，邓小平南巡，其中一站到顺德。在这里，邓小平提出了“发展才是硬道理”。同年，广东省委、省政府决定在顺德进行“以企业改革为中心的、配套的、综合的全面改革”试点，即所谓“产权改革”。当时顺德提出，要变旧“三个为主”为新“三个为主”：从以集体经济为主，调整为以混合型经济为主，逐步提高非公有经济的比例；从以工业为主，调整为以二三产业为主，逐步提高第三产业的比重；从以骨干企业为主，调整为以高而专的集团为主。①

在对产权制度的逐步明晰中，不少原来的乡镇企业开始和政府“脱钩”，同时草根办企业的人数越来越多，一大批民营企业开始涌现，并在90年代短缺经济背景下经历快速生长。不少佛山优势产业也在这一时期确立领先地位。

1. 产权制度改革“热潮”催生大批民营企业

20世纪80年代公有制产权占主导的企业模式，在改革的过程中逐渐暴露出弊端。媒体报道指出，1992年，当时顺德全市有259家企业达到了破产的边缘，所欠银行贷款达21亿元。

产权不明晰，企业发展的积极性受到影响，导致当时大量的乡镇企业背上沉重的债务包袱，以至于当时流行“没钱靠银行贷，还贷靠下一届”等说法。有调查认为，改革开放以来，乡镇企业的发展是“触目的成就，惊心的包袱。”

1992年，邓小平南巡时曾到顺德考察，提出了“发展才是硬道理”“思想要更解放一些、胆子要更大一些，步子要更快一些”。

同年，撤县建市的顺德，提出了要进行产权改革，建立混合型的经济体制。这一年，顺德被确定为广东省的综合改革试验市。1993年顺德正式启动企业产权制度改革。

除了顺德，在后来成为佛山组成部分的南海、禅城、三水、高明等地也开始了大规模的“国转民”，诸如昭信集团、海天、肯富来、健力宝等在之后的十余

① 金城：《“珠三角模式”再报告：不再可怕的顺德人》，《21世纪经济报道》，2008年9月。

年中先后进行了产权制度改革。

产权制度改革本身便是中国改革开放中非常重要的篇章。中国的改革，在实践上是从重新界定权利入手。

原来的公有制计划经济，其实是一套权利界定，即人们可以怎样行为、不可以怎样行为的一套制度规范。①

在改革形势的逼迫下，权利被重新界定，正因为重新界定了权利，特别是重新承认了私人产权和转让权，市场关系才重新在中国发展了起来。

在产权制度改革中，顺德提出了"靓女先嫁、靓企先改"等口号，鼓励让好的企业先转制，包括科龙、美的、格兰仕等一批企业纷纷开始转制。

转制带来了一大批佛山民营企业的诞生。以美的为例，1992年美的开始股份制改革，成为全国第一家完成股份制改造的乡镇企业，次年成为中国第一家上市的乡镇企业。其后，美的通过核心管理层收购股份的方式，顺利转制为民营企业。

2. 佛山优势行业与草根经济崛起

1993年产权改革展开后，企业管理机制的改变和产权的明晰释放了佛山企业的发展活力。不少企业在这一时期创办或者开始站稳脚跟。

志高、万和、美涂士、蒙娜丽莎、南海矽钢等企业均创立于这一阶段并迅速发展，成为细分行业内的龙头。他们在90年代短缺经济背景下，凭借不断提升的制造能力，生产出多样化产品满足人们的物资需求。

此外，也有企业经历积累后在这一时期登上高峰。从镇办企业珠江冰箱厂改制而成的广东科龙电器股份有限公司，在1983年试制第一台冰箱后，不断研发新的科技产品，到1993年，科龙产值达到18亿元。1995年，其在全国500家最大的工业企业中名列第147位，成为南中国企业的"巨龙"。

有了企业资本和制造能力积累，20世纪90年代家电、涂料等佛山传统优势行业进一步领跑全国。以涂料行业为例，在1985年到1990年短短几年内累积了一定的原始资本后，包括华润、金冠涂料、鸿昌等一大批涂料企业，均始建于20世纪90年代的顺德。之后，嘉宝莉、华隆涂料、神洲涂料、美涂士涂料、巴德士化工、汇龙化工、科斯化工、友邦涂料、迪邦涂料等相继创建。

截至1999年底，顺德地区共有涂料企业200多家，年产量30万吨左右，约占全国总产量1/10。顺德地区的涂料主要以木器、装修、建筑为主，粉末、金属

---

① 周其仁：《改革的逻辑》，北京：中信出版社，2013年9月。

印刷、防腐、工业等涂料也稍有发展，市场开发呈现快速增长的势头。这一大批的涂料企业，对推动我国涂料行业特别是木器涂料的发展作出了巨大的贡献。

这一时期，随着有中国特色社会主义市场经济的发展，越来越多的机会摆在了人们面前，国内出现了公务员辞职下海潮和普通人创业潮。

人社部数据显示，1992 年，中国有 12 万公务员辞职下海，1000 多万公务员停薪留职。还有不少草根来到南粤这一改革前沿阵地进行创业。也有一些乡镇企业管理层独立出来创业。佛山欧神诺陶瓷股份有限公司董事长鲍杰军、广东东方精工科技股份有限公司董事长唐灼林、美涂士集团有限公司董事长周伟健、佛山维尚家具制造有限公司董事长李连柱等都是其中的典型代表。这些企业也是日后佛山民营企业的佼佼者，同时这股私人开办企业的浪潮也是佛山草根经济逐渐繁荣的一个缩影。

（三）第三阶段（2001—2011 年）：民营经济向专业化、开放化转型升级

进入 2000 年以后，中国经济发展驶入全新轨道。2001 年 12 月 11 日，中国正式加入世界贸易组织（WTO），标志着中国对外开放进入了一个全新的阶段，中国市场化改革进一步推进，中国经济更加深度融入世界经济中，并在日后成为最重要的经济体之一。兴起于上世纪末的互联网在 2000 年初进入寒冬，却在 2005 年后再次繁荣，催生了电商、社交网络等新业态，显示出前所未有的强大生命力，并深刻影响着其他产业。

佛山同样迎来了大变革。2002 年 12 月 19 日，国务院批复同意调整佛山市行政区划：同意撤消原佛山辖区的城区、石湾区以及县级的南海市、顺德市、三水市和高明市，同意设立佛山市禅城区、南海区、顺德区、三水区和高明区五个区。“大佛山”由此形成，并在产业、招商等领域进行重塑。

在此背景下，佛山民营经济参与全球产业分工的程度也随之加深，尤其是 2003 年前后掀起外商投资佛山潮，加速佛山民营经济的全球化；信息技术开始渗透进制造业，推进制造业两化融合、转型；更重要的是，一批有着智能化、互联网特色的新兴产业和企业开始涌现。

1. 民营工业占比首次过半

在这一阶段，民营经济的发展进入一个前所未有的高速增长时期，逐步成为支撑佛山国民经济的半壁江山。

始于 20 世纪 90 年代中后期的乡镇企业转制到 2001 年基本完成。从 2004 年

起，佛山市委、市政府建立促进民营经济发展联席会议制度，出台相关政策措施，加大对民营经济的扶持力度。2004 年，佛山规模以上民营企业完成工业总产值 1668.18 亿元，增长 30.4%，占全市规模以上工业总产值的比重超过前一年的 49%，达到 50.1%。[①] 2010 年，佛山民营经济对全市经济增长的贡献率达到 61.1%。

彼时，佛山民营经济发展呈现出五大特点。一是民营企业发展势头强劲。全市 413 家产值超亿元企业中，有 301 家是民营企业。二是技术创新成佛山民营经济发展主导力量。2006 年全市省级高新技术企业 440 家，民营企业占了 95.55%。三是民营企业综合素质不断提高。部分民企开始在国际上创立自主品牌，出口产品 95% 按照国际标准生产。四是品牌意识不断增强。全市注册商标 24200 件，民企占了 89%。五是社会化服务体系日趋完善。依托专业镇加大为民营企业提供服务的力度，逐步形成专业化、社会化、网络化的服务体系。

在这一阶段，民营企业不仅是佛山本土经济的主要组成部分，还逐渐成为佛山发展外向型经济的重要载体。到 2006 年底，全市获得进出口经营权的民营企业 2348 家，实现出口总额 78.5 亿元；全市民营企业与外商合资合作企业共 2212 家，外资投资金额 49.42 亿美元，占全市合同利用外资总额的 42.67%。

2. 众多专业市场和贸易平台涌现

2000 年后，佛山纺织、陶瓷、家电、家具、机械等轻工制造业对于贸易平台的需求愈发凸显，专业市场发展逐渐成熟，环市童服城、中国陶瓷城、澜石国际金属交易中心、广东夏西橡塑城、佛山市国通物流中心、乐从家具市场等专业性的商贸平台不断涌现。同时佛山多个专业镇获得全国性称号，这意味着佛山民营经济的全国性影响力进一步扩大，专业镇会展经济也盛极一时。

佛山专业市场受到公社和乡镇企业影响，是以地块为划分，以供应链每一环生产商都彼此相连为特点形成的市场，可有效降低交易成本，便于卖家与生产商直接交易。20 世纪 90 年代佛山大力打造专业镇，提供市场交易空间。从 2000 年到 2002 年，佛山专业市场空间建设增加了 1600 万平方米，并在日后进一步扩大。[②]

---

① 《佛山统计年鉴 2005》。

② 张燕生，肖耿，（美）罗翔国，（澳）多米尼克·米格尔：《中国未来：佛山模式》，北京：中信出版社，2017 年 3 月。

2000年，原佛山市环市街道办投资近1亿元开发了环市童服城，该商城总建筑面积15万平方米，集生产、销售、展示、信息和童装设计于一体，以该商城为中心，最多时方圆15平方公里区域内开设了4000多家童装企业，童装生产厂房面积达200多万平方米，禅城成为全国最大的童装生产基地和童装直销物流中心。

为了打造佛山陶瓷整体品牌形象，从而进一步提升佛山建设广东第三大城市的新城市形象，中国陶瓷城于2002年10月18日正式开业，该商贸平台楼高5层，占地面积13万平方米，主楼建筑面积5.3万平方米，集产品贸易、会展、商务服务于一体，目前云集国内外知名品牌200多家，连续多年成功举办了“中国（佛山）国际陶瓷卫浴博览交易会”，成为中国陶瓷卫浴企业的全球贸易窗口，60多个国家和地区的采购商采购中国陶瓷卫浴的重点站。

澜石不锈钢制品和不锈钢材料的市场占有率约为全国的1/3强。2004年3月9日，投资2.5亿元的佛山澜石国际金属交易中心奠基，以澜石为核心，佛山打造辐射全国，由不锈钢、铝型材及其它五金产品构成，集技术研发、生产制造、市场交易、会展物流等功能于一体，具有全国及全球影响力的国际金属交易中心。

在家具商贸领域，迈入2000年后，以罗浮宫家居博览中心奠基以及180天建成首期工程为契机，顺德区乐从镇随后还连续6年举办了中国（乐从）国际家具博览会。乐从家具专业市场从马路经济升级为会展经济时代。在2004年，乐从镇被中国轻产业联合会授予“中国家具商贸之都”的称号。

3. 外商投资进入“小高潮”

与早年，佛山外商投资以港澳台资本占绝对优势相比，进入2000年后，港澳台资本在这一阶段迅速下跌，外资增长有所增加，2003年，佛山完成行政区划调整后，实际使用外资同比增长23.7%，合同利用外资增长60.7%，并首次改变了持续多年的合同外资金额和实际使用外资金额“倒挂”现象；来自美、法、韩等国的合同外资金额分别增长110%、46600%、781%。

一方面，越来越多外企与佛山民营企业成立合资公司或是共同投资。南海企业时利和汽车集团是一个典型的例子。时利和首先是与本田汽车下属的本田阿克塞斯合作，共同投资设立了本田汽车用品。在不断提高技术水平后，时利和建设了自己的汽配园，与日本的发尔特克、大野地毯、日和汽配、东洋橡胶、露丝环保等企业合作，共同投资了5个项目。

另一方面，外商独资企业增多，带动了佛山本土产业集群壮大，完善的产业供应链给本土民营企业带来利好。

2000年初是世界500强进入中国投资的高峰期，佛山也不例外。本田汽车、丰田汽车、卡特彼勒、汇丰集团等知名企业招牌陆续出现在佛山的土地上，并不断刷新佛山的招商纪录。到了2006年，佛山在3年内吸引500强公司在本土投资了45家企业，超出了此前20多年佛山市500强投资企业数的总和。2010年一汽大众的进入更是让佛山迎来少有的百亿项目，成为大项目标杆。它带动接近2000亿元的配套产业链，到2013年已有41家整车配套的核心零部件配套企业及物流项目落户佛山，壮大了佛山民营汽车产业集群。

4. 企业国际化合作进入新阶段

2001年12月11日中国正式加入世界贸易组织（WTO），进入全球化新阶段。而随着中国制造转型升级的不断推进，原先依靠庞大且廉价的原材料、劳动力、土地等要素市场，以OEM等生产合作方式学习海外先进技术的佛山企业，开始推动国际合作从要素"置换"向着更为平等的合作创新方向转变。

这一时期，更多佛企从代工者转为自主品牌出口者，凭借高性价比的产品打开国际市场。比如万和电气在21世纪初随着生产能力的提升开始做大外贸市场，出口到美国、东南亚、非洲等国家地区的自主品牌产品显著增多。长期的外贸合作也让外国企业对佛企的信任和了解得到增进，为日后的合作奠定基础。

美的集团已在海外设立多个海外分支机构和生产基地。除布局销售网点与制造环节外，美的集团还积极引入国际化人才，对接全球创新资源，提高创新速率。

与此同时，企业利用会展等平台走出去的意识也不断强化。借助广交会、意大利博洛尼亚等国内外会展平台，佛山民营企业加强产品展示以及与海外客商的互动、吸引更多海外订单，为产品走出去提供重要动力。

5. 众多智能化、互联化型企业涌现

1997年是中国的互联网元年，网易、新浪前身四通利方、搜狐创始人张朝阳投资的网站都在这一年建立。中国开始进入智慧时代，技术也越发受到重视。这一形势延续到2000年后，在佛山，一批生产技术落后、市场竞争力弱的高能耗高污染企业因缺乏抗风险能力而被淘汰，佛山进入漫长的产业结构调整期。在探索由"汗水经济"向"智慧经济"转型的过程中，一批资本密集型和技术密集型企业由此诞生。

比如，因应传统制造业技改挖潜、清洁生产的需求，一批环保设备、先进装备制造、新材料等企业乘机而上，迅速壮大。如科达机电（现科达洁能）、伊之密、德冠集团等，均成立于2000年前后。

进入新世纪，以互联网为代表的新一轮科技和产业革命在中国渐成势头，一些带有早期互联网、智能化技术元素的企业在佛山萌芽。尤其是2008年国际金融危机后，许多产业和行业遭受冲击，人力成本不断攀升，劳动密集型企业生存空间受到明显挤压，一些创新能力较强的公司从传统企业智能化升级中捕捉到商机。

成立于2002年的嘉腾机器人，早期经营五金件及电子产品相关设备，2005年，开始立项研发无人搬运机器人（AGV），并在2008年推出了第一款简易型AGV，正式进军搬运机器人市场。同样是2008年，利迅达机器人开始筹建，并在2009年从不锈钢领域跨界切入机器人领域。

除了生产自动化，传统产业也随着淘宝网等电商平台的兴起而掀起销售渠道变革。2006年至2007年，依托本土的家电、家具产业集群，小冰火人、SKG、林氏木业等电商接连成立，形成了最早的佛山电商企业军团。与此同时，传统产业纷纷触网，小熊电器、东菱、贝尔莱德、美的家电等品牌在网络江湖崭露头角。

（四）第四阶段（2012—2018年）：佛山民营经济创新转型深化

2012年，世界经济复苏势头受挫，增速明显放缓。除了受全球经济环境变化影响，在中国内部，随着材料、劳动力成本增长，资源、环境对经济增长的约束力增强，中国经济发展面临的困难也逐步增多，产能过剩矛盾突出，经济下行压力加大。

在面临巨大压力同时，中国企业也拥有巨大的机会和空间。一是消费升级成为经济增长强劲动力，二是科技创新能力和人力资本投入提升为经济注入新动力。

2012年起，佛山产业加快转型升级步伐，引入“互联网＋”与智能制造技术，传统产业往高端化趋势明显；同时，在新技术涌动之下，“新民资”出现，大量3D打印、生物科技、机器人、芯片等战略性新兴产业在佛山爆发。另一方面，佛山企业加快资本出海，向欧美等发达国家发起跨国并购，通过在“一带一路”沿线国家进行产业布局寻找企业新增长点。

1. 新技术、新业态增多

处于深度调整阶段的中国经济，越来越倚重创新来撬动新需求、形成新动力。新技术催生新产业、孕育新业态。依托新技术，传统产业焕发青春活力，新兴产业进行“弯道超车”。“十二五”期间，国内信息产业、装备制造、生物医药等新兴产业快速发展，大学生创业群体、“海归”创业群体为主的“新民资”涌现，佛山出现一批3D打印、生物科技、机器人、芯片等战略性新兴产业企业。

“新民资”为佛山带来新产业。党的十八大以来，迎来新中国成立以来最大规模留学人才“归国潮”。根据2017年留学人员回国服务工作部际联席会议公布的数据，从1978年到2016年底，我国各类出国留学人员累计达458.66万人，其中265.11万人在完成学业后选择回国发展。在回国发展的留学人员中，党的十八大后的5年回国人数占到70%。佛山同样享受到这波“归国潮”的红利。

峰合精密喷射成形科技有限公司董事长杨云峰，曾担任芬兰国家技术研究中心（VTT）首席科学家及芬兰国家技术研究中心驻华首席代表，2014年买断自己的全部职务发明来到佛山创立公司，为佛山引入全球领先的PFS精密喷射成形技术。

新业态的引入帮助佛山传统产业升级。佛山南海是口腔机械制造产业集聚地。2014年，国家“千人计划”专家杜如虚及广东唯一一位2014“中国留学人员归国创业人才”陈贤帅共同在佛山创立的安齿科技，率先在口腔修复领域引入金属3D打印技术，并首次在世界上提出“3D打印个性化拟牙种植体”，正有望引领佛山的口腔制造行业走向高端。

佛山传统产业孕育出新业态。如进行精密制造的中南机械对前沿的“3D打印”技术进行研究，其“桌面机”成国内首个出口土耳其金属3D打印机；美的集团通过创新研发开始布局智能家居领域；作为瓦楞纸设备生产商，东方精工通过并购涉足智能制造行业及新能源汽车领域。

众多佛山传统制造业企业在内部建立创业孵化机制，带动创新裂变。2015年，美的集团与浙江大学联合开发了开放式创新平台——美创平台，以此孵化内部员工创业项目。2017年，广东新宝电器有限公司启动建设了一个小家电全球知名品牌引进和双创孵化智造基地平台，以此激发企业内部创新活力。

海天味业在公司内部设立了项目分包机制，推行共享机制。销售部门会根据客户消费习惯提出产品研发需求，供内部研发小团队“接单”。研发完成后，销售部门会采取类似购买的形式回购研发成果，以此激励研发团队不断开发与创新。

2. 传统产业创新变革、平台型公司涌现

随着过去数十年我国经济持续增长依赖的“人口红利”逐渐消失，2012年后产业成本上升、环境压力大等发展中积累的一些问题开始凸显。2015年，中央提出推进供给侧结构性改革，提高供给体系质量和效率，增强经济持续增长动力。在此背景下，一些平台型企业出现，旨在整合行业资源以集体采购、融资、抱团出海等模式，重塑行业生态，降低单个企业发展成本。

2016 年 3 月，由东鹏陶瓷、新明珠陶瓷、中国陶瓷集团等多家佛山陶瓷界一线知名企业共同发起，采用“B2B + O2O”模式，旨在打造出一个让陶瓷行业采购方和供应方直接对接的平台——众陶联正式成立。2017 年 6 月，在中国合成革产业基地上，作为“众塑联”产业平台发起人，27 家企业负责人齐聚高明进行集体签约，一个提出要整合全国塑料资源的产业平台正式诞生。两个多月后，提出要“为牛仔产业提供更多可能”，成为贯彻供给侧结构性改革有益尝试的平台——众衣联在顺德均安成立。

集体采购降低成本、大数据服务行业等，是这些平台型企业的主要举措。以众陶联为例，该平台会对原料采购进行细致专业的分析，对于在平台产生的交易，众陶联建立 94 个维度，分别抓取其物料的高、中、低位价，分析物料条件，找到最优的物料采购模式和供应商，并把数据分析向采购不那么完善的企业推广。众陶联还设立了一个第一期总量 18 亿元的专项资金，支持行业转型升级。

此外，有企业打造出海平台。2016 年，联塑集团打造领尚环球之家，该项目是一个以家居、建材、五金为主业态的全球连锁商业综合体，项目内配套中心 mall、品牌街、建材街、国际美食城、仓储物流中心、创客中心、酒店公寓等，为优质的泛家居厂商提供线上线下一站式服务，包括海关商检认证、仓储物流、法律咨询、售后服务等。该项目涉及“一带一路”沿线国家，包括泰国、阿联酋、印度尼西亚、印度等，还将在美国纽约、洛杉矶、加拿大温哥华、多伦多，澳大利亚悉尼等发达国家城市推动。

3. 跨国合作进一步升级

2010 年后，全球化趋势进一步加强，尤其是“一带一路”倡议的提出为企业提供出海新机遇。与很多城市以国企作为进军“一带一路”以及跨国投资的主力军不同，民营企业成为佛山“出海”的中流砥柱。而且随着佛山民企资本积累到一定程度，跨国合作从买资源、卖产品升级为资本换技术、品牌，并在全球深化创新布局。

首先，佛山与欧美地区企业合作更加聚焦先进技术、资本、人才与品牌，进入跨国并购高潮。美的集团经历了从单向引进生产线、为外资品牌贴牌代工，到海外投资建设生产基地、成立合资公司、并购海外优质资产等多种合作方式的转变，并于2016年收购德国机器人巨头库卡集团。美的实现了生产经营全球化、研发布局全球化，在全球范围内拥有60多个海外分支机构，在10个国家设立了12个研产销一体基地。东方精工在上市之后的6年时间，通过内生式发展及外延式并购，已打造成拥有智能包装设备以及高端核心零部件两大业务板块，产业布局遍布亚洲、欧洲和美洲。

其次，佛山企业积极在“一带一路”沿线国家进行产业布局，通过“走出去”、绿地投资寻找企业的新增长点。目前，国内建材、陶瓷、LED等传统行业均面临产能过剩这一局面。科达洁能采取“走出去”的策略，在非洲肯尼亚、加纳特、坦桑尼亚等地建立陶瓷生产基地。国星光电通过建立国外子公司拓展海外销售业务，2016年企业国外销售同比增长56%，得益于印度、俄罗斯等“一带一路”沿线国家出口的增长。

三、佛山民营经济发展历史经验

改革开放以来，佛山地区生产总值经历了高速增长，在较长时间里保持着17%的年实际增长率，地区生产总值曾进入全国前十，工业产值位居全国前列。这其中，比重超过一半的民营经济是佛山经济维持高增长的主要动力。对于既不是省会、直辖市也不是特区的佛山来说，取得这样的成绩令人惊讶。

这背后，从产权改革到企业现代化管理机制变革，从培育本土企业家精神到开放引才，佛山民营经济从产业、土地、人才、技术以及政企互动等多层面探索出的核心经验，成为“佛山故事”最为精华的篇章。

（一）解放思想，产权改革为中国率先激活企业生产力

回顾改革开放之初，佛山在全国率先解放思想，以公平为核心原则开展产权改革，探索国内现代企业制度建设。以顺德为代表，佛山民营经济在产权制度改革上的一系列探索为人所称道，也对该市民营经济的发展产生深远影响。

一方面，以产权改革试点为契机释放企业发展活力。十一届三中全会提出，扩大国有企业自主权，把原来由国家经济机关控制的决策权，放到企业层面。在1992年，顺德被确定为广东省的综合改革试验市，正式启动企业产权制度改革。

解放思想、大胆创新，是顺德产权改革的特色。顺德为了鼓励企业加快开展产权制度改革，提出了“靓女先嫁，靓企先改”的口号。当时的“靓企”特指的

正是以华宝为代表的一批优质企业，顺德鼓励这批企业率先转制。

另一方面，从最初全民持股到后来鼓励管理层持股的方式，也为国内现代企业制度的建设探路。当时的转制，主要涉及经营权卖给谁，以及如何持股两大问题。

接受调研的佛山民营企业家、顺德地方官员表示，在转制初期，大多企业还是采取全民转制的方式，也就是“334”模式，即企业经营班子获得30%的股份，中层干部获得30%的股份，余下职工获得40%的股份。

但是按照“334”模式转制的企业，在转制后同样遇到转制前的问题。即由于企业转制后依然是全民持股的方式，导致企业在技改或其他创新投入上遇到掣肘。同时，这种模式也使得核心管理层的积极性大打折扣。

顺德率先意识到了这一问题。从1995年开始，包括美的等一批企业，改变全员持股方式，采用核心管理层持股的方式。这种做法被认为是决定企业转制成功的关键。调研发现，采取了全民持股转制模式的企业，除非企业核心管理层在后来逐步回收股权，否则它们中的大多数在后来都遇到了发展的瓶颈而倒退，有的甚至因此而倒闭。

在顺德、南海、禅城等，通过产权制度改革，这些区孕育了如今享誉全球的佛山民营企业，如美的集团、格兰仕集团、昭信集团、鹰牌集团等。

（二）地方政府率先鼓励经济建设，为全国输出县域经济范本

通过大胆创新，改革开放后佛山创造了“南海模式”和“顺德模式”，走出了一条草根经济、产业集群、体制创新的跨越发展模式，为全国输出县域经济发展样本。

“南顺模式”首先得益于在遵循市场经济规律下崛起的一批乡镇企业。通过80年代初期的家庭联产承包制改革，佛山进一步释放了土地的价值，使县域经济获得了“解放”，大量乡镇企业快速发展。数据显示，至1992年，佛山乡镇企业达64474家，总产值284.57亿元。

乡镇企业最初是集体所有制，也是基于市场机制驱动，无计划指标、无价格控制、无上级主管控制的极具市场活力新型经济组织。通过90年代的产权制度改革，这些乡镇企业转为民营企业，成为市场经济的主力。

在市场经济不断萌芽发展的基础上，佛山的南海与顺德形成了“南顺模式”，并以各具特色产业经济改革探索，为中国开辟新的县域经济发展路径。

"南海模式"是典型的本土型民营经济，为日后佛山民营经济的活力奠定基础。1982年，南海人均收入已超400元，成为全国首富县。本地农民利用珠三角改革开放的天时地利之便，从贸易做起赚到第一桶金，随后由贸易向上游延伸，积极利用资金更新设备，逐步提升企业的研发水平，提升产品附加值，完成"贸—工—技"转换过程。

在这一过程中，南海各届政府"大胆"的鼓励发挥了极大的刺激作用。1980年1月10日，当时社会上"姓资姓社"的争论还未结束，时任南海县委书记梁广大就带队敲锣打鼓到万元户家贺富。1983年初，南海县委、县政府专门下发红头文件，表彰600名专业户、重点户。在梁广大主政期间，南海提出"三大产业齐发展，县、公社、村（大队）、生产队、个体、联合体企业'六个层次一起上'"，即"六个轮子一起转"的思路，为之后南海的发展模式奠定基础。

而"顺德模式"在工业化的诱发过程中，基层政府发挥了更多的作用。在80年代率先开放后，顺德县提出"工业立县"，要求产业结构以工业为主，企业结构以规模企业为主，并想方设法从金融机构获得资本支持，遂使顺德在一些产业领域迅速成为全国市场的佼佼者，奠定了顺德的产业竞争力基础。

大企业多、国际化发展、产业分工高度专业，这是顺德模式的特色与经验。1987年，顺德乡镇企业华英风扇厂产值达1.35亿元，裕华风扇厂产值1.03亿元，是全省首批超亿元的企业。在全国十大乡镇企业的评选中，顺德有5家企业入选。当时甚至有一种说法，称全国最大的乡镇企业都在顺德。

与此同时，顺德乡镇企业善于捕捉国际市场变化，利用国际产业转移的机会，发展制鞋业、制衣业、玩具，生产风扇、自行车、缝纫机等简单机械制造业，接受港澳台及西方的工业转移，并利用香港、台湾中转，链接国际市场。在全球市场带动下，1989年北滘镇外向型经济规模达8000万美元。

在政府引导下，顺德内部形成一批产业集聚专业镇，如以北滘镇为主的家电产业基地、以陈村镇为主的花木特色专业镇、以龙江镇和乐从镇为主形成的家具产业集群。鲜明的区域产业定位和合理的内部产业分工，使顺德产业实现了有序发展，并形成高度专业化的产业分工和强大的产业配套能力。

"南顺模式"也让佛山的发展聚焦在产业经济上，竞争力不断得到强化。

（三）注重权力下放与体制创新改革，形成良好营商环境

在我国经济体制改革过程中，政府与企业之间的关系处理，直接关系到企业

能否真正成为市场主体，社会主义市场经济体制能否完善，经济能否实现健康持续发展等问题。在改革开放四十年的过程中，佛山政府和市场不断演进的互补互促关系，为佛山成功培育了高度发达而充满活力的制造业市场及国际化、市场化、法治化的营商环境。

一是通过放权，释放企业和市场活力。当市场经济尚处于“萌芽”之时，佛山政府逐步把部分政府权力下沉到村镇最基层（市级下沉到区县，再下沉至镇街），把部分资源支配权分散到社队企业改制后的乡镇企业和个人。数据显示，1980 至 2012 年，佛山市级财政收入占佛山财政总收入比重从 34% 降到 14%。

随着财权、事权的逐步下沉，佛山构建了更加适应市场经济发展的分散化决策结构，使最贴近市场、最了解需求的基层政府能够最优配置资源、进行制度创新给予市场发展空间，促进了当地市场经济的快速形成与发展。

同时，受益于财政包干体制与财力下沉，20 世纪 80 年代佛山地方政府得以“放水养鱼”，对企业减税、多予、少取，鼓励内生性市场因素的快速发展，也因此培养出美的、格兰仕、万家乐等著名企业。90 年代，顺德政府甘冒政治风险触动了产权这一敏感“禁地”，通过“租”（租赁）、“股”（股份合作）、“卖”（产权出售）等方式，率先把公有制企业推向市场，更好的激发市场活力。

二是服务企业、给予企业获得感，促进政企良性互动。佛山为民企创造宽松的环境，推动企业获得快速发展。广东联邦家私成立于 1984 年，其创始人杜泽桦表示无论是在企业发展初期还是在接下来的发展过程中，相比具体政策的出台，佛山政府“敢为人先”的鼓励政策给企业发展带来极大鼓舞，这一精神支持远高于物质扶持。

简单来说，政府通过简政放权的引导和市场因素的培育，推动民营经济的发展；而随着佛山经济的发展，市场又反过来推动政府提供基础设施和社会服务，推动政府改革。

三是通过行政体制改革促进企业办事便利化，建设法治化国际化的营商环境，推动佛山由政策洼地向环境高地转变。为管住政府的手，放开市场的脚，激发市场主体的活力，佛山大力推进企业投资管理体制改革，进一步放宽市场准入，强化市场监管和服务，让政务服务“一门式”改革的推行成为全国的样本，并通过十年争取，于 2015 年获得了地方立法权。

从“放水养鱼”到打造国际化、市场化、法制化营商环境，佛山通过“政府搭台、企业唱戏”的方式实现政企共振。

（四）坚守实业，以制造业优势塑造核心竞争力

中国改革开放40年所取得的重大成绩，离不开制造业强有力的支撑。一直以来，制造业是佛山立足发展之根本。坚持制造业立市不动摇，坚守实体经济不动摇，打造具有国际竞争力的制造业、壮大城市综合实力，是佛山经济发展中最重要的探索之一。

佛山制造文明源远流长。早在明清时期，佛山就是商贾云集的岭南重镇，以陶瓷、纺织、铸造、医药等制造业为主的手工业就十分繁荣，推动佛山成就了“中国四大名镇”的盛名。

改革开放之初，佛山更是敢为人先、解放思想，首先抓住了全球产业转移的先机，通过改革放权，逐渐培育起家电、家具、陶瓷、铝材、食品、饮料等一批产业集群，成为中国当代工业化起步的重要策源地之一。

如今，佛山逐步发展成为一个以制造业为主导、坐拥机械装备、陶瓷建材、家用电器等优势产业集群的工业大市。尽管这几年受国内外宏观经济下行的影响，佛山制造业也遭遇到一些困难，工业投资增长放缓，但制造业始终在佛山占绝对主导的地位。

2016年，佛山规模以上工业企业5671家，居全省第三位；实现规模以上工业总产值21187.3亿元，工业增加值4671.2亿元，利润总额1589.8亿元，利税总额2234.3亿元，以上四项指标均仅次于深圳居全省第二位。规模以上工业增加值占全市生产总值的比重，2015年为54.5%，2016年为54.7%，比同期珠三角整体比重高出约17个百分点（2015和2016年珠三角的整体比重分别为38.0%和37.2%）。2016年，规模以上工业增加值增速为7.7%，增幅在珠三角居第二位，高于全省（为6.7%）和全国（为6.0%），增加值增速与总产值增速相同，说明工业增量与增效同步提升。

企业及企业家是佛山制造的重要缔造者、见证者和支撑者。2016年佛山市100家优秀民营企业中，有美的、碧桂园两家营收达到千亿级的企业，超过100亿元的有格兰仕、联塑、海天、海信科龙等8家。而这100家优秀民企中，制造业就占了89家。其身后是何享健、方洪波、杨国强、梁庆德、边程、唐灼林等一个个优秀的企业家，坚守实业，不断推动企业做大做强，使企业成为“佛山制造”金字招牌。

从政府的层面来看，近年来，佛山市委市政府坚持工业立市，把产业结构转型升级作为经济工作的核心，通过出台“佛十条”等政策文件，促进企业工业技

改升级、引导金融与实体经济结合，深化行政审批和商事登记制度改革，切实降低企业运营各方面的成本，助力制造业的供给侧结构性改革。

作为全国唯一的制造业转型升级综合改革试点，佛山正在建设面向全球的国家制造业创新中心，集中力量打好供给侧结构性改革攻坚战，把制造业发展的立足点转到提高产品质量和效益上；以智能制造作为实现制造业转型升级主攻方向，坚定不移走“世界科技＋佛山智造＋全球市场”的创新发展之路。

（五）以“敢为人先”的企业家精神，引领民企创新突破

在佛山民营经济发展史上涌现出了一大批优秀企业家，比如美的的何享健、碧桂园的杨国强、万和的卢础其、志高的李兴浩等等。这些企业家在改革开放初期产权边界有待理清、市场规则秩序仍有待完善时，凭借敏锐超前的市场经济观念、灵活的策略和敢“饮头啖汤”的企业家创新精神，在行业内率先进行企业管理、产品技术、营销模式突破，造就了佛山制造的传奇，更为佛山乃至中国民营经济发展输出了大量的宝贵探路经验。

一是在改革开放初期至20世纪90年代，在短缺经济背景下佛山民营企业家带领企业率先通过学习外来技术实现产品核心技术的自主攻关，成为不少产品技术的国内首创者，由此奠定了佛山某个行业在全国的领先发展基础。

美的、万和、志高等佛山家电龙头企业最早都是通过解剖国外产品进行反向研究，掌握核心技术、填补国内产品空白。以万和为例，20世纪90年代初，万和创始人卢础其从日本买来一台超薄式水控热水器，剖析其技术原理，并研制出一台全自动热水器。卢础其研制的这台热水器成为中国第一台超薄型水控式全自动燃气热水器，也成为万和从热水器生产商中突围的利器。水控式热水器面世仅仅一年后，万和的销售额就突破了1.5亿元；1996年，万和的销售额达到近4亿元，业内领先。

技术创新意识的积累，让佛山日后诞生了一大批填补技术空白的隐形冠军企业，比如全球首家研发悬浮式立体棉芯卫生巾企业佛山市啟盛卫生用品有限公司、中国唯一可生产低中高密度硅酸钙板企业广东新元素板材有限公司、全球首创磁悬浮直影式轨道交通专用空调的广东西屋康达空调有限公司等。

二是改革开放以来，不少佛山企业率先适应政策和市场变化，进行企业运营管理、生产、营销模式的创新，其中不少探索至今得到延续，也为企业在市场经济下的成熟壮大奠定基础。

佛山照明前身佛山灯泡厂厂长钟信才在改革开放初期就在厂内实行计件工资，员工做多少灯泡拿多少钱，并推动自由提成、分成和人员定额分成，破解大锅饭带来的劳动力积极性欠缺问题。钟信才还率先聘用来自农村的合同工、农民工，改善员工工作懈怠的状态，同时根据市场需求而不是计划来生产产品。这些举措属广东省首创，释放了佛山照明在市场经济下的生产力。

除了万和、佛山照明，佛山民营企业敢为人先的探索分布各行各业。碧桂园创始人杨国强在20世纪90年代建立贵族学校吸引高收入者子女读书带动客户购房，他还推出低价别墅、首次将酒店式服务模式引入住宅式物业管理，开创业内先河；佛山涂料企业在全国首创行业内先交货后付钱的“铺货模式”、多品牌化经营战略。

到了互联网新时代，佛山民营企业的创新精神仍在发扬。维尚利用“互联网+”技术成为家具个性化定制、零库存生产的领航者。

（六）开放视野链接全球资源，提升佛山制造国际影响力

企业进行国际合作、在全球配置创新资源，并推动产品攻占世界市场、提升佛山制造在全球产业链的地位，这也是佛山民营经济发展的宝贵经验之一。

一是以“三来一补”奠定对外合作基础。早在改革开放初，佛山民企通过“三来一补”模式与外企进行合作，进入全球市场。当时佛山制造较多受到香港辐射，以港为师、迎来大批港资。彼时，香港的劳动力、土地、费用等生产要素成本上升，产品受到东南亚地区廉价制造品的竞争后，香港制造业开始向外转移。在血缘、地缘、人缘的多重作用下，第一批港商开始北上设厂，开启了珠江三角洲与香港的合作道路。佛山的盐步内衣等产业便是在这一基础上发家。

此外，不少从佛山走出去的企业家在香港新界等工厂落脚，涉足制造业和转口贸易后，又带着港资和技术返乡办厂，从事来料加工。香港永和实业集团主席、“小黄鸭之父”林亮就是一个代表。

二是凭借佛山制造嫁接外来资金技术的主动性，加快布局企业资本、产品、服务走出去。

早在20世纪90年代初，顺德容奇镇办成衣厂已在广东北部的南雄、连县等地成立80多个加工点；该厂还进一步向外扩张，已在新西兰与外商合资办了一个服装加工厂，用他们的技术和商标，利用当地劳动力开辟当地市场。在90年代中后期，佛山家电龙头企业美的就进行了跨国并购，收购了万家乐由日本东芝掌握

的那一部分股份。当时美的并购后并未大量派遣自身员工接管东芝员工，而是保留了东芝的管理层和管理模式。

进入2000年后，佛山企业以国际合作为推手，积极推动自身在全球价值链的位势提升。尤其是在金融危机以后，国内实现创新驱动、产业转型升级的需求猛增，技术合作、资本合作等中外合作方式渐占主流地位。2008年之后，美的集团开启系列资本合作，连环入股东芝、Clivet、库卡等国际企业；2012年，广东原点机床科技有限公司与瑞士NUM集团在瑞士共建研发中心；2017年，格兰仕也在继英国、法国设立销售支点后，在德国布下全资子公司，主攻产品研发。

三是佛山民营龙头企业凭走出去为整个佛山行业带来增量效应。佛山部分具有技术和市场优势的民营企业，在加快海外并购步伐的基础上，充分利用海外并购产业的优质技术和品牌资源，与国内的制造业成本优势和广阔的市场优势相结合，率先做出了并购后返程国内再投资的“新外资”成功试验。

2017年初，佛山家电龙头企业美的正式完成对德国机器人巨头库卡的收购。顺着并购合作轨迹，库卡与美的在2017年达成战略合作，建设中德智能制造产业园，围绕机器人、智能制造和数字化智慧城市等主题，进行产业园、生活社区开发，建成后将形成以机器人本体制造为核心，集合机器人和智能设备研发、培训、展示、应用全链条的中德智能制造产业新城。此前，并购大户东方精工收购意大利智能装备企业后，也通过在佛山设立中外合资子公司的方式在本土进行投资，将海外技术进行沉淀、消化和吸收，以优化本土的生产技术，实现部分核心部件国产替代，优化佛山本土智能装备产业。

（七）以人才为第一生产力，大胆引才

梳理过去40年发展历程，佛山对外来人才的开放包容，一度成为其民营经济发展的重要动力。

首先，改革开放之初，佛山大胆冲破传统体制对人才的束缚，在全国率先推出开风气之先的引才政策。当时，佛山简化一切手续，不要档案、介绍信，只要有毕业证书就可先上班后办调动手续，家属也可随同落户佛山。同时，政府部门还前往全国各地组织人才交流会，吸引外地人才前来应聘，场面之轰动，在全国都不多见。

从1983年到1990年，佛山以改革为动力，引导科学技术在为经济建设服务中实现良性发展。这一时期，佛山在全国首倡“科技建市”，将人才放在突出位

置，制定并出台了《发挥佛山优势促进横向科技联合的若干规定》《佛山市专业技术人员合理流动的规定》等若干政策，积极招贤揽才。其间，佛山还推出多项举措，开全国之先河。1986 年，佛山大学成立，成为全国最早的地方所办大学之一；1986 年，佛山在全国率先对老师进行补贴；1987 年，佛山在全国率先建立社会养老保障制度等。

其次，企业纷纷抛出“橄榄枝”，以大手笔引才育才留才，优化企业人力资本要素。科龙公司要求人力资源部每年必须引进 50 位本地大学生，允许他们“领着工资上大学”。同时，科龙还全款资助“科龙二代”读大学，以此建立后备人才库。而美的集团创始人何享健也提出“宁可放弃 100 万元的利润，也不放弃一个有用之才”，并早早提出使用“全世界人才”的概念。

许多佛山企业认识到抢占技术制高点的重要性，采用“星期六工程师”的做法，以当时相对优厚的酬金，聘请广州等地研究所、高等院校、国有企业里的高端人才在周末空余时间，到佛山来帮助企业提升技术和管理水平。这种做法在佛山产业依靠模仿创新的起步阶段发挥了重要作用。

同期，受国际产业转移的影响，包括佛山在内的珠三角城市经济率先发展，许多人才慕名而来，由此迎来了珠三角相对内地城市的人才“顺差”优势，缔造了“孔雀东南飞”的时代景象。

再次，21 世纪许多佛山企业在迈向全球化经营过程中，面向全球揽才，集聚创新资源，增强企业核心竞争力。

美的集团启动了百万年薪、三年快速晋升机制等待遇的“美的星”计划。而碧桂园集团 2013 年启动“未来领袖计划”，截至 2017 年 12 月上旬，已吸纳接近 1000 名来自哈佛、麻省理工、剑桥、牛津、新加坡国立、港大、清华、同济等全球顶尖高校博士。

同期，一批在美的、科龙等行业龙头企业从业多年的员工，开始离职创业，沿着产业链上下游创业、就业，助推佛山经济发展与产业链壮大。在格兰仕离职员工中，有 1/3 从事电商、移动互联网等相关行业；而由美的离职员工自发形成的互联网社群“北美洲”，已集结了过万名用户。未来“北美洲”计划注册成公司实体，集结成员丰富的行业资源，打造成智能家电圈的投融资中介和项目孵化平台。

（八）瞄准细分市场领域，形成大批“隐形冠军”

佛山不仅制造业门类齐全，而且不少中小型企业在高度专门化的需求市场上的占用率排名全国乃至全球第一，成为无名英雄。一个崛起的隐形冠军企业集群早已在佛山成型。比如，中国有芯/无芯集成复卷生产线市场占有率第一的宝索机械，中国高端“电梯人机交互及多媒体液晶显示”市场份额第一的伟邦电子科技，中国饮料包装 PET 细分领域高端市场第一的星联精密机械，中国塑钢带市场份额第一企业南海新兴利合成纤维有限公司，中国民企中小电视机出口量第一的朝野科技等。

这些冠军企业成功的最大秘诀，在于它们瞄准新、特、专，发挥深耕细分领域、把产品做到极致的工匠精神，抵制住短期利益的诱惑，专心致志、心无旁骛，走出一条“小而专、小而精、小而优、小而强、小而特”的道路。

比如，广东电缆厂有限公司十余年如一日，企业领导每天花 1 个多小时在一线巡视车间，当场解决任何生产问题；坚持“100% 选用优质材料、100% 按国标生产交货、100% 按足长度供货”；严控上游供应商原材料质量，每年至少有十家八家供应商的原材料因不合格被退货；产品品质的检查贯穿生产过程，从原材料进厂到出品要经过 20 多道检测。在 1991 年凭借出众的品质，夺得国家质量奖审定委员会颁发的金质奖章。

这些隐形冠军在发展过程中还为中国制造业培育了一大批态度专注、技艺高超的工匠，锻造着民营企业的核心竞争力，为企业的基业长青筑好地基，也成为佛山民营制造业的灵魂。

美的集团生活电器事业部电热经营体首席产品经理黄兵 13 年来平均每年要用 1 吨米去做研发，出 11 万份测试报告，由他开发出中国第一台自主知识产权的 IH 加热技术电饭煲，引领中国电饭煲产业由智能化电饭煲向 IH 电饭煲方向升级。溢达纺织研发中心高级工程师何小东研制出全球最细纱线，用该纱线制成的服装走高端路线，每年可获利润 3599 万元。日丰企业有限公司副总经理、高级工程师李白千常年与水管打交道，只要一摸水管就能知道它的详细情况，把水管内壁做得比头发还细滑，成就“日丰管，管用五十年”的好口碑。

这样的精益求精更保证了佛山民营企业的竞争力，促其挺进全球知名企业的供应体系，不断获取更高利润。被称为国内铝轮毂行业“黄埔军校”的中南车轮，跨过一汽—大众等全球十大整车生产厂，以及美国哈雷、英国凯旋等企业的高门槛，成为其供应商；星联精密生产的 PET 瓶模具则被可口可乐、百事可乐使用。

（九）产业集群、专业镇蓬勃发展，形成完备产业链优势

佛山以“一镇一品”的专业镇经济形态，形成了特色明显的产业集群。数以万计的上下游配套企业通过空间的聚集产生协同效应、溢出效应、规模经济，构成佛山产业集群竞争优势，为佛山经济增长提供强大动力。

首先，专业镇有效提升了早期佛山区镇经济竞争力。在土地使用权可以进行交易之前，公社和乡镇企业只能使用被分配到的属于自己的土地。企业不仅不能搬到城市郊区（一般在城市发展过程中企业会倾向于这样做），而且由于缺乏土地市场，他们也没有动力这样做。因此，供应链会局限在他们所服务的企业最初建立的地方。1983 年，佛山官员开始在选定的一些镇里建设大规模的特定产业市场。在接下来的几年，市政府又开始筹集和分配资金，加快专业化市场城镇的建设。

乐从镇就是个例子。当时的顺德政府在 20 世纪 80 年代鼓励建设专业化家具市场。外商卓越的技术和能力，促使国内企业和地方政府努力提高自身水平。这样一来便可与国外企业进行竞争。2014 年，乐从镇宣传自己是“世界最大的家具市场”，容纳了 3500 家企业。国内知名学者张燕生认为，这种产业集群的出现极其有效地促进了经济增长。

数据显示，目前 佛山有 41 个专业镇，数量居全省地级市之首；全市专业镇企业 14. 8 万家，专业镇经济总量大、辐射带动力明显，对佛山经济总量的贡献多年保持在 80% 以上，为全省最高。

其次，专业镇对推动地方产业创新升级、经济结构优化产生巨大作用。陶瓷、家电、不锈钢、铝型材等产业中的很多企业由低端加工制造环节向高端制造、营销、设计研发等环节转型，形成了更具产业控制力和更高利润率的全产业链发展模式。比如，张槎通过引入纺织服装中的高端设计机构、智慧产业链、会展经济、国际时尚交流中心等文化、时尚、科技因素，让张槎针织向时尚业转型升级。北滘以工业设计城和知识产权为核心，通过慧聪家电城和美的电器集团家电产业片区，实现“双城联动”，相互促进发展。

各专业镇成立的商协会组织，更是对推动产业集群从物理聚集到发生“化学反应”、引领支柱型产业做大做强，以及促进大中小企业抱团发展，起到至关重要的作用。

比如，成立于 2000 年的顺德家电商会在带领企业拓展市场，帮助企业向微笑曲线两端进行升级方面做了大量工作。除了制订电陶炉等产品行业技术标准、组织政

策宣讲会等常规活动，该商会还注册了“顺德家电”集体商标，这是国内家电行业首个区域集体商标；商会多次协助政府组织家电企业赴德国参加科隆国际家电展，并在展会上以“顺德家电”整体形象布展，提升行业国际知名度；等等。

（十）探索企业现代化管理制度，释放企业市场经济动能

建立健全完善的企业管理制度是提高企业核心竞争力，推动企业发展的重要因素。改革开放40年以来，佛山民营企业不断适应时代发展需要，完善管理制度，释放企业市场经济动能，从企业层面为构建现代经济体系探路。

一是形成了20世纪80年代，灵活、主动、充满活力的企业运行机制。以顺德为例，当时顺德乡镇企业实行厂长、经理聘任制和目标责任制，厂长拥有对中层干部的任免、职工招聘、辞退的自主权，对计酬方式、财务收支、项目引进、基建规划等决策权，为企业开发新产品、调整产品结构在决策上赢得时间和效益。在分配制度方面，顺德乡镇企业于1983年把职工的月薪制改为计件工资制，随后推行利润承包制，充分调动生产、供销、管理、科技人员各方面的积极性。

当佛山一批乡镇企业受所有制局限，企业竞争力无法满足经济发展需求时，佛山在20世纪90年代掀起了产权改革的浪潮，企业从原来的集体所有制转型为民营企业，推动佛山民营经济快速发展。

二是以美的为代表的一批本土民营企业率先引入职业经理人，从家族式管理向现代管理制度转型，获得了持续发展壮大的动力。早在1997年，美的就着手进行事业部制改革，通过分权让职业经理人得到了充分的发挥空间，以方洪波为代表的职业经理人得到迅速成长。碧桂园则通过上市让公众参与持股，稀释原有股权，改变了家族成员持股过于集中的情况，同时大规模引进人才。

同时，“内部合伙人制度”近年来被佛山民营企业广泛采用。美的集团在内部打造扁平、高效、精简的“小公司”，奋斗、敬业与超强执行力的“创业公司”。新宝电器投入20亿元启动小家电全球知名品牌引进和双创孵化智造基地平台，鼓励员工当项目总负责人。广东联邦家私成立商业运营事业部，鼓励员工孵化内部新商业模式，并将支持成功项目上市募资资金。

三是配合内部管理机制改变，佛山民营企业进一步完善激励分配机制。美的集团自2013年9月通过换股吸收合并方式在深圳证券交易所上市以来，至今已实施共四期针对骨干员工的股票期权激励计划、三期针对总裁副总裁等核心团队的事业合伙人持股计划、一期针对部门负责人等管理人员限制性股票激励计划。碧

桂园集团创新项目机制，允许项目负责团队成员注资项目，获取项目股权以及相应分红激励。海天味业则采用内部经营体的形式，分包某类产品的固定产量。经营体会以固定成本承包这一产品，通过精细化管理、成本优化等方式提高利润，以此为自己、公司创造更高效益。

四、存在的问题与挑战

自改革开放以来，凭着低廉的要素成本和敢为人先的创业精神，一批活跃的民营企业崛起，使佛山成为全球制造业基地和中心。40 年来，佛山自身的工业化过程经历了一个全新的阶段，同时又通过对外开放积极融入全球经济。

但进入新时期，部分政府工作人员及民营企业家改革意识弱化，改革步伐缓慢。此外，随着土地、人力、融资等要素成本的持续上涨，民营企业的利润空间也被不断挤压。从生产要素来看，土地供给不足、家族企业缺乏二代接班人、融资难融资贵、核心技术“空心化”等问题，制约着民营企业转型升级的步伐。在内部环境上看，城市品质未跟上产业升级需求，医疗、教育、文化配套资源不完善，使民营企业招人难留人更难；相比东莞等兄弟城市，营商环境评价不高、新型政商关系尚未构建完成，使民营企业信心不足。而在外部，知识与信息的全球化带动着第三波全球化浪潮来袭，“走出去”融入全球已成必然趋势，但佛山中小民营企业要走向国际化，策略和路径仍未明晰。

（一）攻坚克难意识弱化，改革精神亟待重振

改革开放40 年来，佛山正是依靠改革开放的精神苦干实干，取得了当前的成就。但调研发现，在当前经济稳定增长、企业稳步发展的同时，一些政府干部与企业家的创新意识在弱化，创新能力在下降，因循守旧，不思进取，推动转型发展的紧迫性在减弱。

一是部分政府工作人员服务意识减弱，改革创新精神不足。一方面，政府“敢饮头啖汤”勇气减弱，面对新经济、新业态，缺乏改革开放初期的大胆精神，导致科技、产业等发展滞后于其他地市。例如，调研组发现，在面对“不成熟”的创新形态时，部分地方政府部门失去了长期培育以及容错的胆量与耐心，过分着眼于短期利益，导致佛山科技与产业升级工作步履艰难。另一方面，政府体制机制创新跟不上产业、时代发展需求。以科技系统为例，企业的帮扶工作、科技

体系的评价工作，已不能适应企业和社会发展需求。其中，评价系统过于量化、僵化和唯数字论，难以对企业和产业效益作出客观描述，需要运用改革的勇气与意识，才能实现制度创新。

二是佛山部分民营企业经营者思维固化，转型动力不足。经过接近40年的打拼积累，佛山民营企业家在工厂硬件设施、资金软实力、社会阅历、管理经验、人脉等方面有很多固有的思维和套路，已经形成企业的某种“基因”。企业沿袭着个人独断或家族式管理模式，难以适应新经济时代的要求，面对以新模式、新技术、新业态为主要特征的产业革命，普遍表现出“不想转”“不敢转”和“不会转”的迟疑态度。另一方面，这种发展基因“固化”在企业内部，即使老板有改变的意愿，员工思维也无法及时跟上，仍惯于原有基因做事情。

（二）市级统筹欠缺削减政策红利，政府服务欠缺影响营商环境

改革开放以来，“家家点火”的乡镇经济既推动了佛山整体的工业化进程，也影响形成了如今佛山的“多中心格局”。近年来，为深入落实中央、省大政方针，佛山市级、区级各层面进行了大胆创新，但仍有存在两大问题。

一是市级部门对改革的统筹较弱，五区改革红利未能充分对接、形成合力。目前，佛山各区围绕行政审批、商事制度改革、“互联网＋政务”等领域出台了一系列改革举措。例如，禅城推进“一门式”服务、南海构建信用全链条激励约束机制、三水推进工程领域“并联审批”改革等。一系列以各区为主体的改革有声有色，对企业和市民带来方便，但都限于各区之内，无法打通。各区改革探索越成功，越形成区域特色，就越可能与其他四个区形成制度差异，形成区域壁垒，不利于资源要素的流动配置。这将给佛山市整体改革探索增加成本。此外，调研中还发现，面对同样的市级政策，各区作出的具体工作细则不尽相同，给企业带来不便，降低企业获得感。

二是政府服务仍有欠缺，政商关系尺度难以拿捏。一方面，根据广东省工商局于2017年12月公布的《2017年度广东各市开办企业便利度评估报告》，在广东各市开办企业便利度排行中，深圳、广州、东莞排在前三名，佛山仅排在全省第20名。从具体指标来看，在开办企业各环节所需时间情况方面，佛山办理时间需要19.8天，在全省居第20名，而排名第一的肇庆仅需要7.8天。在开办企业申请人跑动情况方面，佛山为9.5次，在全省居第20名，而排名第一的肇庆仅需4.7次。

另一方面，2018 年 2 月，中国人民大学国家发展与战略研究院建立了中国政商关系健康指数指标体系，涉及市领导视察与座谈、金融服务、基础设施、市场中介、电子政务效率、企业税负、政府廉洁度与透明度等指标，并据此发布了中国城市政商关系排行榜（2017）。该排行榜评价，在全国 285 个城市中，东莞市的政商关系健康指数排名第一位。前十名分别为：东莞、深圳、上海、北京、广州、金华、苏州、温州、邢台、长沙。而佛山排名仅为全国第 59 位，在珠三角城市中落后于东莞、深圳、广州、珠海、惠州、中山。调研发现，企业反映，留公职人员在企业吃饭、请领导参加商协会活动这些此前看似正常的政企交往如今都存在违规风险，使企业难以适应，而上述活动在政企交往中无法避免。

此外，企业家“原罪”问题影响安全感。在改革开放发展初期，民营企业在打破计划经济体制僵局中，逐步迈向市场经济。由于产权问题未厘清，行业发展不规范等，引发了对于民营企业家“原罪”的长期讨论。此次调研中，有民营企业家提出，“原罪论”给企业带来“不安全感”，在一定程度上影响到发展信心。

（三）土地综合利用集约程度偏低，制约企业扩大再生产

土地制度是一个国家和社会的基础性制度。改革开放初期，通过家庭联产承包制等系列土地改革，佛山的经济释放出巨大发展活力，顺德和南海相继成为中国百强县。但随着经济发展和城镇化步伐加快，工业用地缺口较大、用地成本上涨挤压发展空间、低效用地等问题，成为佛山产业经济发展突出的瓶颈制约。

一是土地供给不足制约经济发展。目前佛山土地开发强度较高、土地资源不足，企业用地指标远远达不到实际需求，导致许多项目因土地紧张而不能落户。

调研发现，高明区 2017 年全年招商引资预计超过 350 亿元，是 2016 年的 2.5 倍，但目前高明区面临土地规模及用地不足问题，难以满足招商引资需求。顺德区发改部门表示，目前顺德土地利用接近 50%，土地资源非常稀缺。南海区数据显示，南海整体土地开发强度已经超过 50%，新增可供开发利用的空间极其有限，特别是具有一定规模的工业连片土地不多，企业增资扩产、制造业大项目的引进都受到了工业用地不足的影响，削弱了南海制造业发展的后劲。

土地问题同样困扰企业发展。包括法恩莎洁具、溢达纺织等企业在调研中均表示难以获得土地指标，导致企业无法在佛山进行下一步增资扩产。

二是土地流转模式未跟上市场发展需求。调研组发现，佛山城乡土地二元市场为改革开放 30 多年经济的高速增长做出重大贡献，但是同地不同权、同地不同

价已带来包括土地资源浪费、农村集体建设用地流转渠道不畅、农民财产权受到侵害，以及土地、财政、金融“三位一体”发展模式引发地方政府对土地高度依赖等诸多问题。①

三是用地成本上涨，使企业发展空间受挤压。国土部数据显示，2014 年第四季度，全国主要监测城市工业地价 742 元/平方米，环比增速保持增长。其中珠三角地区工业监测地价为 1060 元/平方米，高于长三角及环渤海地区工业监测地价值。随着珠三角地区土地新增量的不断减少，新增工业用地供应量趋紧，工业用地价格涨幅加剧。

以南海区为例，南海近五年工业用地涨幅情况如表 2：

表 2　近 5 年工业用地和住宅用地均价表

单位：元/平方米

年份	2012	2013	2014	2015	2016
工业用地出让均价	347	402	437	870	562

调研中，里水一家纳税超千万的木地板生产企业反映，政府 2017 年帮助落实的 100 亩土地中，30 亩是购买国有工业用地，价格 60 万元/亩，另外 70 亩需要租用村组的，价格是 5.5 元/（平方米·月）。按此价格估算仅土地租金每年就要几百万元，对传统企业来说成本较高。而在距离企业半小时车程的四会大旺，买地是 20 万元/亩，租金是 1.5 元/（平方米·月）。

四是土地综合利用度不高，村级工业园改造有待提速。目前，佛山市有村级工业园 1037 个，面积约 178.06 平方公里，其中南海、顺德区的村级工业园数量约为全市总量的 93%。村级工业园含有大量可进行再开发利用的土地资源，也含有丰富的产业资源，但利用过程中存在两方面问题。

首先是土地利用率低，投入产出低。数据显示，南海区村级工业园平均容积率为 0.49，顺德区平均容积率也只有 0.8，且以低矮的简易厂房为主，可再利用的不多。

其次，佛山市的村级工业园企业虽然为数众多，但多以有色金属加工、五金、纺织、家具、服装、陶瓷等传统产业为主，产业层次不高，而且优质企业生

① 张燕生，肖耿：《从佛山看中国改革》，FT 中文网，2013 年 11 月 21 日。

产环节外迁，淘汰关停企业也较多。村集体为保障集体和农民的经济收入，招商引资的门槛越来越低，短期逐利行为越来越严重。目前，南海村级工业园内无牌无证企业总数超4200家，占园区企业的23%。[①]

（四）金融抑制现象严重，民营企业融资仍是“老大难”

金融作为实体经济的血液，在佛山民营经济发展过程中发挥了重要支撑作用。然而，随着佛山经济体量的不断壮大，一方面，以银行为主体的传统金融体系已经难以满足经济发展的需求；另一方面，投资渠道单一无法满足佛山庞大民间资本的投资需求，一定程度上抑制了金融对实体经济的撬动作用。这体现在以下几方面。

一是相对佛山庞大的经济体量和民营企业旺盛的融资需求，佛山传统金融大而不强。佛山本地法人金融机构数量少，规模小，种类不全，金融体系中金融服务转型实体的能力、金融工具转化民间资本的能力、金融创新适应产业发展的能力、金融承担产业转型升级风险的能力均有待加强。截至2017年10月末，佛山金融机构本外币各项存款13712.18亿元，金融机构本外币各项贷款9334.70亿元，存贷比约为68%，仍有较大提升空间。

二是金融机构尤其是银行与民企沟通平台与渠道不畅，银企信息不对称，导致民营企业融资难。部分民营企业自身管理不规范，财务状况较差，存在如企业法人治理结构不完善，个人财产与公司财产混用，财务信息不透明等问题，使得民营企业评级较低，融资成本较高。

三是创新金融力量支撑民营企业发展力度不足。为了完善金融服务体系，近年来佛山大力发展新兴金融业态，但相对于庞大的经济体量，目前新兴金融力量仍未能成为传统金融的有力补充。以担保行业为例，2000年至2003年开始兴起，到了2003—2005年，广东担保行业迎来新的发展，涌现了大量担保公司，数量多达300多家，且多以民营为主，并在2008年到达行业发展顶峰。然而，由于行业发展不规范，2010年行业迎来整顿，2012年至2013年行业下行，风险显现出来，行业进入洗牌。如今，担保行业多以政策性担保公司和政府支持的担保公司为主，即有国资背景企业，行业发展停滞不前。

融资租赁行业是佛山近年重点发展的金融业态，全市法人融资租赁公司由

① 佛山市政协：《大力整治提升村级工业园，促进我市产业加快转型升级》。

2013年的6家增长到2017年10月的21家、注册资本47.09亿元，另有金融租赁公司1家、注册资本20亿元；外地融资租赁公司在佛山设有分公司40多家；全市融资租赁合同余额超120亿元，预计到2017年末，融资租赁合同余额将达160亿元以上。然而，相对于佛山超两万亿元的工业总产值，目前融资租赁行业的整体体量仍有限，需要进一步加大扶持力度。

四是民营企业直接融资比例较低。以上市公司作为衡量指标，截至2017年10月31日，中国A股市场共有3408家上市公司，分布在全国274座城市中。其中，北京以303家A股上市企业排名第1，宁波则以68家排名第10。和这些城市相比，截至2017年11月底，佛山共有上市公司51家，其中在A股上市的有34家，约为北京的十分之一，刚好是宁波的一半。值得注意的是，2016年佛山GDP略高于宁波，排名全国第15位，宁波排名第16位，相似的经济体量，上市公司数量却少了一半。这个差距目前还在拉大。截至2017年11月底，当年宁波共新增上市公司17家，而佛山新增9家，差距近一半。

（五）产业创新遇技术“空心化”，品牌质量仍有待提升

根据微笑曲线理论，全球制造产业链由产品研发、制造加工、流通三个主要环节构成。其中，产品研发与流通是价值链高端，制造加工是价值链低端。改革开放以来，佛山民营企业以“制造加工”为主，如今正向产品研发和流动两个环节渗透。这一转型过程中，佛山民营企业受困于核心技术缺失、思维落后等问题，导致产业发展后劲不足。

一是关键的核心技术缺失，导致技术“空心化”。在创新发展中，佛山民营企业的技术基础能力不足，技术研发水平严重滞后。一方面是本身创新能力不足，在一些关键技术上没有取得重大突破，存在产学研用脱节的现象。装备制造业虽然在国内先行一步，但整体仍然处于初级发展阶段。另一方面，企业在高精尖技术水平上与先进制造业国家相比有很大的差距，目前部分核心技术和关键零部件仍然依赖进口，导致高水平核心零部件与关键技术长期受制于人；且引进核心部件和技术的价格十分高昂，占据了企业大部分成本。

二是供给能力不强，品牌扎堆于中低端市场。目前由佛山民营企业生产的高质量、高附加值工业产品供给有限。虽然像美的集团、联塑集团、科达洁能、伊之密、东方精工等在国际具有较强影响力的龙头企业，抓住了智能制造、供给侧结构性改革和消费升级新一轮技术、政策和市场红利，推出一批引领了整个行业

发展的“爆款”。但大部分企业还停留在“打价格战”无序竞争的阶段，只能扎堆于中低端市场，在国际市场上缺乏话语权。由于产品销售价格低、批量小、可重复性差、货款回收难，也使企业一边投身技术研发，一边忙于生产，资金紧缺、发展困难。

（六）“走出去”配套资源及服务缺乏，阻碍中小企业全球化

近几年，融入全球化成为佛山民营企业创新扩张的重要渠道之一，尤其是“一带一路”倡议的提出，为企业出海提供了新机遇。但由于信息不对称、欠缺出海通道等问题，不少佛山中小企业“走出去”的策略和路径仍有待明晰。

一是信息不对称造成民营企业打入海外市场缺乏拓展市场的针对性。在“走出去”的过程中，除了汇率、人才、关税、反倾销、语言、文化习俗等方面存在巨大难题，最重要的是对信息的需求。这里的信息包含两大层面：一是市场商机，寻找发展机会。二是进入市场后的风险提示。这二者普遍得不到满足。由于缺乏获取信息渠道，佛企不敢轻易地去和海外客户合作。同时，海外市场地区差异巨大，并没有统一的、独特的市场共性特征。缺乏信息的佛山企业仍按照原有思维进行市场开拓，并没有特意针对不同国家出台特别措施，因此扩张速度无法和国内相提并论。

二是融资渠道相对狭窄制约民企向外深度拓展。佛山企业开展国际合作的融资来源以企业自有资金为主，银行信贷为辅，已有的融资平台、资本市场等对佛山企业对外拓展支撑力度较弱。为控制信贷风险，以银行为主的金融机构将大量的资金向国企或大企业倾斜，同时，国内融资平台限制条款过高过多，提高了企业融资难度。此外，政府基金灵活度不足，降低资金流动效率。调研中企业反映，获得基金支持需经多部门严格审核，尽管这确保了资金使用的合规、公平与公正性，但同时也降低了资金流动的效率，抑制了企业对这类基金的需求。调研中，有企业表示，资本市场促进佛山企业出海的作用也尚未充分发挥。

三是佛山民营企业出海通道有所欠缺。目前佛山企业主要依托发达的珠江水系进行运输，产品通过广州南沙、深圳、香港等港口“出海”，通往东南亚各国。由于历史原因，佛山并不是铁路枢纽城市，因此在铁路运输上存在天然缺陷。跟海运相比，尽管成本相对较高，但铁路运输方式稳定，可以缩短运输周期、提升货物周转速度。调研中，企业普遍对铁路运输的完善存在较大呼声。

四是针对“一带一路”市场的互联网虚拟出海通道也不够完善。多数企业认

为“一带一路”沿线国家和地区的电子商务正处于起步阶段，网购氛围和习惯不够，但市场具有很大潜力。目前已有佛山民营企业正通过亚马逊、eBay 等国际电商平台进行直接销售，但对广大中小企业而言，佛山目前仍缺乏对接“一带一路”市场的跨境电商平台。

此外，随着佛山企业对外作开始进入技术研发、资本合作的更高阶段，对国际化人才的需求急速增加，但企业在中介、谈判、审计等支撑海外拓展的全球化人才储备还没跟上，造成企业出海准备不充分。

（七）用工成本上涨且缺乏匹配人才体系，企业引人难用人贵

在民营企业发展过程中，劳动力是重要因素。从 20 世纪 80 年代的“星期六工程师”到如今积极引入“千人计划”，“求贤若渴”是佛山民营企业发展的真实写照。目前，企业面临用工成本上涨、人力资本服务市场未培育完善、与佛山产业相适应人才体系未建立等问题，使佛山产业发展面临人力资本瓶颈，制约着佛山产业的快速发展。

一是用工成本上涨。2016 年发布的一组“当前企业经营发展中遇到的最主要困难”结果显示，“人工成本上升”（68.4%）、“社保、税费负担过重”（50.2%）成为最高选项。人工成本上升同样是佛山民营企业发展首要困难。①

薪酬方面，数据显示，2016 年佛山在岗职工的平均工资达到 67187 元。其中，2017 年佛山主要制造产业大学生的平均薪酬达到 3614 元，与 2016 年的调查的主要产业平均数 3248 元相比提升了 11%。预期佛山主要制造产业人才薪酬水平增长的速度预计在 6%—8% 左右。② 在南海，制造业人均工资分别为 2013 年 4.05 万元、2014 年 4.89 万元、2015 年 5.7 万元，基本上是逐年上涨，而且上涨幅度较大。

社保负担过重是本次调研中企业反映最多问题。多家企业向调研组表示，目前每聘请一个员工，企业需至少支付 240 元左右的社保费用，这一成本高于全省平均水平，甚至高于深圳等地区。一家劳动密集型龙头企业表示，企业每年支付社保相关费用超过 1 亿元人民币。

佛山民营企业多以传统制造的劳动密集型企业为主，用工成本上涨压缩了企

① 《2016·中国企业经营者问卷跟踪调查报告》。
② 《2017 年佛山市主要制造产业人才薪酬报告》。

业的利润空间，使企业发展缺乏动力。

二是人力资本服务市场培育不完善。目前，佛山人力资本市场上活跃的中介机构仅有三家，包括政府下属的佛山人力资源市场、本土的大佛山人才网以及外来的智联招聘。但根据佛山市人社局统计，预计2020年佛山需求人才总数为11.72万人，目前佛山中介机构体量无法满足这一人才缺口服务需求。另一方面，上述中介机构人才招聘服务较为单一，多集中于产业领域，对企业急需的职业经理人类高端人才、城市急需配套的医疗教育人才涉足较少。

三是缺乏与产业体系相匹配人才体系。一方面，佛山缺少与产业体系相匹配人才培养体系。在调研中，广东西屋康达空调有限公司、索戴包装（佛山）有限公司等企业均向调研组反映，企业急需蓝领技工类人才。但目前，佛山缺乏完善的技工类人才培养体系，全市缺乏国家级的技工院校，无法满足企业需求。另一方面，佛山缺少与产业体系相配套的人才扶持政策。广东昭信集团、溢达纺织等企业均在调研中表示，中层骨干人才是企业发展的重要支柱，是企业技术研发和落地的重要人才力量，但佛山目前人才扶持政策主要集中于高层次人才，中层骨干人才的落户、子女入学等问题无法得到解决，使中层骨干难以安心留在企业发展，制约着企业的发展。

（八）企业代际传承缺乏接班人，持续发展不可期

改革开放40年来，佛山涌现大批民营企业，其中多数企业为家族式管理模式。目前，佛山第一代创业者逐渐进入暮年，大部分家族企业为此面临代际传承的问题。从佛山目前实践来看，家族企业代际传承模式一般可分为“子承父业”和职业经理人接手两种。

一是从家族内部传承角度来看，“二代”接班难。受中国传统思想文化影响，以及在职业经理人制度尚不完善的现实条件下，“子承父业”成为佛山民营企业主流的传承模式。但调研组在调研中发现了以下问题，一是多数“企二代”不愿“子承父业”，受成本上涨及外部大环境等因素影响，近年来实体经济发展正处于一个低谷期，且相比金融、互联网等产业，实体经济投入回报周期长，因此佛山“企二代”选择投身金融、互联网、餐饮等行业居多，仅少数选择接手家庭企业。二是“子承父业”容易造成理念冲突。目前佛山年轻“企二代”多具有国外留学背景，思想更为新潮，但缺乏相应的基层管理经验，因此在掌管企业过程中，通常会与上辈元老在经营理念、处事方式、心理认知、价值追求等诸多方面存在较

大差异，导致推行新战略的过程中束手束脚，短期内难以树立威信。

二是从外部传承来看，目前职业经理人制度不完善，这一模式尚未普及。调研组在调研中发现，首先佛山多数民营企业所有权与经营权无法真正分开，引入的职业经理人无法真正获得管理实权。其次，职业经理人市场缺少必要信用环境，企业存在着经理人能力难以预见的风险、商业机密泄露的风险、财务资本流失等风险，使企业所有者与职业经理人之间的信任关系很难在短期内形成。如2017 年佛山知名电器企业康宝电器内部就发生职业经理人与企业创始人“互伤”事件。

三是从政府层面来说，佛山缺乏相应传统培养政策及体系。作为民营经济大市，针对企业骨干人才，佛山政府层面尚未出台与产业结构相适应的、相对完善的人才培养政策与体系，对民营企业传承人的成长与培养基本依赖于佛山市工商联，缺乏持续培养的机制。

（九）教育医疗等资源供给不足，城市发展未跟上产业步伐

佛山城镇化起步早，城镇化率较高，但由于长期以来的组团式多中心城市发展模式，加上早期很多镇街是围绕产业布局而非围绕居民需求布局，使得佛山城市基础设施和公共配套建设长期滞后，导致企业招人难、留人难。

在推行“城市升级”及“城市治理”计划后，近年来佛山各区城市硬件已得到有效提升，但与国内一线、二线城市相比，各区的公共服务软实力还有很大提升空间。调研中，多家佛山企业向调研组反映，佛山在教育、医疗、交通、文化等公共设施方面配套不足，使企业难以招到和留住人才，正成为经济社会发展的一大短板。

一是教育资源供给不足，企业中层骨干人才、产业工人子女存在入学难。以顺德区为例，全区十镇街中有 6 个镇街已经近十年未有新建一所公办学校。在2017 年秋季新学期招生中，顺德多个镇街普通借读生学位告罄，许多异地务工人员因负担不起高额学位的民办学校而不得不将孩子送回老家就读。根据测算，到2021 年，顺德区小学学位缺口近 2 万个，初中学位缺口 1.7 万个，长此以往顺德将丧失对产业工人的吸引力。

公办学位“僧多粥少”的困境在佛山五区普遍存在。南海一家龙头企业反映，作为重点企业，政府为他们提供学位指标仅有 2 个，远远不能满足需求。另一家汽车装配龙头企业表示，随着教育资源供给与需求矛盾，分配的入学名额逐

年减少，直接影响到企业吸引骨干人才。

二是优秀医疗资源普惠性不足。在医疗资源方面，截至2015年，佛山拥有公立医院58家，虽然在全省排名第四，但对比广州市的165家、深圳市的85家，数量差距明显。尤其在近几年，儿科、妇产科、护理人员等岗位因为工作劳累，医疗人才流动大，使企业骨干人才、产业工人看病难问题更为突出。

三是工业园未达到“人产城”融合。根据城市规划，制造企业多集中于郊区工业园中。调研组走访的多家位于工业园企业均表示，工业园交通配套设施均未完善，企业工作人员每日需花费长时间通勤；交通运输部科学研究院与高德地图发布的《2016年度中国主要城市公共交通分析报告》，在500米站点覆盖率TOP20城市中，佛山公交出行平均用时时长和线路最绕等指标在各城市中排名第二，证明佛山的公交发展水平比较落后。同时，文化配套设施不完善，工业园周边缺乏购物中心、电影院等文娱设施，企业需自行建设相应康体设施来满足工人的需求，有不少一线产业工人看到企业所处位置后不愿前往。

（十）企业家精神有所弱化，传统产业亟待焕发新活力

一个民族的繁荣取决于创新活动的广度和深度，而态度和信仰是现代经济活力的源泉。改革开放初期，佛山凭着敢为人先、敢饮“头啖汤”的创新精神，大胆革新，走出了一大批享誉全球的企业以及企业家。

然而40年过去，调研组在对话多位企业家后发现，佛山目前存在企业家精神弱化的现象。

这一方面表现在，佛山顶级企业家出现“断层”现象。以杨国强为例，在创业之初，接手了“烂尾楼”的他，大胆地提出了以教育资源带动楼盘发展的商业模式，使得碧桂园成功崛起为国内地产界的翘楚，近年在大量引入博士等高端人才后，碧桂园2016年销售业绩更是跃升全行业第一。但如今，提到佛山民营企业家，除了杨国强、何享健等佛山第一代企业家，近十年，几乎没有再走出能够享誉全球的顶级企业家。

另一方面表现在佛山传统优势产业缺乏发展后劲。同样在顺德，过去，作为全国家具产业发源地的龙江被誉为“中国家具第一大镇”，龙江人敢闯敢拼的企业家精神，为人们所称道。

但是近年来，龙江家具产业出现了“包租公”现象，一大批龙江家具企业主在成本优势下滑，利润薄弱的情况下，不思进取，直接选择停业，把工厂转租，

安于赚取租金，小富即安的心态，也使得佛山龙江家具产业衰落趋势明显。

不仅如此，当前，佛山民营经济正处于密集的“接班期”，多数佛山“企二代”缺乏企业家精神。

一般而言，企业家才能是具有不可复制性，本身是一种稀缺的人力资本，包括驾驭企业员工的管理能力、对风险投资的敏感度和判断力、关键时刻的抗压能力、敏锐的战略眼光和执行力等。

佛山第一代企业家这种才能的获得，是与其所处的时代背景、其本身具有的胆识和魄力以及其艰苦的创业经历密切相关，很难通过后天的学习或是培训来完全获得。而多数“企二代”从小在优渥环境下长大，只能通过父辈的刻意培养来塑造上述企业精神，相对而言会造成部分能力的缺失，并不利于企业发展。

五、对佛山发展民营经济接力改革的建议

民营经济是佛山市经济稳步发展的“定盘星”与“压舱石”。推进佛山由制造大市向制造强市跨越，必须继续服务好民营经济，在支持民营经济创新转型发展上取得重大突破。调研组结合佛山民营经济发展实际情况及未来诉求，建议从八大方面进一步提升佛山市对民营企业的扶持与服务，加速民营企业转型升级，助推佛山国家制造业创新中心的建设。

（一）重振改革精神，以全市统筹引领新一轮改革发展

2018 年初，佛山市第十二届委员会第五次全体会议上，佛山推出了深入贯彻落实党的十九大、中央经济工作会议和广东省委十二届二次、三次全会精神的行动方案。在佛山市委书记鲁毅所作的全会报告中，50 次提到“改革”，在佛山 2018 年六大重点工作中，排在第一位的是“坚定不移抓改革”，其中提及要“重振改革精神”。这需要佛山拥有加强创新改革的思路和举措。

一是加强全市改革统筹力度。充分发挥市级部门改革主动性，发挥绩效指挥棒作用，在绩效考评指标中设置部门改革创新加分项；同时，以改革清单的形式，赋予市级部门更多的改革试点任务。要通盘调动各区的改革积极性。市级全面统筹试点任务，对审批制度改革、政务服务领域的改革，对上级没有明确开展但各区希望率先探索的改革，各区报市审核同意后，在市对应业务部门和一门一网办指导下开展试点，鼓励各区实行差异化改革，避免同质化竞争。

进一步合理确定市、区、镇街功能定位，构建与城市治理相适应的纵向行政架构。要学习深圳经验，以行政审批事权为切入点开展市、区、镇街三级职责分工合理性研究，对市、区、镇（街道）功能进行更加清晰的定位，适当将一些重大关键的事项收回市级行使，比如土地资源管控、空间规划、重大基础设施建设类事项。

二是努力抓住新产业、新风口。当前，以新技术、新产业、新业态、新商业模式等“四新”为特征的“新民营经济”，成为包括武汉在内不少民营经济大市的主攻方向。佛山是民营经济大市，有必要充分认识“新民资”发展在推动佛山经济社会调结构、促转型、增效益上的全新作用。佛山可发起“名企名品”培育行动，政策引领扶持“新民资”发展。实施“民企民品工程”，树立“新民资”标杆发挥引领作用。借鉴南海区“隐形冠军”评选调研活动，挖掘、宣传、支持一批佛山市“隐形冠军”企业，为全市民营企业发展提供标杆指引。引导支持民营企业提升自主创新能力，加快向产业价值链中高端迈进，努力造就一批在全国乃至全球具有竞争力和影响力的优秀民营企业。

同时，加大对年轻科技人才和年轻企业家的吸引、支持力度，提升民营经济创新潜力。年轻科技人才和企业家是未来的创新主体，要抓住“新经济最容易催生新生代企业家”的时代机遇，以发展新民营经济，打造一支优秀新生代民营企业家队伍。

（二）转变政府服务方式，构建新型营商环境

李克强总理指出：“营商环境就是生产力。”加大营商环境改革，既是企业的共性需求，也是进一步提升城市融入高水平对外开放、增强城市对外资吸引力的重要“软实力”。尤其是在改革开放 40 年后，佛山依靠改革开放初期特殊政策、灵活措施形成的比较优势正在逐步减弱，建立接轨国际的市场监管体系和社会信用体系，建设法治化、国际化的营商环境，已经成为佛山在改革开放新阶段，集聚高端资源、高端要素的必然选择。

一是夯实行政审批标准化成果，以行政审批制度改革为牵引营造良好营商环境。要进一步减少审批准入限制，进一步压缩审批材料，进一步大幅压缩审批环节和时限。深化企业投资管理体制改革，争取省政府进一步下放企业投资审批权限，提升市级投资审批自主权，精简项目审批核准事项，整合施工许可环节的各项审图手续，大力推进中介评估简约化。

二是以知识产权保护为抓手，提升营商环境对民企创新的保障力度。当前，知识产权成为企业乃至经济体核心竞争力源泉，保护知识产权，已经成为改善营商及投资环境、促进城市经济可持续发展的重要方法。建议依托佛山市知识产权保护中心，加快建设知识产权服务机构核心区；从国内外引进一批高端服务机构，带动本地知识产权服务机构的服务能力和水平的提升；发挥行业协会自律作用，使行业协会、行业自律组织成为企业行为监管的重要力量。

三是加强企业征信体系建设，全面构建信用佛山。以全市监管服务平台为载体，充分整合全市各区各部门数据，推动信用数据、信用报告在市场准入、招标投标、政府采购等行政管理和公共服务事项中的应用。并以此为基础，开放佛山企业信用数据查询，形成监督震慑作用。

四是构建亲清政商关系，加快市场化改革步伐，畅通官商正常交往的途径、发挥法治的作用。对于企业来说，既要“亲”，也就是做到积极主动与党和政府沟通情况，交流看法；又要做到“清”，也就是要洁身自好，遵纪守法，清清白白地做事，堂堂正正地经营。

此外，还可依托第三方评估机构，积极了解市场主体、服务对象的意见和建议，坚持需求导向、问题导向、效果导向，推进政府服务创新与制度创新，不断完善营商环境。

（三）引导村级工业园升级改造，探索空间增量

改革开放以来，村村点火、户户冒烟的生产景象造就了佛山繁荣的民营经济，但时至今日，这样的发展模式已经难以适应新经济发展的需求。2018 年，佛山市有村级工业园 1037 个，面积约 178.06 平方公里，普遍土地利用率低、投入产出低，产业低端化日益严重。以改造村级工业园为抓手，发展新“村镇经济”，在现有存量空间上提质增量，成为佛山为民营经济发展找空间、促转型的一大抓手。

一是对标杭州等先进地区，以开发特色小镇、特色空间，探索村级工业园提质增效路径。按照创新、协调、绿色、开放、共享发展理念，聚焦特色产业，打造融合科创、文旅、社区功能的创新、创业发展平台，通过提升园区硬件品质，吸引“新民资”入驻，实现村级工业园产业结构更替。

二是引进专业服务机构完善配套，提升园区软实力。引进专业物业管理，对园区内环保、执法、行政、消防、安全、供水、供电等进行规范化管理，提升园

区管理水平。重视园区改造后周边的教育、医疗、交通、商业、人才公寓等软环境的配套建设，增强园区环境对高端企业、高端人才的吸引力，推动新“乡镇经济”的进一步集聚。

三是以国有资本带动，撬动民资入园推动产业集聚。引导国有资本更多投向村级工业园，通过放大国有资本的杠杆作用，吸引民营资本进入，推动军民融合、装备制造、轨道交通、生物医药、创意文化、体育运动产业等各类新型产业实现集群发展。

（四）加强金融创新，强化“资本＋实业”双轮驱动

面对全球新一轮科技革命和产业变革，站在世界创新的风口上，佛山企业要依靠创新驱动参与到全球范围内新一轮产业分工中来，就需要以更开阔的胸怀拥抱金融力量，利用金融工具增强全球创新资源配置能力，实现超常规的快速成长。建议发起金融改革行动，以金融创新强化“资本＋实业”双轮驱动。

一是完善政策体系并加快政策落实。在贯彻落实《佛山市支持企业融资专项资金工作方案》《关于完善中小微企业投融资机制的实施方案》等政策基础上，建议进一步完善和细化现有金融扶持政策体系，比如针对特定行业供应链特点出台针对性扶持政策，降低政策门槛，整合各部门资源，加强对市、区级政策的统筹力度。

二是扩大政策性金融服务能力。一是将更多部门对中小微企业的财政无偿扶持资金逐步通过政策性金融的方式实施，逐步扩大现有基金规模和财政资金的放大效应。二是发挥政策性金融产品的作用，通过加强政府、银行、企业三方合作，为中小微企业提供成本较低、操作简便的融资渠道，同时持续推广知识产权质押融资、政银保等政府主导的融资创新产品和服务。

三是积极推动企业开展资本运作。加大股权投资基金引进力度，重点吸引天使投资、风险投资；支持企业在新三板挂牌、融资；促进并购重组，推动上市公司及新三板挂牌企业开展并购重组，重点在佛山地区及行业内并购重组，夯实传统行业竞争优势、促进新兴产业兴起。

四是扶持民间金融发展。加大对私募股权、融资租赁、小额贷款、财务公司等新型金融机构的招商力度，引导民间资本在佛山众创金融街集聚发展。支持民间资本参与试点设立民营银行、金融租赁公司、消费金融公司。

五是完善信用风险评估体系。引入大数据等信息技术打通跨部门信息资源，

构建覆盖全市主场主体的信用数据库，并建立起具有公信力的信用评级体系，探索金融机构与政府的信息联络机制，减少金融机构与市场主体之间的信息不对称，降低投融资风险。

（五）打造商协会“城市智库”，引领企业转型升级

调研组发现，世界制造强国尤其重视“城市智库”的建设，并且通过“城市智库”体系打通高校、科研机构、企业之间的信息流动，促进创新驱动发展。当前，佛山市活跃着一大批行业商协会，在继续发挥好商协会政策宣传、企业商务服务、人才服务等核心职能的基础上，释放商协会行业专业性、组织连通性，对标国际先进，打造行业的“城市智库”，通过信息的汇聚、政府与企业资源的共享，推动佛山行业产业技术创新和经济发展。

一是以商协会为组织中心，共建个性化产业服务平台。充分利用商协会对行业内企业个性需求的熟知程度，发挥商协会外部联络能力，搭建供给精准对接的产学研服务平台，破解院所科研与企业实践相对分离的“老大难”问题。借鉴德国萨克森州管理学院、斯图加特的弗劳恩霍夫协会等“城市智库”做法，进一步强化企业需求的研发导向，通过有效整合商协会所拥有的政企院校资源，共建细分产业服务平台，为佛山工业制造、区域特色经济和细分行业发展提供更为专业的服务。

二是发展“超级协会”研究产业共性问题，打通创新驱动供需对接。行业共性技术创新是产业竞争力提升的核心关键，但共性技术的供给存在着市场失灵和组织失灵。而通过行业协会挖掘、满足行业共性服务需求，可以降低成本、提高企业主体参与意愿。此外，通过提升专业性，行业协会甚至还能制定行业发展战略，引领整个产业向高精尖发展。调研组发现，以日本爱知县机器人产业协会为代表的制造强国“城市智库”，还通过对前沿技术的研究，在产业共性问题的研究、产业发展战略的选择上发挥着重要的作用。佛山可推动行业商协会，对标德国弗劳恩霍夫协会、日本爱知县机器人产业协会，汇聚产学研用多方主体，共同研究产业发展方向、重大共性技术课题，发挥行业引导作用，实现从单一企业创新进入产业群体生态创新，加强产业集群规模经济。

（六）发起隐形冠军全球化行动，构筑“一带一路”出海大平台

“隐形冠军”概念由德国管理大师赫尔曼·西蒙首先提出，指的是 大批中小

企业在某些细分的行业领域可以做到全球领先，却不被外人所知。改革开放以来，凭借敢闯、敢拼的干劲，佛山民营经济的“草根”力量深耕制造业，成长为各个行业细分领域的“隐形冠军”。赫尔曼·西蒙认为，与本土市场相比，国际市场的容量更为丰富，国际利基市场的盈利空间与潜力也远大于本土利基市场，这给时常称霸利基市场的中小企业带来的启示就是，要抓住全球化带来的巨大增长机遇与学习契机。

当前，“一带一路”倡议为中国企业“走出去”指明了方向。身处改革开放前沿的佛山，应以隐形冠军企业为重点发起全球化行动，构筑“一带一路”出海大平台，让更多中小型的制造业企业拥有出海“跳板”，助推佛山民营企业在新一轮全球化浪潮中实现更快速的发展。

一是打造隐形冠军全球化的综合服务平台。通过整合中介机构、智库等内外部资源，打造全球化的综合服务平台，集聚一批为隐形冠军企业“走出去”服务的主体，为隐形冠军企业提供服务和支撑，包括目标市场调研分析、产业政策咨询、法律法规解读、投资优惠政策争取、投资注册审批代办、税务及金融服务策划、劳动力招聘等。

二是打造面向“一带一路”的大数据平台。充分利用“互联网+”、大数据等新技术，面向佛山隐形冠军企业，打造“一带一路”沿线产业数字平台，将包括“一带一路”沿线国家在内的重点合作国家的贸易政策、市场需求、宗教信仰、产业发展等信息纳入到平台中，为隐形冠军企业“走出去”提供基础信息支撑。

三是打造隐形冠军企业的海外产业平台。积极倡导“海外总部+产业基地”生产体系，引导建设一批佛山隐形冠军集聚的海外园区和总部基地，鼓励和引导有实力的佛山民营企业设立海外基地，尝试引导重点园区、企业等在“一带一路”沿线设立工业园，发展全球化时代的“飞地经济”。

（七）发起人力资本提升行动，打造支撑国家制造业创新中心人力资本池

人才是现代制造业的核心竞争力。从佛山的整体情况看，制造业人才总量、人才结构、人才素质、人才对产业发展的贡献率等，与支撑国家制造业创新中心战略目标的现实需求相比仍然有一定距离。建议佛山率先发起人力资本提升行动，打造支撑国家制造业创新中心人力资本池。

一是打造品牌，塑造佛山制造人才高地形象。把制造业人才发展摆在更加突

出的战略位置，在人才工作总体格局中，深化对制造业人才发展重要性和紧迫性的认识，进一步突出、提高产业人才工作的定位，做出与制造业人才发展需要相适应的系统谋划和安排。

二是政策引导，制定促进制造业人才队伍建设的政策体系。既要通过振兴实体经济、加快重点产业创新突破步伐，为人才提供施展才华的大舞台，又要通过制造业人才评价、激励制度、流动制度的改革创新，为人才充分发挥作用及良性流动提供便利条件。建议制定专门的制造业人才政策，对重点制造业产业人才的引进、落户、住房、子女教育等方面给予支持，推动全国制造业创新人才向佛山汇聚。

三是构筑平台，搭建制造业技术人才的供需对接平台。探索建立专业化的制造人力资源市场，通过举办智能制造人力资源服务供需对接会、搭建网上制造业人才供需对接平台等多种形式，不断完善工作机制，加速创新型人才和复合型人才向佛山集聚，努力打造智能制造人才专业化交流平台。

四是优化模式，探索制造业人才系统培养的新模式。鼓励行业企业与高校联手建设培育制造业人才的专门学院、机构，加快面向制造业的产学研用联盟建设，精准对接重点领域人才需求，促进学科专业设置与产业发展同步，推动制造业企业职工培训全覆盖。

（八）发起民企管理现代化行动，搭建职业经理人平台助推内部变革

当前，佛山民营企业管理的落后日益成为影响其发展乃至生存的重大问题。随着民营经济角色地位的愈加举足轻重，佛山民营企业加快由传统企业向现代化管理企业转型时不我待、势在必行。在迈向现代化管理的过程中，民营企业按照社会主义市场经济规律，积极应用现代经营思想、组织、方法和手段，对企业的生产经营进行有效的管理，将更有效地对接国际先进水平，创造最佳经济效益。建议佛山发起民企管理现代化行动，搭建职业经理人平台，助推佛山民营企业的内部变革。

一是标杆引领，面向全社会发起民营企业管理现代化“先锋计划”。以先锋企业的率先示范带动民营企业建立现代企业制度和完善的法人治理结构，促进企业管理现代化。对在企业管理现代化方面具有突出表现的佛山民营企业标杆给予一定扶持，带动引导佛山民营企业面向产品市场、要素市场和资本市场需求，加强常规管理体系建设，建立健全以产品、品牌、安全、环保、财务、营销等为重

点的企业现代化管理制度。

二是抓住重点，面向企业家深入开展民营企业管理现代化的培训计划。推动千名企业家管理现代化培训计划，制定民营企业家管理培训工作的总体规划，建立以组织人事、工商联、经信投促局等单位为领导机构的领导小组，共同做好民营企业管理现代化培训的统筹规划、宏观指导和综合管理，打造领军民营企业家梯队。

三是整合资源，面向民营企业构建对接现代化管理的平台和渠道。构建现代化企业管理专家库，专家包括学术研究类以及在一定领域已取得成就的企业家，定期为民营企业开展培训；探索构建企业与职业经理人的对接平台和服务体系，建立信息更完善、覆盖范围更广的“职业经理人才库”，为企业现代化管理提供更有力的支撑和服务。由工商联等单位牵头起草佛山民营企业管理现代化的指导标准和操作指导手册，使民营企业能够按照指导标准进行具体操作。

四是打造平台，对标长三角的“湖畔大学”，打造珠三角的“珠江大学”。打造一所能够培养企业家和创业者的独特学校，为民营企业家内部的沟通交流搭建平台，为向“标杆”靠近的中小微民营企业提供做强、做大、做精的现场教学，为输出以佛山为代表的珠三角民营企业家的管理思维提供场所。

（九）发起城市化与产业化融合行动，将城市提升作为民企提质新抓手

经济发展史证实，工业革命以来，工业化与城市化是社会经济发展的一体两面：工业化是城市化的基础力量，城市化是产业提质升级的动能之一。改革开放40年来，工业化有力地促进了佛山初始城市化进程，从乡村经济到镇域经济，佛山“草根”民营经济是这一阶段社会经济发展的重要力量。但随着后工业时代、知识经济时代的到来，新型、高阶的“产城生态融合”对城市化，尤其是高品质的城市化，提出了重大需求。城市品质，是推动佛山“草根经济”转型升级的重要力量，也是吸引创新资源、“招大商”的重要抓手。

一是深化对城市发展规律的认识，把城市品质作为主导社会经济转型的灵魂。调研组发现，当前，成都、南京、杭州等城市均已将“城市品质升级”提升至战略高度。成都深入实施“立城优城”战略，大力推进新型城镇化进程；杭州抓住“两会两区”契机，开启全新城市发展蓝图；南京坚持现代化国际性人文绿都定位，建设经济强、百姓富、环境美、社会文明程度高的新南京。三市区位优势各异，但都选择以品质为城市发展根本内核和永恒主题。佛山必须认识、尊

重、顺应城市发展规律，理解城市化与产业化的辩证关系，着力提升品质在新一轮城市发展中的核心主导地位和全局引领作用，让城市品质成为推动经济社会转型的引擎。

二是从城市形态、公共服务两方面同时入手，“软硬结合”提升资源引聚能力。硬件方面，在城市治理行动三年计划的基础上，继续加大对城市基础建设、城市形态升级等硬件的投入。强化城市统筹规划，坚持完善城市体系与提升城市功能互促共进，重塑城市空间结构和经济地理，增强城市承载能力，不断提升城市宜居性和舒适度，全面建设宜居宜业宜创新的国际化大城市。软件方面，牢记“安居方能乐业”，切实、全面加大教育、医疗、交通等公共资源投入，以公共服务的品质化与均衡化，对内提升“草根企业”及居民获得感，对外提升佛山市对高端人才、优质企业的吸引力。

佛山
FOSHAN CHANGYI
倡议

“佛山制造品质提升”行动倡议书

当前，我国经济已经从高速增长阶段转向高质量发展阶段，响应国家和省的号召，佛山正加快争创中国制造最高品质。作为中国制造的一分子，我们共同倡议：

一、坚守让价不让质

我们倡议企业立足长远，克服短期诱惑，在思想上、认识上和态度上先过品质关，坚持让价可以但绝不让质的基本立足点，使优良品质成为佛山制造的核心竞争力。

二、坚持以人为本

我们倡议企业坚持人的核心地位，为技术研发人员、管理人员、产业工人等企业各类人群提供尽可能贴心、温暖的服务保障，为他们排忧解难，让他们能够专心工作、安心生活，在更友好从容的环境中实现更大的价值。

三、注重职工培训

我们倡议佛山更多地投入职工的培训。我们倡议龙头企业、行业协会、工商团体、职业技术学校牵头制定佛山各门类工种培训课程，构建佛山特色的技术人才培训体系，做好技术工人培训的公共服务，让高技能人才成为品质革命的动力源泉。

四、处理好机器和人的关系

我们倡议在一个更容易下决心用机器替代人的时代，要谨慎处理机器和人的关系，更加注重产业大军的整体素质，把少数的、个别工人的优秀能力升格为整齐划一、普遍优秀的体系能力，让佛山产业工人成为提升品质的最大支撑。

五、紧盯用户需求

我们倡议企业把孕育品质的起点从设计升级为企划，紧紧盯住市场变化，不断提升适应市场变化的各种能力，保持对任何潜在需求爆发点的想象力，抓住一个又一个新兴的市场机会，进军一个又一个特色的国际市场，突破一个又一个差异的消费人群，把严苛的市场条件、挑剔的客户需求和千变万化的外在环境作为改善产品和服务质量的不竭动力。

六、追求极致产品

我们倡议企业更专注、更精致地打磨每一个产品。在一个焦虑更容易被舆论催生的时代，一个充满着数据恐慌、智能冲击甚至消费者也容易自我否定的时代，我们更应该认认真真、踏踏实实做好看家本领，多做减法、专注聚焦，在细分领域把商品做到极致。

七、积极对标国际

我们倡议对标国际同行业最先进水平和最高标准，向世界上最优秀的企业学习、靠近，形成自身的独到优势，获得最高的品牌溢价。我们通过建立行业质量标准体系，通过优秀企业抱团成立联盟标准，着力提升产品和服务品质，率先建立中国制造的“佛山标准”。

（在2018年9月5日举行的“品质革命·创新力量”2018佛山企业大会上，佛山市工商联主席、新明珠陶瓷集团董事长叶德林作为佛山企业家代表，在台上发布了“佛山制造品质提升”倡议书。）